Band 477

Motiv von Gerhard Haderer aus: „Das Leben des Jesus"
Copyright © 2002 by Verlag Carl Ueberreuter, Wien

Bernd Kollmann

Neutestamentliche Wundergeschichten

Biblisch-theologische Zugänge und
Impulse für die Praxis

3., durchgesehene und ergänzte Auflage

Verlag W. Kohlhammer

Umschlagbild: Heilung des blinden Bartimäus aus dem Perikopenbuch
Kaiser Heinrichs III. (11. Jh. Entstanden im Kloster Echternach. Staatsbibliothek Bremen)

Dritte, durchgesehene und ergänzte Auflage 2011

Alle Rechte vorbehalten
© 2002 W. Kohlhammer GmbH Stuttgart
Gesamtherstellung:
W. Kohlhammer GmbH + Co. KG, Stuttgart
Printed in Germany

ISBN 978-3-17-021376-0

Inhalt

Vorwort 7

I. Der Begriff des Wunders 9
   1. Was ist ein Wunder? 9
   2. Der Streit um die Wunder Jesu 14
   3. Chancen und Grenzen des Wunders 23

II. Der religionsgeschichtliche Hintergrund 30
   1. Asklepiosheiligtümer 30
   2. »Göttliche Menschen« 35
   3. Jüdische Wundercharismatiker 43
   4. Magische Papyri 52

III. Die Überlieferung der Wunder Jesu 58
   1. Überlieferungsgeschichtliche Gesetzmäßigkeiten 58
   2. Zur Form neutestamentlicher Wundergeschichten 62
   3. Die Funktion von Wundergeschichten 65

IV. Jesus als Wundertäter 69
   1. Dämonenaustreibungen 69
   2. Krankenheilungen 79
   3. Heilungen am Sabbat 85
   4. Totenerweckungen 90
   5. Naturwunder 98

V. Wunder im frühen Christentum 104
   1. Wunder in Gemeinde und Mission 104
   2. Die Wunder von Petrus und Philippus 109
   3. Paulus als Wundertäter 113

VI. Kritik am Wunder bei den Evangelisten ... 119

1. Markus ... 119
2. Matthäus ... 124
3. Lukas ... 129
4. Johannes ... 132

VII. Neuere Konzeptionen der Wunderhermeneutik ... 139

1. Existenziale Wunderhermeneutik ... 139
2. Biblische Theologie ... 144
3. Feministische Wunderhermeneutik / Gender Studies ... 148
4. Sozialgeschichtliche Auslegung von Wundererzählungen ... 154
5. Psychologische Interpretation der Wunder ... 159
6. Hermeneutik der Verfremdung ... 165
7. Rezeptionsästhetik und Wirkungsgeschichtliche Exegese ... 173

Übersicht: Konzeptionen der Wunderhermeneutik ... 180

VIII. Praxisorientierte Zugänge ... 183

1. Entwicklungspsychologische Voraussetzungen ... 183
2. Grundprobleme der Wunderdidaktik ... 190
3. »Biblisches Erzählen« von Wundergeschichten ... 196
4. Rollenspiel – Interaktion – Bibliodrama ... 204
5. Symboldidaktische Zugänge ... 210
6. Glaubensgeschichten, Handlungsanweisungen, Hoffnungsbilder ... 213
7. Wunder im Jesusfilm ... 225
8. »Wunder geschehen, du musst sie nur sehen« ... 230

IX. Anmerkungen ... 234

Vorwort

Kaum ein Bereich des Neuen Testaments bereitet dem modernen Menschen, der in seinem Denken dem wissenschaftlichen Weltbild der Neuzeit verpflichtet ist, derart große Verständnisschwierigkeiten, wie dies die Wunder tun. Zweifellos hat Jesus Kranke geheilt und Dämonen ausgetrieben. Die biblischen Wundererzählungen allerdings, die zudem von der Erweckung Toter und von spektakulären Eingriffen in das Naturgeschehen Kunde geben, sind Glaubenszeugnisse der frühen Christenheit und keine Tatsachenberichte. Auf viele Menschen wirkt der Wunderglaube befremdlich und gilt als nicht mehr zeitgemäß. Für die religionspädagogische Praxis kommt das Problem hinzu, ob Wunder noch Gegenstand des Unterrichts sein können. Mancherorts kapituliert man von vornherein vor dem Problem, indem die Wunder in den Curricula stillschweigend übergangen werden. Auf der anderen Seite werden die neutestamentlichen Wundergeschichten in jüngerer Vergangenheit verstärkt als wichtige Dokumente ganzheitlicher, auch körperbezogener Religiosität wahrgenommen und die in ihnen verborgenen Bilder der Hoffnung neu entdeckt.

Das vorliegende Buch bewegt sich in dem umrissenen Spannungsfeld und schlägt einen weiten Bogen. Es leuchtet das antike Umfeld der neutestamentlichen Wunderüberlieferung aus und geht den historischen, theologischen und religionspädagogischen Fragen nach, die von ihr aufgeworfen werden. Die Bedeutung der Wunder für das Wirken Jesu wird ebenso in Augenschein genommen wie die Wunderkritik der Evangelisten. Einflussreiche hermeneutische Modelle wie existenziale, feministische oder psychologische Wunderauslegung kommen exemplarisch zur Sprache. Ein besonderes Anliegen der Darstellung ist es, die Gegenwartsbedeutung der biblischen Wundergeschichten aufzuzeigen und Impulse für die Praxis zu geben.

Der Form nach handelt es sich um ein Lehr- und Arbeitsbuch, das aus der akademischen Unterrichtspraxis erwachsen ist und zur eigenständigen Weiterbeschäftigung mit den Wundergeschichten anleiten will. Meinen ehemaligen wie heutigen Studentinnen und Studenten an den Universitäten Göttingen, Aachen und Siegen danke ich dafür, dass sie sich in den vergangenen fünfzehn Jahren in unterschiedlichsten Lehrveranstaltungen mit großem Engagement auf die neutestamentlichen Wundergeschichten eingelassen und auf diese Weise einen wichtigen Beitrag zum Entstehen des vorliegenden Buches geleistet haben. Marion Kielmann hat sich durch ihre Mitarbeit am Computer, Carl Martin Pollmann durch unermüdliche Literaturbeschaffung um dieses Werk verdient gemacht. Holger Zeigan bin ich für gründliches Korrekturlesen und eine Reihe inhaltlicher Anregungen zu Dank verpflichtet. Michael Meyer-Blanck, Bonn, von dessen religionspädagogischer Kompetenz ich bereits vor vielen Jahren als Vikar im RPI Loccum profitieren konnte, verdanke ich eine kritische Stellungnahme zu den praxisorientierten Teilen dieses Buches.

Siegen, im November 2001

Bernd Kollmann

Vorwort zur dritten Auflage

Es erfüllt mich mit Freude, dass mein Buch sich seit der Erstveröffentlichung im Frühjahr 2002 einen festen Platz im akademischen Lehrbetrieb erobern konnte und sich auch weit über die Universitätsgrenzen hinaus für viele Menschen bei ihrer Beschäftigung mit der biblischen Wunderthematik als nützlich erwiesen hat. Zudem liegt seit längerem eine italienische Ausgabe vor (Storie di miracoli nel Nuovo Testamento, Brescia 2005). Für die nun notwendig gewordene dritte Auflage wurde der Text der zweiten Auflage von 2007 durchgesehen und um ein Kapitel über die Erschließung der Wunderthematik durch Popsongs bereichert.

Siegen, im Dezember 2010

Bernd Kollmann

I. Der Begriff des Wunders

1. Was ist ein Wunder?

Lit.: DELLING, G., Das Verständnis des Wunders im Neuen Testament, in: Suhl, A. (Hg.), Der Wunderbegriff im Neuen Testament, WdF 295, Darmstadt 1980, 300-317. – FULLER, R.H., Die Wunder Jesu in Exegese und Verkündigung, Düsseldorf 1967, 15-24. – WEISER, A., Was die Bibel Wunder nennt, Stuttgart [3]1977, 7-28.

Wunder sind außerordentliche Ereignisse, die Aufsehen erregen oder unbegreiflich erscheinen, weil sie den gewohnten Ablauf der Dinge durchbrechen. Wenn von einem Wunder gesprochen wird, verbindet sich damit meist die Vorstellung, dass es sich um ein Tun Gottes oder einer anderen höheren Macht handelt. Der Wunderbegriff selber ist dehnbar. Ein Wunder im eigentlichen Sinne liegt dann vor, wenn etwas gegen die uns bekannte Naturordnung geschieht und damit wissenschaftlich nicht erklärbar erscheint. Dieser engere Wunderbegriff widerspricht rationalem Denken und ist im Horizont des neuzeitlichen Weltbildes, das mit dem Fortschreiten der Wissenschaften den Raum für das Wunder immer enger werden ließ, zunehmend brüchig geworden. Aus der Sicht des Glaubens mag Gott nach wie vor ein Durchbrechen der von ihm geschaffenen Naturordnung zugetraut werden, während es vom wissenschaftlichen Standpunkt aus nur als eine Frage der Zeit gilt, bis sich eine natürliche Erklärung gefunden hat.

Weitaus geläufiger ist es heute, in einem uneigentlichen Sinne auch dann von einem Wunder zu sprechen, wenn einem Geschehen ohne Widerspruch zur Naturordnung das Moment des Überraschenden und Erstaunlichen innewohnt. Laut einer Umfrage des Allensbacher Instituts für Demoskopie aus dem Jahr 2006 glauben 56% aller Deutschen an Wunder und verstehen darunter in erster Linie die Heilung von schwerer Krankheit, das unversehrte Überstehen eines Unfalls oder die Rettung aus einer scheinbar ausweglosen Situation. Es geschieht etwas, womit man keineswegs rechnen konnte. Kaum irgendwo wird dieses nicht im Widerspruch zu den Naturwissenschaften stehende Verständnis des Wunders derart strapaziert, wie es im

Zusammenhang mit unerwarteten Sportresultaten oder spektakulärer Bewahrung in Katastrophen der Fall ist. Das »Wunder von Bern« (1954) etwa bestand im Sieg der deutschen Fußball-Elf über die hochfavorisierte Auswahl von Ungarn, das »Wunder von Lengede« (1963) in der Rettung elf längst tot geglaubter Bergleute, das »Wunder vor Manhattan« (2009) in der spektakulären Notlandung eines Flugzeugs auf dem Hudson River. Naturgesetze wurden dabei ebenso wenig aufgehoben, wie dies bei dem nicht zuletzt in Schlagertexten viel beschworenen »Wunder der Liebe« der Fall ist. Ob man solche die Normalität durchbrechenden Geschehnisse für glücklichen Zufall hält oder eine höhere Macht in ihnen walten sieht, ist Glaubenssache.

Mit solchen uneigentlichen Wundern sind wir in gewisser Weise nicht allzu weit vom antiken Wunderverständnis entfernt, auch wenn dort die Erfahrung des Göttlichen ungleich stärker im Vordergrund steht. Das neuzeitliche Axiom, dass es sich bei einem Wunder streng genommen um ein der kritischen Vernunft zuwiderlaufendes, die wissenschaftlich erfassbare Naturkausalität durchbrechendes Ereignis handelt, ist dem Wirklichkeitsverständnis des Neuen Testaments und seiner Umwelt fremd. Jenseits gezielter Reflexion über eine bestimmte naturgesetzliche Ordnung und deren Durchbrechung stellt ein Wunder im antiken Denken ein Aufsehen erregendes Geschehen dar, das außerhalb des Gewohnten liegt und Hinweischarakter auf eine höhere Macht hat. Das Wunder lässt Gegenwart und Wirksamkeit der die gesamte Welt durchdringenden göttlichen Kräfte besonders intensiv erfahrbar werden. In diesem Sinne gelten spektakuläre Ereignisse wie Dämonenaustreibungen, Krankenheilungen, Totenerweckungen oder Naturbeeinflussungen innerhalb wie außerhalb der Bibel als Wunder, ohne zwangsläufig in Widerspruch zur Naturgesetzlichkeit zu geraten. Eine Untersuchung des Sprachgebrauchs untermauert dies und eröffnet bereits entscheidende Einblicke in das antike Wunderverständnis mit seinen unterschiedlichen Facetten. Die biblischen Schriftsteller sind dem Wunderdenken ihrer Zeit verhaftet und heben sich doch in wichtigen Punkten davon ab. Dies zeigt sich nicht zuletzt darin, wie sie die in ihrer Umwelt geläufige Wunderterminologie verwenden.

Für das, was wir als Wunder bezeichnen, kennt die griechische Sprache keinen einheitlichen Begriff. Sie hält eine Vielzahl von Wörtern bereit, aus denen das Neue Testament eine reflektierte Auswahl trifft. Von den einschlägigen griechischen Fachbegriffen, die den Akzent auf das Spektakuläre und Mirakelhafte setzen, sind *thauma* (Sehenswürdigkeit, Kunststück, Wundertat) und *arete* (Tüchtigkeitserweis, Heldentat) überhaupt nicht, *thaumasion* (Erstaunliches, Wunderbares) und *paradoxon* (unerwartetes, unglaubliches Geschehnis) nur jeweils einmal (Mt 21,15; Lk 5,26) als Bezeichnung der Wunder Jesu belegt. Stattdessen rücken die im Profangriechischen zwar ebenfalls für Wunder gebräuchlichen, im Neuen Testament aber mit besonderen Sinnfüllungen versehenen Begriffe *dynamis* (Machttat), *semeion* (Zeichen), das nur in Verbindung damit vorkommende *teras* (außerordentliche Erscheinung, göttliches Vorzeichen) und schließlich *ergon* (Werk) betont in den Vordergrund. Bei *dynamis* (Mk 6,2; Mt 11,20f.) dominiert das Moment des personalen Machterweises Jesu und der darin sichtbaren Kraft Gottes. Der vom Johannesevangelium für Jesu Wunder bevorzugte (Joh 2,11; 20,30), in der synoptischen Tradition wegen Ablehnung der Zeichenforderung (Mk 8,12) allerdings negativ besetzte Begriff *semeion* bringt zum Ausdruck, dass die Wunder Zeichen für etwas Größeres, noch Ausstehendes sind. Die Wendung *semeia kai terata*, in unseren Bibelübersetzungen meist mit »Zeichen und Wunder« wiedergegeben, sucht im Rahmen gläubiger Geschichtsbetrachtung betont den göttlichen Ursprung und den eschatologischen Charakter der Taten Jesu (Apg 2,22) oder der Apostel (Apg 5,12; Röm 15,19) hervorzuheben. Sie war bereits bei der Übersetzung des hebräischen Alten Testaments in das Griechische zu einem formelhaften Ausdruck für die Exoduswunder (Ex 7,3; 11,9), aber auch für die göttlichen Beglaubigungszeichen der Propheten (Jes 20,3) geworden. Wenn schließlich durch die Bezeichnung *ergon* (Mt 11,2; Joh 9,3) die Wunder Jesu als ihm aufgetragene Werke gelten, hat dies erneut Hinweischarakter auf Jesu Einvernehmen mit Gott und dessen Machtfülle.

Das Verhältnis der Wunder zur Naturordnung liegt bei all dieser Begrifflichkeit außerhalb des Blickfeldes. Entscheidend ist die bereits im biblischen Sprachgebrauch zum Ausdruck kommende Überzeugung, dass die Wunder nicht als isolierte Fakten um ihrer selbst willen oder zur Verherrlichung des Wundertäters geschehen, sondern im Zusammenhang mit dem Heilshandeln Gottes an der Welt stehen. Die biblischen Wundergeschichten sind ebenso wenig wie ihre Parallelen aus der Umwelt an naturwissenschaftlichen Aussagen interessiert, wollen aber im Gegensatz zu ihnen den Blick für die heilvolle Gegenwart Gottes öffnen. Von dieser Intention her gewinnt die Begrifflichkeit, welche das Neue Testament für das Wunder wählt, ihren eigenen, unverwechselbaren Charakter.

Das neuzeitliche Axiom, dass es sich bei einem eigentlichen Wunder um ein der kritischen Vernunft zuwiderlaufendes, die wissenschaftlich erfassbare Naturkausalität durchbrechendes Ereignis handelt, ist dem Wirklichkeitsverständnis der Antike fremd. Wunder sind außerordentliche Geschehnisse mit Hinweischarakter auf das Wirken höherer Mächte. Aus der von der griechischen Sprache bereitgehaltenen Begrifflichkeit trifft das Neue Testament eine reflektierte Auswahl und füllt diese mit neuem Sinn, um das in den Wundern Jesu und der Apostel sichtbare Heilshandeln Gottes an der Welt zu dokumentieren.

Aufgaben:
- Machen Sie sich anhand folgender Aussage von Gerhard Delling die bereits im Sprachgebrauch zum Ausdruck kommenden Charakteristika des neutestamentlichen Wunderverständnisses klar.

Die lexikalischen Tatbestände lassen beiläufig erkennen: die Bezeichnungen des Neuen Testaments für die außergewöhnlichen Taten Jesu stellen diese in keiner Weise in ein Verhältnis zu irgendwelchen Naturgesetzen, die womöglich Gott gegenüber selbständig geworden wären. Vor allem machen sie deutlich: der in den Synoptikern verarbeiteten Überlieferung liegt wesentlich nicht daran, Jesus als Wundermann zu zeigen (Mt hat sichtlich in dieser Richtung deutbare äußere Züge reduziert). Jesu auffallende Taten sind aufrüttelnde Hinweise darauf, daß Gott entscheidend zu handeln begonnen hat in Jesus; sie tun verheißend das machtvolle Wirken Gottes kund, das in ihm anhebt; mit einem Schlagwort: sie haben eschatologischen Charakter. Damit ist der maßgebliche Unterschied zwischen den Wundern des Neuen Testaments und denen seiner Umwelt ausgesagt.[1]

- Setzen Sie sich mit dem Wunderverständnis der nachfolgenden Texte auseinander und vergleichen Sie dieses mit dem neutestamentlichen Wunderverständnis.

Wunder gibt es immer wieder

Viele Menschen fragen,
was ist schuld daran?
Warum kommt das Glück
nicht zu mir?

Fangen mit dem Leben
viel zu wenig an.
Dabei steht das Glück
schon vor der Tür.

Wunder gibt es immer wieder.
Heute oder morgen
können sie geschehn.
Wunder gibt es immer wieder,
wenn sie dir begegnen,
musst du sie auch sehn.

Viele Menschen suchen
jeden Tag auf's neu
jemand, der sein Herz
ihnen gibt.

Und wenn sie schon glauben,
er kommt nicht vorbei,
finden sie den einen,
der sie liebt.

Wunder gibt es immer wieder.
Heute oder morgen
können sie geschehn.
Wunder gibt es immer wieder,
wenn sie dir begegnen,
musst du sie auch sehn.[2]

Nowitzkis Team schaffte Wunder

Dallas Mavericks gelang nach 0:2 in Basketball-Play-Offs der Halbfinaleinzug

Salt Lake City (sid) Dirk Nowitzki und die »jungen Wilden« der Dallas Mavericks haben in der nordamerikanischen Basketball-Profiliga NBA das Wunder von Salt Lake City geschafft. Die Texaner besiegten im fünften und entscheidenden Spiel die Utah Jazz nach einer sensationellen Aufholjagd mit 84:83 und treffen von heute an im Conference-Halbfinale auf Titelfavorit San Antonio Spurs.
Insgesamt hatte Dallas in der Begegnung ganze 28 Sekunden geführt, doch das reichte zum Sieg. Utah verpasste als sechstes Team in der NBA-Geschichte nach einer 2:0-Führung den Sprung in die nächste Runde. »Unfassbar, unbeschreiblich, unglaublich«, meinte Nowitzki, der nach der Schlusssirene von seinem Teamkollegen Steve Nash auf den Schultern durch das Delta Center von Salt Lake City getragen wurde.[3]

2. Der Streit um die Wunder Jesu

Lit.: ALKIER, S., Wen wundert was?, Zeitschrift für NT 4 (2001) 2-15. – BERGER, K., Darf man an Wunder glauben? GTB 1450, Gütersloh 1999. – KELLER, E./KELLER M.-L., Der Streit um die Wunder, Gütersloh 1968. – KOLLMANN, B., Jesus und die Christen als Wundertäter, FRLANT 170, Göttingen 1996, 18-45. – SCHWEITZER, A., Geschichte der Leben-Jesu-Forschung, UTB 1302, Tübingen ^{9}1984, 69-105. – STEGEMANN, W., Dekonstruktion des rationalistischen Wunderbegriffs, in: F. Crüsemann, u.a. (Hg.), Dem Tod nicht glauben (FS L. Schottroff), Gütersloh 2004, 67-90. – THEISSEN G./MERZ, A., Der historische Jesus, Göttingen 1996, 260-264.

Die Frage nach dem historischen Wert und einer angemessenen Interpretation der neutestamentlichen Wundergeschichten zählt zu den umstrittensten theologischen Themen der vergangenen drei Jahrhunderte. Bis in die Neuzeit wurden die biblischen Wunder mit großer Selbstverständlichkeit als Eingriff Gottes in das Naturgeschehen erklärt. Man bezeichnet diese Denkart als Supranaturalismus. Mit der Aufklärung und dem Aufkommen der Naturwissenschaften wurde der supranaturalistische Wunderglaube brüchig. Als Reaktion auf die veränderte Situation trat der Rationalismus, der die Vernunft zum Maßstab christlichen Glaubens erhob und im frühen 19. Jh. seine Blütezeit hatte, für eine natürliche Erklärung der Wunder Jesu ein. Sie beruhten auf Tatsachen und hätten nichts der Vernunft Widersprechendes an sich, soweit man nur die in der Bibel nicht genannten natürlichen Ursachen erkenne. Das im Widerspruch zur Naturgesetzlichkeit stehende Wunderhafte wurde gewissermaßen aus den Erzählungen herausinterpretiert, um deren Geschichtlichkeit zu retten.

Theologen wie Carl Friedrich Bahrdt (1741-1792) und Carl Heinrich Venturini (1768-1849) repräsentieren mit ihren romanhaften Leben-Jesu-Darstellungen einen volkstümlichen Rationalismus von immenser Breitenwirkung. Bei den Heilungen ging für Bahrdt ebenso alles auf natürliche Weise zu wie bei den Naturwundern, wo er darüber spekulierte, dass Jesus beim Seewandel auf im Wasser treibenden Bauhölzern spazierte oder bei der wunderbaren Speisung über große Mengen in Höhlen deponierten Brotes verfügte. Für Venturini in seiner vierbändigen »Natürlichen Geschichte des großen Propheten von Nazareth« (1800-1802) bestand die vernunftgemäße Erklärung der Dämonenaustreibungen, Krankenheilungen und Totenerweckungen Jesu – bei denen es in Wirklichkeit um die Wiederbelebung Scheintoter gehe – in der erfolgreichen Verabreichung von Heilmitteln und der Anwendung chirurgischer Techniken, was dem einfachen Volk als Wunder habe erscheinen müssen. Die Naturwunder hingegen seien das Resultat von Irrtümern und Missverständnissen. Bei der Sturmstillung wird mit wetterkundlichen Kenntnissen Jesu gerechnet. Auch die Brotvermehrung stellte für Venturini kein wirkliches Wunder dar, da Jesus die Reichen zum Teilen ihrer großen Speisevorräte mit den Armen animiert habe. Beim Seewandel wähnten die Jünger aus der Ferne den am Ufer gehenden Jesus angeblich auf dem Wasser. Heinrich Eberhard Gottlob Paulus (1761-1851) als Repräsentant eines ausgereiften wissenschaftlichen Rationalismus will in seinem »Leben Jesu« von 1828 ebenfalls hinter die Oberfläche der Evangelienberichte zu den natürlichen Ursachen des Wunderwirkens Jesu vorstoßen. Bei den Besessenen handelte es sich für ihn um Nervenkranke, deren Begegnung mit Jesus zu einem gesteigerten Krankheitsausbruch mit anschließender Genesung führte. Die Krankenheilungen werden auf Nervenstärkung von Seiten Jesu zurückgeführt, während sich hinter den Totenerweckungen die Diagnose fortdauernder Ohnmacht verberge. In der Erklärung der Naturwunder decken sich Paulus und Venturini, die einander wechselseitig beeinflussten, fast uneingeschränkt.

Bis heute gültige neue Maßstäbe in der Wunderinterpretation setzte David Friedrich Strauß (1808-1874) mit seinem zweibändigen »Leben Jesu« von 1835/36. In unerbittlicher Abrechnung mit rationalistischen wie supranaturalistischen Interpretationsversuchen erklärt er die Wunder zu Mythen, die Jesus unter Rückgriff auf alttestamentliche Traditionen zum Erweis seiner Messianität zugeschrieben wurden. Wenn Jesus der Messias war, dann musste er im Glauben seiner Anhänger die Wunder der Propheten erreichen und übertreffen. Strauß rechnet zwar mit einzelnen Dämonenaustreibungen und Heilungen Jesu, sieht aber die betreffenden Evangelienberichte als Folge der messianischen Idee unglaubwürdig ins Wunderhafte gesteigert. Vollends als ungeschichtliche Mythen stellen sich ihm Totenerweckungen und Naturwunder dar. Als wichtigste Quelle für die mythische Traditionsbildung reklamiert er den Elia-Elisa-Zyklus, der für die Erdichtung von Aussätzigenheilungen, Totenerweckungen und Brotvermehrungen Jesu geeignete Vorbilder bereitgehalten habe. Ergänzend wird eine messianisch-christologische Deutung der Verheißungen von Jes 35,5f. für die Entstehung der neutestamentlichen Wundergeschichten verantwortlich gemacht.

Diesen Einsichten konnte sich die neutestamentliche Wissenschaft trotz heftiger Kritik und unterschiedlichster Versuche, in rationalistische oder supranaturalistische Deutungsmuster zurückzufallen, auf Dauer nicht verschließen. Die Betrachtung der Wunder Jesu als ungeschichtlicher Mythen, die als Produkt des urchristlichen Messiasglaubens nicht auf ihre Geschichtlichkeit befragt, sondern theologisch interpretiert werden wollen, war fest etabliert. Während aber Strauß in der alttestamentlich-biblischen Tradition die maßgebliche Quelle der neutestamentlichen Wunderüberlieferungen sah, rückten Martin Dibelius (1883-1947) und Rudolf Bultmann (1884-1976) mit ihrer religions- und formgeschichtlichen Betrachtung der Wunder Jesu die hellenistischen Parallelen in den Vordergrund. Aus der Einsicht in eine enge inhaltliche wie formale Verwandtschaft mit volkstümlichen Erzählungen der griechisch-römischen Antike schlossen sie auf eine Ungeschichtlichkeit der neutestamentlichen Wunderberichte zurück. Dibelius geht in seiner »Formgeschichte des Evangeliums« (1919, ^{2}1933) für die Novellen, denen er die Mehrzahl der Wunder zurechnet, von der Verwendung volkstümlicher Motive bis hin zur Übertragung ganzer Wundergeschichten auf Jesus aus. Für Bultmann in seiner »Geschichte der synoptischen Tradition« (1921) bieten die Befunde aus der nichtjüdischen Umwelt des Neuen Testaments derart weit reichende Parallelen, dass sich für die große Mehrheit der synoptischen Wundergeschichten das Vorurteil einer Entstehung auf hellenistischem Boden ergebe. Gleichzeitig interpretiert er die Wunder als zeitbedingte, aus dem mythischen Weltbild der Antike erwachsene Entfaltungen der urchristlichen Glaubensbotschaft, die austauschbar sind und im Horizont neuzeitlich-aufgeklärten Denkens kein Glaubensgegenstand sein können. Die Rückfrage nach dem tatsächlichen Geschehen wird als gleichermaßen aussichtslos wie theologisch bedenklich betrachtet. Von Belang sind die Wunder Jesu in der Bultmann-Schule nur als zeichenhafte Glaubenszeugnisse, als gepredigte Bilder der frühen Christenheit.

»Die neutestamentlichen Wundergeschichten berichten nur scheinbar von merkwürdigen Ereignissen aus dem Leben des irdischen Jesus. In Wahrheit verkündigen sie, was Gott durch Jesus als den Christus, das heißt durch den gekreuzigten und auferstandenen Herrn der Gemeinde, an dieser Gemeinde tat und an der Welt tun will. Sie bezeugen das gegenwärtige Wirken des in der christlichen Verkündigung handelnden Herrn an den blinden, verirrten und unfreien Menschen.«[4]

Als unmittelbare Folge dieser Betrachtungsweise dominierte lange Zeit eine redaktionsgeschichtlich ausgerichtete Wunderforschung, die sich unter weitgehender Ausblendung historischer Fragen einseitig an der Wunderkritik der Evangelisten und an einem metaphorischen Verständnis des Wunders als Träger der Glaubensbotschaft, des Kerygmas, interessiert zeigt. Derzeit wird zwar wieder verstärkt mit historischen Motiven in der neutestamentlichen Wunderüberlieferung gerechnet und deren Zuverlässigkeit deutlich höher eingeschätzt, als dies bei der mythischen und religionsgeschichtlichen Wunderhermeneutik der Fall ist. An der grundlegenden Einsicht, dass die neutestamentlichen Wundergeschichten ungleich eher Glaubenszeugnisse als Tatsachenberichte sind und im Vergleich mit ihren antiken Parallelen wenig Unverwechselbares an sich haben, führt allerdings kein Weg vorbei.

Eugen Drewermann setzt mit seiner tiefenpsychologischen Wunderinterpretation neue Akzente. Dabei kommt er – was die historische Frage angeht – auf verschlungenen Pfaden wieder in der Nähe rationalistischer Denkmuster zum Stehen. Grundsätzlich sieht er nicht den geringsten Anlass, an der Geschichtlichkeit der Wunder Jesu zu zweifeln, die allerdings für ihn keine Durchbrechung der Naturgesetzlichkeit beinhalten, sondern auf der dem Verstand entzogenen Ebene des Unbewussten den Kranken wieder in Einklang mit sich selbst und der Naturordnung bringen. Wo der Rationalismus natürliche Ursachen in die Heilungsgeschichten hineinliest, begegnet bei Drewermann eine oftmals phantasievolle psychosomatische Diagnostik der Krankheitszustände, die das Wunder der Heilung erklären soll.

Wenn bei den Totenerweckungen Jesu mit hypnoider Starre oder Totstellreflexen gerechnet wird, deckt sich dies im Endeffekt mit den Scheintodhypothesen der rationalistischen Wunderdeutung, zu der auch die Rückführung der Sturmstillung auf wetterkundliche, nun aber schamanistische Kenntnisse Jesu deutliche Parallelen aufweist.

In jüngster Vergangenheit ist das Bemühen erkennbar, einen dritten Weg jenseits von Metaphorisierung und Rehistorisierung zu beschreiten, der das uns fremde Wirklichkeitsverständnis der biblischen Wunder respektiert. Klaus Berger unterscheidet die Wunder als »weiche Fakten« von den gemäß der Naturgesetzlichkeit geschehenden »harten Fakten«. Es gebe mehrere Zonen der Wirklichkeit, die sich nicht widersprächen, sondern komplementär ergänzten. Die Wunder Jesu als heute nicht mehr überprüfbare weiche Fakten gehörten einem durch mythisch-mystisches Wahrnehmen und Erleben gekennzeichneten Wirklichkeitsverständnis an, das eine eigene, nicht den Naturgesetzen folgende Logik habe, ohne deshalb irrational oder unwahr sein. Stefan Alkier und Bernhard Dressler verstehen die neutestamentlichen Wundergeschichten als fremde Welten, die es neu zu erkunden gelte, ohne sie von vornherein an unserem Wirklichkeitsverständnis zu messen.

»Wir dürfen in die biblischen Geschichten nicht unser kulturelles Wissen, nicht unsere Rationalismen und auch nicht unsere Empfindungen eintragen, wenn die biblischen Erzählungen wirklich *biblische* Erzählungen bleiben sollen und wir sie nicht unnötigerweise erzählen lassen, was wir eh schon wissen und immer schon gedacht haben.«[5]

Die Wunderfrage wird gezielt als eine offen zu haltende Frage propagiert. In eine ähnliche Richtung geht der ethnologische oder kulturanthropologische Ansatz von Wolfgang Stegemann und Christian Strecker. Er schärft das Bewusstsein dafür, dass die neutestamentlichen Texte der mediterranen Welt der Zeitenwende und damit einer uns fremden Kultur entstammen. Jesus verkörpere den Typus des »Volksheilers« (*folk healer*), wie er auch in heutigen außereuropäischen Kulturkreisen begegnet. Die neuzeitliche Wunderkritik wird mit dem Vorwurf bedacht, die biblischen Wundergeschichten in unzulässiger Weise am Erfahrungshorizont unserer modernen westlichen, eurozentrischen Kultur zu messen. Diese Sehweise könne nicht anders, als die in Frage kommenden Texte zu »rationalisieren« und sie als Repräsentanten eines überholten Weltbildes zu betrachten.

Der vielschichtige und facettenreiche Streit um die Wunder hat bislang nicht zu allgemein akzeptierten Ergebnissen geführt. Die Wunderdiskussion bleibt in Bewegung. Bei allen Unterschieden wird in neueren Konzeptionen die Zuverlässigkeit der neutestamentlichen Wunderüberlieferung deutlich höher eingeschätzt, als dies bei der mythischen und kerygmatischen Wunderhermeneutik der Fall ist. Wenn der Eindruck nicht täuscht, machen im Rahmen eines ungebrochenen Biblizismus sogar die von vielen bereits abgeschriebenen supranaturalistischen Deutungsmuster wieder an Boden gut. Unabhängig davon, wie zuversichtlich man über die historische Frage urteilt, führt allerdings kaum ein Weg an der grundlegenden Einsicht der mythischen und kerygmatischen Deutung vorbei, dass die neutestamentlichen Wundergeschichten in ihrer jetzigen Gestalt maßgeblich vom Glauben der Gemeinde geprägt sind und im Vergleich mit ihren antiken Parallelen wenig Unverwechselbares an sich haben. Es ist daher nach einem Sinngehalt der Wundergeschichten zu suchen, der auch jenseits der Frage nach dem tatsächlichen Geschehen Bestand hat.

Bis in die Neuzeit wurden die Wunder supranaturalistisch als Eingriff Gottes in die Naturordnung gedeutet. Der Rationalismus suchte die Wunder mit dem modernen Weltbild in Einklang zu bringen, indem er gegen ihre Intention das Wunderhafte aus ihnen herausinterpretierte, um so die Geschichtlichkeit zu retten. Die heute dominierende mythische und religionsgeschichtlich-kerygmatische Deutung betrachtet die Wundererzählungen nicht als Tatsachenberichte, sondern als Glaubenszeugnisse, die auf ihre christologische Zielsetzung hin befragt werden wollen. Der kulturanthropologische Ansatz hält es für verfehlt, die antiken Wundergeschichten an unserem neuzeitlichen Wirklichkeitsverständnis zu messen.

Aufgabe:
- Machen Sie sich an folgenden Interpretationen von Mk 5,21-24.35-43 (Auferweckung der Tochter des Synagogenvorstehers Jairus) die Charakteristika supranaturalistischer, rationalistischer, mythischer, religionsgeschichtlich-kerygmatischer und tiefenpsy-

chologischer Auslegung der Wunder Jesu klar. Welches Modell erscheint Ihnen am ehesten als angemessen?

Jesus hasste den Tod – die schrecklichste Waffe des Satans –, weil er endgültig ist. Es scheint so, dass Christus jedes Mal, wenn er auf einen Besessenen traf, diesen von den bösen Geistern befreite; auch wird von vielen Heilungen berichtet. Im Unterschied dazu wurden nur wenige Menschen von den Toten erweckt. Vielleicht waren solche Wunder mehr als alle anderen ein Vorgeschmack auf das kommende Zeitalter und Signale an den Satan – dessen Welt im Begriff war, von Jesus überwältigt zu werden. Die Evangelien berichten dreimal konkret und einmal allgemein über Totenauferweckung (Tochter des Jairus: Matthäus 9,18-26; Markus 5,21-43; Lukas 8,40-56. Der Sohn der Witwe: Lk 7,11-17. »Entschlafene« nach der Kreuzigung: Matthäus 27,52)... Jesus verkörpert seinen Vater, er ist wesensgleich mit ihm und handelt in voller Übereinstimmung mit seinem Willen zur Erlösung der Menschheit. Es ist der Wille des Vaters, den Menschen zu helfen, ihnen Mitleid und Barmherzigkeit zu erweisen. Die Auferweckung von Toten sollte den Menschen zeigen, dass Gott sie liebte, und dass eines Tages sogar der Tod besiegt sein würde.[6]

Jetzt kommen sogar Leute aus seinem [des Synagogenvorstehers] Hause: Deine Tochter ist gestorben; was bemühst Du noch den Lehrer? Der Vater hatte sie Jesu schon todt genannt, weil er sie im Abscheiden (etwa in einer plötzlichen Erstarrung, wie sie bey einer Morgenländerin von zwölf Jahren in den Entwicklungsperioden leicht eintreten konnte) verlassen hatte. Indeß war sie noch lebloser geworden und nach der unglückseligen Gewohnheit der Nation bestellten die Leute bereits Alles zur Bestattung des Mädchens.

Ohne Jesus wäre sie lebendig begraben worden. Dieser aber, welcher, wie sich von selber versteht, sich die Krankheitsumstände der zwölfjährigen Tochter vom Vater und jetzt von den Boten angeben ließ, hörte zwar, was die Leute befürchten machte, sah aber darin nur eine fortdauernde Ohnmacht oder Gefühllosigkeit. Er spricht also dem Vater noch immer Muth ein: Bleibe nur bei Deiner Überzeugung von der Hülfe, die ich Dir schon versprochen habe, getreu!

Das ganze Betragen zwischen Jesus und dem Vorsteher einer Synagoge, in welcher Jesus oft Lehrvorträge hielt, deutet ohnehin darauf, dass Jener Jesus verehrte, und Jesus ihm zuvor geneigt war. Vermuthlich kannte Er auch die zwölfjährige Tochter und

> wusste von ihren sonstigen Gesundheitsumständen. Entscheidend ist die Überlieferung dafür, daß Jesus sie nicht für todt nahm, nicht sie als gestorben wiederbelebte, sondern durchaus voraussetzte, daß sie nur in einem krankhaften Todesschlummer lag, der freilich, wenn sie begraben worden wäre, in den Tod hätte übergehen müssen.[7]

> Sind auf diese Weise alle drei evangelische Todtenerweckungsgeschichten durch negative Gründe mehr oder minder zweifelhaft gemacht, so fehlt jezt nur noch der positive Nachweis, dass leicht auch ohne historischen Grund die Sage, Jesus habe Todte erweckt, sich bilden konnte. Vom Messias wurde bei seiner Ankunft nach rabbinischen wie nach N.T.lichen Stellen (z.B. Joh 5,28f. 6,40.44. 1. Kor 15. 1. Thess. 4,16) die Auferweckung der Todten erwartet ... Für die Entstehung detaillirter Erzählungen von einzelnen Todtenerweckungen lagen überdiess im A.T. die geeignetsten Vorbilder. Die Propheten Elias (1. Kön. 17,17ff.) und Elisa (2. Kön. 4,18ff.) hatten Todte erweckt, und darauf berufen sich jüdische Schriften als auf ein Vorbild der messianischen Zeit. Objekt ihrer Todtenerweckungen war bei beiden ein Kind, nur ein Knabe, wie in der den Synoptikern gemeinsamen Erzählung ein Mädchen; beide erweckten es, wie Jesus die Jairustochter, noch auf dem Bette; beide so, dass sie sich allein in die Todtenkammer begaben, wie Jesus dort Alle ausser wenigen Vertrauten hinauswies; nur braucht wie billig der Messias die mühsamen Manipulationen nicht vorzunehmen, durch welche die Propheten zu ihrem Zwecke zu gelangen suchen. ... weitersehende Theologen [haben] längst bemerkt, dass die N.T.lichen Todtenerweckungen nichts Anderes als Mythen seien, entstanden aus der Neigung der ältesten Christengemeinde, ihren Messias dem Vorbilde der Propheten und dem messianischen Ideale gemäss zu machen.[8]

> Daß uns das Fürwahrhalten einer Totenauferweckung, wie sie hier geschildert wird, sehr viel schwerer fällt als den Zeitgenossen des Markus, schärft den Blick für die Botschaft dieser Geschichte. Sie ist sicher nicht zu »erklären«, etwa mit der Annahme des Scheintodes. Sollte das je ihr Ursprung gewesen – was sehr unwahrscheinlich ist –, so wären auf alle Fälle weder Markus noch die Erzähler vor ihm daran interessiert. Sie berichten zweifellos ein eindeutiges Auferstehungswunder. Freilich ist ihnen das fast natürlich vorgekommen, da solche Wunder auch von griechischen

> Wundertätern, sogar mit Arztzeugnissen beglaubigt, erzählt wurden, während wir in einer völlig anderen Situation leben. Gerade weil die Geschichte für sie keine besonderen Denkschwierigkeiten bot, konnte sie von sich wegweisen auf das hin, was sie anzeigen wollte: auf jenen Glauben hin, der Gott alles zutraut, auch den Sieg über den Tod. So ist er freilich erst nach Jesu Auferweckung in Überbietung jüdischer und griechischer Vorstellungen möglich ... Wer vom modernen Menschen einfach ein Fürwahrhalten dieser Geschichte fordert, der verdeckt ihm, daß das eigentliche Wunder gerade dieser Geschichte das Entstehen des Glaubens ist, der Gott auch den Sieg über den Tod zutraut, und verführt ihn, in der Auferstehung von den Toten nur so etwas wie eine Rückkehr ins irdische Leben unter verbesserten Umständen zu sehen ... So weist diese Geschichte energisch von sich selbst weg und fragt den Leser, ob er in seinem Sterben, wo vermutlich kein »Wunder« zu erleben ist, Gott den Sieg auch über seinen Tod zutraut.[9]

> Wir treffen die Tochter des Jairus, kaum daß ihr Leben beginnen könnte, wie eine lebendig Tote an; aber wenn wir nicht glauben dürften, daß die Angst und die Herzensenge nur begrenzte Kraft besitzen und sich besiegen lassen von der Liebe, würden die Wunder der Heilung sich niemals ereignen können, von denen die Bibel voll ist. Denn um nichts anderes als um die Erlösung der Liebe von der Angst dürfte es sich bei der Auferweckung der Jairus-Tochter handeln ... Eine hypnoide Starre, wie sie allem Anschein nach hier vorliegt, erklärt sich relativ leicht als eine geradezu schreckhafte Abwehr gegen jede Art genitaler Berührung – eine Art Totstellreflex, wenn man der (sexuellen) Bedrohung (von innen oder außen) nicht mehr entweichen kann, eine Art Lähmung, die verhindert, daß man selber tun könnte oder verantwortlicherweise an sich vollziehen lassen würde, was im eigenen Ich oder Überich auf das heftigste abgelehnt und bekämpft wird ... Man wird dann annehmen dürfen, daß der akute Zustand der Jairus-Tochter nicht ein äußeres Verhängnis, sondern das Resultat langer geheimer Todeswünsche und -sehnsüchte darstellt, das Ergebnis eines furchtbaren inneren Kampfes gegen den eigenen Körper, die Summe eines quälenden Protestes gegen den Zwang, erwachsen werden zu müssen und die Möglichkeiten und Aufgaben einer reifenden Frau zu übernehmen – ein Streik also gegen jede Form weiterer körperlicher und seelischer Entwicklung.[10]

3. Chancen und Grenzen des Wunders

Lit.: BLOCH, E., Das Prinzip Hoffnung, Frankfurt 1959, 1540-1550. – BULTMANN, R., Zur Frage des Wunders, in: ders., Glauben und Verstehen Bd. I, Tübingen 1933, 214-228. – KELLER, E./KELLER, M.-L., Der Streit um die Wunder, Gütersloh 1968. – KOLLMANN, B., Images of Hope: Towards an Understanding of New Testament Miracle Stories, in: Labahn, M./Lietaert Peerbolte, B.J. (Hg.), Wonders Never Cease, LNTS 288, London/New York 2006, 244-264. –THEISSEN, G., Urchristliche Wundergeschichten, StNT 8, Gütersloh ^{5}1987, 244-256.283-297.

Es gibt vielerlei Gründe, dem Wunder ablehnend gegenüberzustehen. Sie sind philosophischer, soziologischer und theologischer Natur. Die Chancen des Wunderglaubens drohen bei aller berechtigten Kritik oftmals übersehen zu werden.

Philosophisch ist der Haupteinwand gegen das Wunder, dass es im Widerspruch zur Vernunft steht. Als Vorreiter rationaler Wunderkritik konstatierte der holländische Philosoph Baruch de Spinoza (1632-1677) in seinem »Theologisch-politischen Traktat« von 1670 einen unüberbrückbaren Gegensatz zwischen Wunderglaube und Vernunft. Es geschehe nichts gegen die Natur mit ihren unveränderlichen Gesetzen. Aus Gewohnheit oder aus bewusstem Widerspruch gegenüber den Naturwissenschaften wolle das gemeine Volk nichts von den natürlichen Ursachen der Dinge wissen und begehre nur solche Sachen zu hören, die es am wenigsten kenne und deshalb am meisten bewundern könne.

Der Hamburger Orientalist Hermann Samuel Reimarus (1694-1768) wagte seine »Apologie oder Schutzschrift für die vernünftigen Verehrer Gottes« nicht zu veröffentlichen. Sie wurde erst nach seinem Tod von Lessing als angebliches Werk eines »Wolfenbüttelschen Ungenannten« herausgegeben. Auch Reimarus begegnet den Wundern Jesu mit einer von der Vernunft geleiteten Skepsis. Sie seien zwar nicht so völlig widersinnig und übertrieben wie die Wunder des Alten Testaments, unterlägen aber doch größten Zweifeln. Neben Leichtgläubigkeit, Wundersucht und mangelhafter Unterscheidung des Natürlichen vom Übernatürlichen sei auch mit gezieltem Betrug zu rechnen, indem Heilungen nur vorgetäuscht wurden. Diese Skepsis gegenüber der Wunderüberlieferung verstärkt sich für Reimarus durch teilweise widersprüchliche Angaben der Evangelienschreiber, die zudem Jahrzehnte nach Jesu Tod ohne kritische Gegeninstanz zahlreiche Wunder zur Unterstützung ihres »neu erfundenen Systems« hinzu erdichtet hätten.

David Hume (1711-1776) erörterte intensiv die Evidenz für Wunder und fragte nach den Kriterien, die darüber entscheiden, ob wir etwas, das uns mitgeteilt wird, glauben oder nicht glauben. Die Wunder der Evangelien stünden der vernunftgemäßen Überprüfung nicht direkt, sondern nur durch das Medium menschlicher Zeugen aus der Vergangenheit zur Verfügung. Ein besonnener Mensch bemesse seinen Glauben nach der Evidenz. Gemäß dem gesunden Menschenverstand sei es grundsätzlich wahrscheinlich, dass das Wunderzeugnis falsch ist, da die Naturgesetze sich bei zahllosen Gelegenheiten als richtig erwiesen hätten. Erfahrung und Beobachtung zeigten, dass menschliche Zeugen dazu neigten, unzuverlässig oder missverständlich zu sein. Bei Abwägung der Alternativen sei die Evidenz für die vernunftgemäße Erklärung eines Ereignisses immer größer als die Evidenz für die wunderhafte Erklärung.

»Berichtet mir jemand, er habe einen Toten wieder aufleben sehen, so überdenke ich gleich bei mir, ob es wahrscheinlicher ist, dass der Erzähler trügt oder betrogen ist oder dass das mitgeteilte Ereignis sich wirklich zugetragen hat. Ich wäge das eine Wunder gegen das andere ab, und je nach der Überlegenheit, die ich entdecke, fälle ich meine Entscheidung und verwerfe stets das größere Wunder.«[11]

Hume stellte demnach nicht grundsätzlich die Möglichkeit von Wundern in Abrede, bemühte sich aber um den Nachweis, dass es niemals gute Gründe gibt, an deren Tatsächlichkeit zu glauben. Daher könnten Wunder kein tragfähiges Fundament für ein religiöses System darstellen.

Einen vorläufigen Höhepunkt erreichte die philosophische Wunderkritik bei Ludwig Feuerbach (1804-1872). Für ihn dient das Wunder einer Befriedigung menschlicher Sehnsüchte und ist ein Produkt der Phantasie, der von den Herzensbedürfnissen und Wünschen des Menschen bestimmten Intelligenz. Damit verbindet sich eine qualitative Wertung. In der Phantasie macht sich der Mensch nicht auf eine vernünftige und geistige, sondern auf eine phantastische und sinnliche Weise zum Herrn über die Natur. Der Wunderglaube repräsentiert so eine Entwicklungsstufe, auf der sich der Geist des Menschen gleichsam noch in den Kinderschuhen befindet und nicht erkennt, dass er selbst die Macht hätte, seine Wünsche und Bedürfnisse zu befriedigen. Wunderglaube gilt als zu überwindender, den Menschen in seiner Entwicklung und Selbstverwirklichung hemmender Aberglaube. Solche Betrachtung des Wunders als Projektion unerfüllter Wünsche lässt sich aber auch ins Positive kehren. Ernst Bloch (1885-1977) stellt in seinem »Prinzip Hoffnung« (1959) nachhaltig heraus, dass der biblische Wunderbegriff über einen transzendenten Aberglauben hinaus auch den ganz und gar nicht abergläubischen Gedanken einer Sprengung des gewohnten Status mit seinen heillosen Zusammenhängen beinhaltet. Die Wunder Jesu sind demnach trotz des ihnen zugrunde liegenden temporären, in der Neuzeit überwundenen Weltbildes in zweierlei Hinsicht nach wie vor von Bedeutung, nämlich wegen ihrer Unterbrechung des Status Quo und wegen ihres schlechthin guten Inhalts. Entscheidend ist, dass die Wunder im Rahmen konkreter Utopie auf eine greifbare Veränderung äußerer Art abzielen, indem das durch sie erscheinende Heil nach Realisierung drängt. Das die bestehenden Verhältnisse als unvollkommen entlarvende Wunder öffnet den Blick auf die noch nicht verwirklichten Möglichkeiten menschlichen Daseins und fordert sie ein.

Von soziologischer Seite wurde die Erkenntnis gewonnen, dass die Empfänglichkeit für Wunder und Magie nicht zuletzt in unteren sozialen Schichten ausgeprägt ist. Man spricht vom Volksglauben der breiten Masse und meint dies meist im negativen Sinne. Die durch »Leichtgläubigkeit« und »Wundersucht« gekennzeichnete Volksfrömmigkeit gilt innerhalb einer organisierten Universalreligion, wie das Christentum sie darstellt, als zu überwindendes Relikt aus primitiver Vorzeit.

»Die Masse ist *leichtgläubig*. Das Ungewöhnliche und Phantastische regt ihre *Phantasie* an und findet Glauben bei ihr. Sie bildet daher mit großer Leichtigkeit *Legenden* und verlangt nach *Wundern* aller Art. Beeinflußbar ist daher die Masse am ehesten durch Bilder und anschauliche Ereignisse bzw. Ereignisberichte. Sie verlangt nach massiver *Garantie*, nach der Gewißheit des Sichtbaren und empirisch Erfahrbaren ... Wir beschrieben oben die Masse als soziologischen Rest aus dem Stadium der sakralen Volksgemeinschaft. Dem entspricht die *magische Welteinstellung*, die in der Frühzeit sich mit der Religion mischt, und die dieser Masse auch in der Universalreligion noch eigen ist. Hier entspringt die *religiöse Magie*, die der wesentlichste Faktor des Volksglaubens ist.«[12]

Wunder und Magie werden den Abgründen niederer Volksfrömmigkeit zugewiesen und für höhere Formen von Religion als verzichtbar betrachtet. Der Glaube daran ist indes auch in gehobenen Bildungs- und Gesellschaftsschichten weit verbreitet. Zudem macht Gerd Theißen auf die positive Bedeutung des Wunders für die kleinen Leute aufmerksam und rehabilitiert den »infantilen«, von mythischer Phantasie geprägten Wunderglauben. Dieser greife zwar auf den archaischen Stoff einer kindlichen Erfahrung zurück, doch nicht in Form naiven Wunschdenkens. Das Wunder rebelliere gegen die Wirklichkeit, sei Ausdruck des Protestes gegen Krankheit und Not. Wundergeschichten erfüllen demnach als kollektive soziale Handlungen eine wichtige Funktion. Sie legitimieren neue Lebensformen, wirken symbolisch der Not entgegen und geben gleichzeitig Kraft, im alltäglichen Leben die Negativität des Daseins auch durch praktische Handlungen zu überwinden.

Theologisch wird das Wunder vom Kreuz her abgewertet. Im Gegensatz zum Kreuz, so lautet der Grundvorwurf, zerschlage das Wunder den Menschen nicht in seiner Selbstherrlichkeit, um ihn ganz für die Gnade Gottes zu öffnen, sondern lasse ihn unter Wahrung seiner eigenmächtigen Selbstbehauptung nur konstatierend des Göttlichen ansichtig werden. Bereits Martin Luther hatte im Vergleich zu dem *einen* Wunder, dass Jesus durch sein stellvertretendes Sterben ewiges Leben brachte, den eigentlichen Wundern Jesu eine untergeordnete Bedeutung beigemessen und das Johannesevangelium wegen seiner geringen Zahl von Wundergeschichten gegenüber den synoptischen Evangelien favorisiert. Besondere Durchschlagskraft gewann die kreuzestheologische Wunderkritik durch Rudolf Bultmann. Um der Redlichkeit des christlichen Glaubens willen – dieses Anliegen wird oft übersehen – wollte er dem modernen Menschen keine unkritische Akzeptanz des mythologischen Weltbildes der Bibel im Sinne eines unzumutbaren Verstandesopfers abverlangen.

»Man kann nicht elektrisches Licht und Radioapparat benutzen, in Krankheitsfällen moderne medizinische und klinische Mittel in Anspruch nehmen und gleichzeitig an die Geister- und Wunderwelt des Neuen Testaments glauben. Und wer meint, es für seine Person tun zu können, muß sich klar machen, daß er, wenn er das für die Haltung christlichen Glaubens erklärt, damit die christliche Verkündigung in der Gegenwart unverständlich und unmöglich macht.«[13]

Bultmann lässt nur ein wirkliches Wunder gelten, nämlich die Offenbarung der Gnade Gottes für den Gottlosen, die im Gegensatz zu der vom Leistungsdenken geprägten Gesetzlichkeit der Welt unverdiente Vergebung gewährt. Die Wunder Jesu hingegen werden zu stets zweideutigen Mirakeln erklärt, die allenfalls als Träger des Kerygmas von Belang erscheinen, an sich aber für den christlichen Glauben gegenstandslos sind. Der Versuch, die Wirklichkeit der Wunder Jesu zu erweisen, stelle eine Verirrung dar, sei Ausdruck des Verlangens, nach Beweisen für die Gegenwart Gottes zu suchen und den Glauben zum Zwecke falscher Sicherheiten auf Tatsachen zu gründen. Selbst wenn die Wunder Jesu ausnahmslos historisch gesichert wären, gingen sie uns als Werke eines Menschen der Vergangenheit nichts an und seien restlos der Kritik preiszugeben. Christlicher Glaube ist hier seinem Wesen nach als Glaube an die in Christus erschienene Gnade Gottes gekennzeichnet, welche sich nicht in Wundern, sondern in der Überwindung von Gesetz und Tod zeigt. Dieses einzige wirkliche Wunder gilt es im Wagnis des Glaubens anzunehmen, indem der Mensch dem Ruf zur Entscheidung folgt, sein altes sündiges Wesen ablegt und die Möglichkeit einer neuen Existenz ergreift.

Im Gefolge der von Bultmann dergestalt zugespitzten reformatorischen Tradition wird die Zuwendung Gottes gegenüber dem Menschen einseitig auf der Ebene des Geistig-Religiösen angesiedelt. Es erfolgt eine Reduktion des Heils auf die Innerlichkeit oder das Seelenheil, verbunden mit einer Tendenz zur »Verkopfung« des Glaubens. Demgegenüber wird derzeit in Rückbesinnung auf den biblischen Zusammenhang von Heil und Heilung der Mensch zunehmend in seiner Ganzheitlichkeit wieder entdeckt. Aus dem Unbehagen heraus, das Gefühl und die Körperlichkeit aus dem Bereich der Religion ausgeklammert zu sehen, kommt es durch Eugen Drewermann zu einer Rehabilitierung des Wunders und der Mythen im christlichen Glauben. Er siedelt das Wunder in der Körper und Geist miteinander verbindenden Sphäre der Gefühle und Affekte an. In diesem Zwischenbereich ereigneten sich ständig Wunder in dem Sinne, dass physische Prozesse des Körpergeschehens in einer Weise gesteuert werden, die rein rational unbegreiflich ist. Das grundlegende Defizit des neuzeitlichen Wunderverständnisses wird in dessen negativer Einstellung gegenüber dieser Ebene der Gefühle und Affekte gesehen. Durch die verhängnisvolle Reduktion des Menschen allein auf sein Denken sei aus der Natur nur das rational Erfassbare in Geltung geblieben und dem Wunder jeglicher Raum genommen worden.

»Es ist also sehr richtig, wenn die *Dialektische Theologie* den Glauben und die Selbstfindung des Menschen, die Eigentlichkeit seiner Existenz, in engstem Zusammenhang miteinander sah; aber der Mensch wird nicht zu seiner Eigentlichkeit geführt, sondern zu einer radikalen Selbstentfremdung, wenn man mit theologischen Gründen geltend macht, man müsse aus seinem Gefühl, aus seinem Körper, aus allen weltlichen Bezügen heraustreten, um in der reinen Transzendenz sich von Gott ergreifen zu lassen.«[14]

Bei aller Hochachtung vor dem existenzbezogenen theologischen Ansatz Bultmanns wird diesem gegenüber der Vorwurf erhoben, den Menschen mit einer Eliminierung des Gefühls und der Körperlichkeit aus dem christlichen Glauben in verhängnisvolle Selbstentfremdung geführt und die Theologie in eine tiefe Krise gestürzt zu haben.

Philosophisch lässt sich gegen den Wunderglauben sein Widerspruch zur Vernunft, soziologisch seine oftmals gegebene Verankerung in unteren Volksschichten, theologisch seine Unterlegenheit gegenüber der Kreuzestheologie geltend machen. In Korrektur dazu sind Wundergeschichten als Träger sich realisierender Utopie, als neue Daseinsmöglichkeiten erschließende Symbolhandlungen der kleinen Leute und als Zeugnisse ganzheitlichen Heils positiv zu würdigen.

Aufgabe:
- Besonders anschaulich hat Rudolf Bultmann sein Wunderverständnis in einer Predigt zu Lk 5,1-11 entfaltet. Lesen Sie die folgenden Ausschnitte oder besser noch die Predigt in ihrer Gesamtheit. Worin wird das Zentrum christlichen Glaubens gesehen, welche Rolle spielt das Wunder?

Nun, zuerst müssen wir sagen: Das bedeutet in der Tat nicht christlicher Glaube, daß man die Wundergeschichten des Neuen Testamentes für wahr hält. Christlicher Glaube bedeutet der Glaube an die in Christus uns erschienene Gnade Gottes. Das eigentliche Werk Christi besteht aber, wie schon Luther gesagt hat, darin, daß er das Gesetz und den Tod überwunden hat. Und deshalb heißt christlicher Glaube: An ihn als den Befreier von Gesetz und Tod glauben; es heißt aber nicht, die Wundergeschichten des Neuen Testaments für wahr halten ... Gestehen wir uns das aber ehrlich ein, so wissen wir auch, was Wunder im eigentlichen Sinn heißen muß: Nämlich ein solches Geschehen, durch das wir dessen inne werden, daß uns *trotz* alledem, *trotz* aller Rätsel von Welt und Schicksal, *trotz* aller Qual der Selbstverurteilung Gott gnädig geschaffen hat und in seiner Schöpferhand hält. Und gerade dann und nur dann, wenn wir nach diesem einen Wunder ausschauen, kann es uns begegnen. Denn wenn wir von dieser Frage bewegt sind, trifft uns Jesu Wort ... Wollen wir wirklich Gott als den Schöpfer, wollen wir wirklich seine Wunder schauen, sehnen wir uns wirklich nach dem *einen* großen Wunder, nach einem Geschehen, das uns dessen gewiß macht, daß Gott unser Schöpfer ist, dann heißt das: Wir sehnen uns danach, selbst neue Menschen zu werden; dann heißt das: Wir müssen unser altes Wesen, unsere alte Art, nach eigenem Willen und aus eigener Kraft zu leben, ablegen, wir müssen unsere alte Art als sündig erkennen ... Den verzagten sündigen Menschen läßt er das Wunder erleben, und das eigentliche Wunder ist eben dieses, daß er den sündigen Menschen zu sich ruft, in seinen Dienst stellt, daß er ihn verwandelt, ihn neu und rein macht.[15]

II. Der religionsgeschichtliche Hintergrund

1. Asklepiosheiligtümer

Lit.: EDELSTEIN, E.J./EDELSTEIN, L., Asclepius I-II, Baltimore 1945. – HERZOG, R., Die Wunderheilungen von Epidauros, Ph.S 22,3, Leipzig 1931. – KLAUCK, H.-J., Die religiöse Umwelt des Urchristentums Bd. I, KStTh 9,1, Stuttgart 1995, 130-139. – KOLLMANN, B., Halbgott in Weiß. Asklepioskult und Christentum, Welt und Umwelt der Bibel 7 (2002), 28-35. – WOLTER, M., Inschriftliche Heilungsberichte und neutestamentliche Wundererzählungen, in: BERGER, K. u.a. (Hg.), Studien und Texte zur Formgeschichte, TANZ 7, Heidelberg 1992, 135-175.

Wundergeschichten sind in der Umwelt des Neuen Testaments weit verbreitet. Einen ersten wichtigen Bereich markieren die zahlreichen Inschriften und literarischen Zeugnisse, die vom Wunderwirken einzelner Gottheiten an Kultstätten Kunde geben. In der Antike existierte eine weit verzweigte Tempelmedizin. Kultische Heilstätten waren anerkannte Institutionen des antiken Lebens, die einer gesellschaftlichen Ausgrenzung kranker Menschen entgegenwirkten. Die bedeutsamste und erfolgreichste Heilgottheit der griechisch-römischen Welt war Asklepios, der schon von Homer als großer Arzt gepriesen wird und dessen Glanz bis ins 4. Jh. n. Chr. erstrahlte.

Der Legende zufolge wurde Asklepios, der als Sohn des Apollo und der Königstochter Koronis gilt, aufgrund seiner außergewöhnlichen ärztlichen Fertigkeiten von Zeus durch einen Blitzschlag getötet. Angeblich hatte er sich durch Geld dazu verleiten lassen, einen bereits der Unterwelt geweihten Menschen wieder in das Leben zurückzuholen. Nach seinem schmachvollen Tod verblieb Asklepios nicht im Hades, sondern wurde in die Riege der Götter aufgenommen. Als in den Himmel erhöhte Gottheit übte er weiterhin seine Heilkunst aus, indem er an speziellen, ihm geweihten Kultstätten den Kranken im Schlaf erschien. Das berühmteste dieser Asklepiosheiligtümer, an denen die Gottheit Heilung brachte, befand sich in Epidauros auf der Peloponnes.

Eine Beschreibung der im 6. Jh. v. Chr. gegründeten Kultstätte und ihrer Wunderaufzeichnungen verdanken wir dem Schriftsteller Pausanias, der um 165 n. Chr. Epidauros besuchte. Er fand dort nach eigenem Bekunden noch sechs Stelen vor, auf denen nicht nur die Namen der von Asklepios geheilten Männer und Frauen, sondern auch die Art der Krankheit und Einzelheiten der Heilung verzeichnet waren. Bei diesen steinernen Inschriftentafeln, von denen Pausanias spricht, handelt es sich bereits um Abschriften. Ursprünglich waren von den geheilten Personen zum Dank hölzerne Votivtafeln gestiftet worden, die über die Umstände der Heilung Auskunft gaben. Im 4. Jh. v. Chr. begann man, den Text dieser Holztafeln auf Stein zu übertragen, um ihn der Nachwelt zu erhalten und bei dieser Gelegenheit auch das wunderhafte Element zu steigern. Bei den Ausgrabungen, die ab 1883 in Epidauros vorgenommen wurden, konnten drei dieser Stelen vollständig, eine vierte in Bruchstücken entdeckt werden. Sie enthalten insgesamt siebzig Berichte über Wunderheilungen. Unter den vielfältigen Krankheiten, die in Epidauros geheilt wurden, nehmen Augenleiden und Lähmungen besonders breiten Raum ein, aber auch bei Wassersucht, Kindeswunsch, Haarausfall, Geschwüren und dergleichen mehr wurde Hilfe zuteil.

Es handelte sich um sogenannte Inkubationsheilungen, die sich während des Schlafs im Tempel der Gottheit vollzogen. Nach einem Voropfer und einer rituellen Waschung übernachteten die Heilungssuchenden in einem besonderen Raum, wo ihnen Asklepios im Schlaf erschien und entweder sofort Heilung brachte oder Anweisungen erteilte, deren Ausführung später die Genesung nach sich zog. An der Faktizität solcher Wunderheilungen ist nicht zu zweifeln. Auch wenn die zur Ermutigung der Kranken und zur Werbung für das Heiligtum verfassten Berichte auf den Stelen übertreiben, setzen sie doch eine Vielzahl unbestrittener Heilungen voraus. Bewirkt wurden sie durch eine Kombination religiöser, psychologischer und volkstümlich-medizinischer Elemente. Ein unerschütterliches Vertrauen in die Heilkraft der Gottheit und für die Psyche förderliche Traumerlebnisse während der Inkubation zogen im Zusammenspiel mit ärztlichen, hauptsächlich pharmakologisch und diätetisch ausgerichteten Praktiken Genesung nach sich. Dabei ging es um ganzheitliche Wiederherstellung des kranken Menschen. Epidauros war ein geistiges Zentrum, das durch Theater, Dichtung und Musik, aber auch durch die intensive Begegnung mit der Natur das Streben der Seele nach dem

Schönen und Göttlichen förderte, damit der Mensch seine Gesundheit und Harmonie wieder finde.

Ein Großteil der Hilfe Suchenden dürfte an psychogenen Krankheiten gelitten haben, bei denen ein Durchbrechen seelischer Blockaden durch Willensstärkung oder Schocktherapie zur Heilung führte. Insbesondere bei Gelähmtenheilungen ist dies offenkundig, indem Asklepios einen Gelähmten die Leiter hinaufsteigen lässt (»N.N. von Epidauros, lahm. Dieser kam als Bittfleher in das Heiligtum auf einer Bahre. Als er im Heilraum schlief, sah er ein Gesicht: es träumte ihm, der Gott zerbreche seinen Stab und befehle ihm, eine Leiter herbeizubringen und so hoch wie möglich auf den Tempel zu steigen. Er habe es zuerst versucht, dann den Mut verloren und oben auf dem Gesims ausgeruht, zum Schluss aber habe er es aufgegeben und sei die Leiter langsam Tritt für Tritt heruntergestiegen. Asklepios habe sich zuerst geärgert über sein Handeln, dann habe er ihn ausgelacht, weil er so feig sei. Er wagte es, als es Tag geworden, die Aufgabe zu erfüllen, und ging ohne Leibschaden von dannen«[16]) oder einem Kranken im Schlaf auf die lahme Hand springt und diese am folgenden Tag wieder bewegt werden kann. Auch Heilquellen spielen im Asklepioskult eine hervorgehobene Rolle. In mehreren Blindenheilungsberichten aus Epidauros spiegeln sich pharmakologische Praktiken wider. Völlig rätselhaft bleiben indes die Details der Heilung in Berichten, die phantastisch ausgeschmückt sind und das wunderhafte Element in besonderer Weise hervorkehren. So schneidet Asklepios einer an Wassersucht leidenden Frau im Traum den Kopf ab, lässt das Wasser aus der Kranken herausfließen und setzt anschließend den Kopf wieder auf den Hals.

Der Erfolg von Epidauros zog systematisch Filialgründungen nach sich. In neutestamentlicher Zeit war das Römische Reich von einem dichten Netz solcher Asklepiosheiligtümer überzogen. Den Inschriften von Epidauros vergleichbare Heilungsberichte sind aus Lebena auf Kreta, Rom und Pergamon erhalten. Daneben fand man an einzelnen Kultorten kürzere Weiheinschriften und auch Nachbildungen geheilter Körperteile als Votivgaben. Im Osten des Römischen Reiches besaßen Isis und Sarapis eine ähnlich hohe Reputation als Heilgottheiten und machten Asklepios Konkurrenz. Isis gilt als Erfinderin zahlreicher Heilmittel und soll ebenso wie Asklepios vielfältige Traumanweisungen zur Heilung gegeben haben. Auch Sarapis bewirkte Wunderheilungen, deren Aufzeichnung mehrere Bücher umfasste. Eines der bedeutsamsten Sarapisheiligtümer befand sich im ägyptischen Alexandria und fiel im 4. Jh. n. Chr. nach der »Konstantinischen Wende« christlichen Tempelstürmern zum Opfer. Dieses Schicksal teilte es mit zahlreichen Asklepioskultstätten.

Der Asklepiostempel auf der Insel Kos, an dessen Betrieb sich das dort ansässige Ärztegeschlecht der Asklepiaden beteiligte, war von Anfang an stärker als die anderen Inkubationsheiligtümer von wissenschaftlicher Medizin geprägt. Hippokrates, der berühmteste der Asklepiaden von Kos, soll einer Legende zufolge die Medizin dadurch begründet haben, dass er von den Votivtafeln des Asklepiosheiligtums die dort erwähnten Heilkuren abschrieb. In der Kaiserzeit kam dem Asklepiostempel von Pergamon eine Ausnahmestellung zu, dessen Heilpraktiken im 2. Jh. n. Chr. sogar bei dem angesehenen römischen Arzt Galen auf Zustimmung stießen und dessen Ruhm durch den Rhetor Aelius Aristides weit verbreitet wurde. Die Heilungssuchenden von Pergamon mussten sich einer 1965 bei Ausgrabungen entdeckten Inschrift zufolge des Geschlechtsverkehrs und bestimmter Speisen enthalten, der Gottheit Opfer darbringen und durch Benennung von Bürgen die Bezahlung des Honorars gewährleisten. Dem Betreten des Inkubationsraumes ging ein rituelles Reinigungsbad voraus. Wie man sich das Ineinandergreifen von Inkubation und Medizin vorzustellen hat, ist den »Heiligen Reden« des glühenden Asklepiosverehrers Aelius Aristides zu entnehmen, der regelmäßiger Patient in Pergamon war. Nachts wurden ihm im Traum Anweisungen von der Gottheit zuteil, die dann am Tage unter Heranziehung von Ärzten und medizinisch geschultem Tempelpersonal in die Praxis umgesetzt wurden. Besondere Heilkraft misst Aristides den Quellen von Pergamon zu, die selbst Augenleiden, Lähmungen und Sprachstörungen kuriert haben sollen.

Früh kam es zu einer intensiven Begegnung des Christentums mit dem Asklepioskult. Von heidnischer Seite wurde Asklepios als Konkurrenzfigur zu Jesus Christus aufgebaut. Umgekehrt konnten die christlichen Apologeten der Versuchung nicht widerstehen, zunächst positiv an die Asklepiosmythen anzuknüpfen, um sie dann christologisch zu überbieten. In einer schmalen Gratwanderung suchten sie der heidnischen Welt unter Hinweis auf das Vorbild des Asklepios die Tatsächlichkeit der biblischen Wunder einsichtig zu machen, die Anstößigkeit des unehrenhaften Kreuzestodes Jesu abzumildern und die Botschaft von der Auferweckung Christi nahe zu bringen. So sagt der christliche Apologet Justin um 150 n. Chr. über die neutestamentlichen Wundergeschichten, dass sie den entsprechenden Asklepiosberichten ebenbürtig seien. Auch die Verkündigung von Kreuzestod, Auferstehung und Erhöhung Jesu Christi habe im Horizont der Asklepiosmythen nichts Neues oder Befremdliches an sich, da der ebenfalls als Arzt wirkende Asklepios durch einen Blitzschlag getötet und in den Himmel aufgenommen worden sei.

War Asklepios zur Veranschaulichung der christlichen Glaubensbotschaft erst einmal derart aufgewertet worden, stellte es ein schwieriges Unterfangen dar, gleichzeitig seine Unterlegenheit gegenüber Jesus Christus zu erweisen. Als eine Art Glücksfall erwies sich die antike Polemik von Asklepios als geldgierigem Arzt, der ja von Zeus mit dem Tode bestraft worden war, weil er sich gegen Bezahlung zur Heilung eines Todgeweihten hatte verleiten lassen. Bereits bei Platon werden Zweifel laut, ob es sich bei dem aus Gewinnsucht heilenden Asklepios um einen Abkömmling der Götter gehandelt haben könne. Die christlichen Apologeten nahmen dies dankbar auf, um Jesus Christus als wirklichen, weil bedürfnislosen und über alle finanziellen Begierden erhabenen Gottessohn zu erweisen. Die nicht nur von Polemik und Abgrenzung, sondern auch von Anknüpfung und Überbietung gekennzeichnete Auseinandersetzung zwischen Christentum und Asklepioskult hat dazu geführt, dass Christus bald Züge des Asklepios angenommen hat. In erster Linie ist hier an christologische Hoheitstitel wie Arzt, Heiland, Wohltäter oder Menschenfreund zu denken, bei denen in hohem Maße eine Übernahme traditioneller Asklepiosprädikate vorliegt. Das vielleicht ausdrucksstärkste Zeugnis aber ist ein römisches Christusrelief aus der Zeit um 300 n. Chr., auf dem Christus offenkundig nach dem Vorbild des Asklepios vollbärtig und mit gelocktem Haar abgebildet ist[17].

An den Asklepiosheiligtümern der Antike geschahen im Rahmen eines institutionalisierten Kultbetriebs Wunderheilungen, die durch eine Kombination religiöser, psychologischer und medizinischer Elemente bewirkt wurden. Die davon zeugenden

Heilungsberichte weisen in mancherlei Hinsicht Übereinstimmungen mit den neutestamentlichen Wundergeschichten auf. Früh kam es zu einer intensiven Begegnung und Auseinandersetzung zwischen Christentum und Asklepioskult.

Aufgabe:
- Der christliche Apologet Arnobius (um 300 n. Chr.) wertet die Heilungen des Asklepios als menschliche Taten ab, da sie im Gegensatz zu den Heilungen Jesu Christi unter Heranziehung von Heilmitteln geschehen seien (Adv. Nat. I,48). Prüfen Sie diese These auf ihre Tragfähigkeit, indem Sie die nachfolgenden Asklepiosberichte aus Rom mit Mk 10,46-52 einerseits, Mk 8,22-26 andererseits vergleichen. Inwieweit könnten die neutestamentlichen Erzählungen in der urchristlichen Mission dazu geeignet gewesen sein, Jesus als einen Asklepios gleichwertigen oder sogar überlegenen Wundertäter zu propagieren?

In diesen Tagen wies er [Asklepios] Gaius, einen Blinden, an, zum heiligen Sockel zu kommen und sich niederzuwerfen, dann von rechts nach links zu gehen und die fünf Finger auf den Sockel zu legen und die Hand zu erheben und [sie] auf seine Augen zu legen. Und er konnte wieder richtig sehen, und die Menge stand dabei und freute sich mit, weil lebendige Wundertaten unter unserem Augustus Antonius geschehen sind...
Den Valerius Aper, einen blinden Soldaten, wies der Gott an, zu kommen und Blut von einem weißen Hahn mit Honig zu nehmen und eine Salbe anzurühren und [sie] drei Tage lang auf die Augen zu streichen. Und er konnte wieder sehen und kam und dankte dem Gott öffentlich.[18]

2. »Göttliche Menschen«

Lit.: BURKERT, W., Weisheit und Wissenschaft, Nürnberg 1962. – KLAUCK, H.-J., Die religiöse Umwelt des Urchristentums Bd. I, KStTh 9,1, Stuttgart 1995, 141-146. – KOSKENNIEMI, E., Apollonios von Tyana in der neutestamentlichen Exegese, WUNT II/61, Tübingen 1994. – PETZKE, G., Die Traditionen über Apollonius von Tyana und das Neue Testament, SCHNT 1, Leiden 1970. – RIEDWEG, C., Pythagoras. Leben, Lehre, Nachwirkung, München 2002. – WRIGHT, M.R., Empedocles, Indianapolis ²1995. – ZELLER, D., Christus unter den Göttern, Stuttgart 1993, 65-83.

Der organisierten Wunderpraxis an Kultstätten steht in der Antike das freie, nicht ortsgebundene Charismatikertum von Einzelpersonen gegenüber. Diese Wundertäter sind mit ihrer Macht nicht an eine Institution gebunden und von ihr legitimiert, sondern verfügen über ein individuelles Charisma, an dem sich allerdings die Geister scheiden. Während die einen den Wundercharismatiker verherrlichen, gilt er den anderen als Scharlatan, der sich betrügerischer Praktiken bedient. Herausragende Gestalten wie Pythagoras, Empedokles oder Apollonius von Tyana, die durch eine Kombination von Charisma, Magie und Wissenschaft Wunder vollbrachten, gerieten mit dem Establishment in Konflikt und sahen sich dem Vorwurf des Hokuspokus ausgesetzt, während sie von ihren Anhängern als übernatürliche Wesen verehrt wurden. Es handelt sich um Grenzgänger zwischen der Welt der Götter und der Menschen. Man kann daher vom Typus des »göttlichen Menschen« (*theios anthropos* od. *theios anēr*) sprechen, auch wenn diese Begrifflichkeit in den antiken Texten eher selten begegnet und sich Verschiedenartiges dahinter verbirgt.

Für Pythagoras (6. Jh. v. Chr.) hat Walter Burkert überzeugend herausgestellt, dass es sich bei ihm um einen Schamanen handelte und die Wunder zum ältesten Kern der Pythagorasüberlieferung zählen. Schamanen sind in sogenannten primitiven Stammesgesellschaften hoch angesehene Mittler, die den Menschen direkten Kontakt zu den göttlichen Kräften vermitteln, indem sie beispielsweise durch Opferriten die höheren Mächte versöhnen oder den Seelen der Verstorbenen Geleit ins Jenseits geben. Als Medizinmänner bewirken sie Heilung, indem sie die verloren gegangene oder von bösen Geistern geraubte Seele zu ihrem angestammten Ort im menschlichen Körper zurückbringen und damit die Harmonie wiederherstellen. Nicht zu bezweifeln ist, dass Pythagoras die Seelenwanderung lehrte, von einer Präexistenz der Seele in früheren Lebewesen überzeugt war und sich nach Art eines Schamanen schwerpunktmäßig einer Reinigung der menschlichen Seele widmete. Das in der Seelenwanderungslehre des Pythagoras eingeschlossene Wissen um das vergangene und zukünftige Geschick der Seele im Jenseits setzt einen Zugang zum Bereich der Götter und Dämonen voraus, mit denen der Schamane in

Verbindung tritt, indem seine Seele sich losgelöst vom Körper auf Jenseitsreise begibt. In diesem Zusammenhang werden Pythagoras Flugwunder, die ihm ein gleichzeitiges Erscheinen an unterschiedlichen Orten ermöglichten, und eine rituelle Hadesfahrt zugeschrieben. Letztere verfolgte wohl den Zweck, den Seelen der Verstorbenen Totengeleit ins Jenseits zu geben oder den Lebenden von dort Informationen über die Präexistenz ihrer Seele zu verschaffen. Neben der Vermittlung solchen Wissens, das einer Erkenntnis von Verfehlungen im vorherigen Leben und daraus resultierender Leiden diente, schloss die Wirksamkeit des Pythagoras Musiktherapie mit ein, um der Seele ihre ursprüngliche Harmonie zurückzugeben. Auch jene Wundergeschichten, die von der Macht des Pythagoras über wilde Tiere handeln, sind Ausdruck seiner Seelenwanderungslehre. Wenn sich menschliche Seelen auch in Tieren reinkarnieren, vermag ein Schamane mit jenen in Kontakt zu treten und zu kommunizieren.

»Der berüchtigten Daunischen Bärin, die den Bewohnern sehr hart zusetzte, soll er Einhalt geboten haben. Er streichelte sie geraume Zeit, fütterte sie mit Gerstenkuchen und Baumfrüchten, nahm ihr den Eid ab, nichts Beseeltes mehr anzurühren, und entließ sie. Sie trollte sich alsbald in die Berge und Eichenwälder, und man hat sie von Stund an nie wieder ein Lebewesen – auch kein vernunftloses – anfallen sehen.

In Tarent sah er einen Stier auf einer Weide, die mancherlei Kräuter trug, auch grüne Bohnen abrupfen. Da trat Pythagoras zu dem Hirten und riet ihm, dem Stier zu sagen, er solle keine Bohnen fressen. Der Hirt witzelte über das Wort ‚sagen' und erklärte, er beherrsche leider nicht die Rindersprache, wenn Pythagoras sie aber kenne, so sei sein Rat erst recht überflüssig: er müsse schon selbst dem Stier zureden. Pythagoras näherte sich dem Stier und flüsterte ihm lange ins Ohr. So brachte er ihn nicht nur damals dazu, sofort freiwillig von dem Bohnenfeld zu lassen, sondern der Stier soll auch später überhaupt keine Bohnen mehr angerührt und – ein Wunder an Langlebigkeit – im Heraheiligtum zu Tarent seinen Lebensabend verbracht haben; alle nannten ihn den heiligen Stier des Pythagoras, und er lebte von Menschennahrung, die ihm die Vorübergehenden reichten.

Als Pythagoras einmal in Olympia gerade mit seinen Jüngern über Vogelzeichen, Vorzeichen und Wetterzeichen sprach – Botschaften gebe es von den Göttern an diejenigen Menschen, die ihnen wahrhaft lieb sind –, da flog ein Adler über ihn hin. Pythagoras ließ den Adler herabfliegen – so erzählt man –, liebkoste ihn und gab ihn wieder frei.

Solche und ähnliche Geschehnisse zeigen deutlich, dass er die Gewalt des Orpheus über Tiere hatte: er bezauberte und bannte sie durch die Macht, die in seiner Stimme lag und aus seinem Munde hervorging.«[19]

Dies sind noch nicht alle übermenschlichen Fähigkeiten, die Pythagoras zugeschrieben wurden. Angeblich hatte er einen goldenen Schenkel, wurde von Flüssen begrüßt und konnte die Zukunft voraussagen. Schon in den Tagen des Aristoteles wurde Pythagoras als göttlicher Apollo betrachtet, später preist ihn sein Biograph Iamblichus als den »göttlichsten und weisesten über allen Menschen«. Wer wie Pythagoras seine Seele auf ekstatische Reisen ins Jenseits schickte und dabei in freundschaftlichen Kontakt mit den Göttern eintrat, galt bald selber als einer von ihnen.

Neben Pythagoras war Empedokles von Agrigent (5. Jh. v. Chr.) eine der einflussreichsten Gestalten des göttlichen Menschen. Auch er wirkte als Philosoph und Wundertäter. Die aus seinen Wundern abgeleiteten Ansprüche auf göttliche Verehrung sind einem seiner Gedichte entnehmbar.

»Ich aber wandle euch daher als ein unsterblicher Gott, nicht mehr sterblich, von allen verehrt, wie es sich ziemt, mit Binden umflochten und grünenden Kränzen. Wann auch immer ich in blühende Städte komme, werde ich von Männern wie Frauen verehrt. Sie folgen mir in Zehntausenden, um den Weg zum Nutzen zu erkunden. Die einen suchen Orakel, andere, die an allen möglichen Gebrechen leiden, begehren ein Heil bringendes Wort, lange schon von Schmerzen durchbohrt« (Diog. Laert. 8,62).

Auch die offenkundig wiederum auf sich selber bezogene Aussage des Empedokles »Zuletzt aber werden sie Seher und Sänger und Ärzte und Fürsten den irdischen Menschen, woraus sie emporwachsen als Götter, an Ehren reichste, den anderen Unsterblichen Herdgenossen, Tischgefährten, menschlicher Leiden unteilhaftig, unverwüstlich« wirft Licht auf seine Ansprüche als göttlicher Mensch. Diese resultieren nicht nur aus Mantik und Heilungen. In einem seiner Gedichte, das von der Weitergabe seiner Fähigkeiten an seinen Schüler Pausanias handelt, ist ergänzend von Naturwundern und Totenerweckungen die Rede.

»Stillen wirst du auch der unermüdlichen Stürme Gewalt, die gegen die Erde losbrechen und mit ihrem Wehen die Felder vernichten, und umgekehrt wirst du, wenn du den Willen hast, zum Ausgleich die Lüfte herbeiholen. Schaffen wirst du aus dunklem Regen rechtzeitige Trockenheit den Menschen, schaffen wirst du aber auch aus sommerlicher Trockenheit baumernährende Regengüsse, die dem Himmel entströmen. Zurückführen wirst du aus dem Hades die Kraft eines verstorbenen Mannes!« (Diog. Laert. 8,59).

Berühmt geworden ist Empedokles denn auch vor allem durch die Wiederbelebung einer Frau, bei der die Ärzte seit dreißig Tagen weder Atem noch Pulsschlag festgestellt und sie bereits für tot erklärt hatten (Diog. Laert. 8,60-62). Bei diesem wunderhaften Geschehen hat es sich wahrscheinlich um eine auf medizinischem Wege bewirkte Wiederherstellung der Atmungsfähigkeit gehandelt, da für Empedokles wissenschaftliche Reflexionen über die physiologischen Grundlagen von Schlaf und Tod samt deren Unterscheidung bezeugt sind. Die Frau war also nur scheintot und Empedokles vermochte dies zu diagnostizieren. Unter den Naturwundern des Empedokles ragt eine Tat heraus, die ihm den Beinamen »Windbezwinger« einbrachte. Er soll einst in Agrigent vom Berge aus einen Wind gestillt haben, der Krankheit und Unfruchtbarkeit verursachte. Überliefert ist von ihm aber auch die Reinigung eines Flusses von giftigen Ausdünstungen, woraufhin die Menge ihn wie einen Gott anbetete. Mit seinen außergewöhnlichen Wundertaten, die er in einer Kombination von Magie und Wissenschaft bewirkte, stieß Empedokles in der griechisch-römischen Welt über Jahrhunderte hinweg auf hervorgehobenes Interesse und besaß für das Auftreten späterer Wundertäter idealtypischen Vorbildcharakter.

Der bedeutsamste göttliche Mensch des neutestamentlichen Zeitalters war der Wanderphilosoph und Wundertäter Apollonius aus der kleinasiatischen Stadt Tyana, ein Zeitgenosse des Paulus. Seine Jugend verbrachte Apollonius am Asklepiosheiligtum von Aigai, wo er sich dem Pythagoreertum zuwandte. Später verfasste er eine allerdings verloren gegangene Pythagorasbiographie. Der Hauptquelle für das Wirken des Apollonius, nämlich der *Vita Apollonii* des Philostrat, ist mit Skepsis zu begegnen, da sie erst aus dem frühen dritten Jahrhundert stammt und der darin immer wieder als Gewährsmann und Weggefährte des Apollonius angeführte Damis sich als literarische Fiktion erwiesen hat. In der Hauptsache geht es Philostrat darum, Apollonius vom Vorwurf zwielichtiger Magie freizusprechen. Dazu verschafft er der Weisheitslehre des Apollonius darstellerisches Übergewicht gegenüber den Wundern und sucht ein in der älteren Tradition verwurzeltes Bild von Apollonius als Magier zu verdrängen. Neben der *Vita Apollonii* ist eine Vielzahl von Apolloniusbriefen überliefert, die jedoch ganz überwiegend nicht von ihm selber stammen. Hohe Glaubwürdigkeit verdienen allerdings diejenigen Schreiben, in denen Apollonius ein positives Verständnis von Magie entwickelt, für sich selber als Magier eine göttliche Natur reklamiert und eine Verankerung seiner Wunderwirksamkeit in der Pythagorastradition zu erkennen gibt.

Insbesondere aufgrund der Wunder genoss Apollonius hohes Ansehen. Von Philostrat wird er expressis verbis als göttlicher Mensch bezeichnet. Die zahlreichen Wundergeschichten der *Vita Apollonii* dürften den von Philostrat erwähnten Lokaltraditionen über Apollonius zuzurechnen sein. Dabei werden Apollonius unterschiedlichste Wunder zugeschrieben – neben Heilungen, Dämonenaustreibungen und einer Totenerweckung auch die Bewahrung von Städten vor Pest oder Erdbeben, die Rettung eines unschuldig Verurteilten vor der Hinrichtung, die Bändigung eines liebestollen Satyrs und die Selbstbefreiung aus Fesseln. Unter den Dämonenaustreibungen ragt die Therapie eines besessenen Jünglings in Athen heraus, die deutliche Parallelen zu den neutestamentlichen Berichten in Mk 5,1-20 und 9,14-29 aufweist.

»Da brach der Jüngling in ein breites und freches Lachen aus. Apollonius blickte ihn scharf an und sprach: ‚Nicht du selbst frevelst hier, sondern der Dämon, von dem du ohne dein Wissen besessen bist.' In der Tat war in dem Jüngling, ohne dass man es wusste, ein Dämon; denn er lachte, wo niemand lachte, und brach dann wieder ohne Grund in Tränen aus. Dazu sang er und hielt Zwiegespräche mit sich. Die Leute schoben dies seiner ausgelassenen Jugend zu. In Wirklichkeit war er aber einem Dämon ausgeliefert, weshalb er in seinem Übermute wie betrunken erschien. Als ihn nun Apollonius scharf anblickte, schrie der Dämon furchtsam und zornig auf, wie wenn er gebrannt und gefoltert würde, und versicherte unter Schwüren, dass er den Jüngling loslassen und nie wieder einen Menschen befallen werde. Als nun Apollonius zu ihm wie ein Herr zu einem verschlagenen, heimtückischen und schamlosen Sklaven sprach und ihm befahl, sichtbar auszufahren, da rief dieser aus: ‚Das Standbild dort werde ich umwerfen!' Er wies dabei auf eine Statue bei der Königshalle, wo die ganze Szene auch stattfand. Diese geriet wirklich in Bewegung und fiel um. Der Lärm, der hierbei entstand, und der Beifall, der dem allgemeinen Staunen folgte, waren unbeschreiblich. Der Jüngling aber rieb sich die Augen wie ein Erwachender, blickte nach der Sonne und wurde verlegen, als er aller Augen auf sich fühlte. Von da an zeigte er sich nicht mehr so frech und zuchtlos wie zuvor, sondern ließ wieder seine wahre Natur zum Vorschein kommen wie nach dem Genuss eines Heilmittels.«[20]

Ebenso wenig wie die neutestamentlichen Wundergeschichten dürfen die Apolloniuswunder unkritisch für bare Münze genommen werden. Sie besitzen aber mehrheitlich einen geschichtlichen Kern. Allem Anschein nach verfügte Apollonius von Tyana über herausragende Fertigkeiten auf dem Gebiet der Mantik, Magie und Medizin.

Heftig umstritten ist die Frage, inwieweit das neutestamentliche Bild des Wundertäters Jesus in Anlehnung an das Modell des *Theios Anēr* (göttlichen Menschen), wie er von Apollonius in idealtypischer Weise verkörpert wird, geformt wurde. Unterschiedliche Fehlschlüsse liegen hier nahe. Die Befürworter der Theios-Anēr-Konzeption leiten aus ihr oftmals vorschnell ein Verständnis der neutestamentlichen Wundererzählungen als ungeschichtlicher Produkte hellenistisch-christlicher Missionspropaganda ab oder rücken die literarische Gattung Evangelium zu einseitig in die Nähe solcher Theios-Anēr-Biographien wie der Apolloniusvita des Philostrat. Im Gegenzug versuchen andere, den *Theios Anēr* als späte Entwicklung des 3. Jh. n. Chr. plausibel zu machen und für das neutestamentliche Zeitalter zum Phantom zu erklären, um so die Geschichtlichkeit der Wunder Jesu zu retten und die einsame Ausnahmestellung der Evangelien zu erweisen. Ohne Zweifel ist der zeitliche Abstand von mehr als einhundert Jahren zu bedenken, welche die Anfang des 3. Jh. n. Chr. entstandene *Vita Apollonii* von den Evangelien trennt. Dass es die Idee des göttlichen Menschen aber bereits vorher gegeben hat und sie als Bezugsrahmen der neutestamentlichen Wunderüberlieferung ernsthaft in Rechnung zu stellen ist, lässt sich angesichts des hohen Alters und ungebrochenen Weiterlebens der Pythagoras- und Empedoklestradition schlecht bestreiten.

Unter den nicht ortsgebundenen Wundercharismatikern der Antike, die mit der institutionalisierten Wunderpraxis an Kultstätten konkurrieren, ragen Gestalten wie Pythagoras, Empedokles oder Apollonius hervor. Als schamanenhafte Grenzgänger zwischen der Welt der Götter und der Menschen wurden sie von ihren Anhängern als übernatürliche Wesen verehrt und verkörpern den Typus des »göttlichen Menschen«, in dem außerordentliche Wunderkräfte wirken. Die Tragweite dieser Kategorie für das Verständnis der Wunder Jesu ist allerdings äußerst umstritten.

Aufgabe:
- Vergleichen Sie die nachfolgende Totenerweckung des Apollonius mit Lk 7,11-17. Lesen Sie ergänzend dazu G. Petzke, Historizität und Bedeutsamkeit von Wunderberichten, in: H.D. Betz/L. Schottroff (Hg.), Neues Testament und christliche Existenz (FS H. Braun), Tübingen 1973, 367-385. Setzen Sie sich insbesondere mit seiner These auseinander, dass die Frage nach dem Wahrheitsgehalt für beide Seiten nur in gleicher Weise beantwortet werden könne – entweder seien beide Erzählungen Berichte über ein tatsächliches Ereignis oder beide Erzählungen Ausdrucksmittel des damaligen Volksglaubens.

Es wird auch folgendes Wunder erzählt: Ein Mädchen war am Tage seiner Hochzeit gestorben. So schien es wenigstens, und der Bräutigam folgte bereits jammernd der Bahre und klagte, dass seine Ehe so gänzlich unerfüllt geblieben sei. Aber auch ganz Rom trauerte mit ihm, da das Mädchen aus einer vornehmen Konsularenfamilie stammte. Als nun Apollonios dem Trauerzug begegnete, sagte er: »Legt die Bahre nieder! Ich will euren Tränen über das Mädchen ein Ende machen.« Zugleich fragte er nach dem Namen des Mädchens. Die Menge glaubte nun, er werde eine Trauerrede halten, wie sie so üblich sind bei solchen Anlässen, um den Jammer zu beschwören. Er jedoch berührte nur die Tote, sprach einige unverständliche Worte und erweckte so das Mädchen aus dem Scheintode. Dieses begann wieder zu sprechen und kehrte ins Elternhaus zurück wie Alkestis, als sie von Herakles ins Leben zurückgerufen worden war. Als ihm die Verwandten ein Geschenk von fünfzehn Myriaden machen wollten, sagte er, sie sollten es dem Mädchen als Mitgift geben. Ob er nun noch einen Lebensfunken an ihr wahrgenommen hatte, der den Ärzten verborgen geblieben war – man erzählt sich nämlich, Zeus habe Tau

> auf sie fallen lassen und von ihrem Antlitz sei ein Dunst aufgestiegen –, oder ob er das erloschene Leben wieder zurückgerufen und angefacht hatte, dies vermag ich nicht zu ergründen, und auch die Anwesenden hätten es nicht ermitteln können.[21]

3. Jüdische Wundercharismatiker

Lit.: BARNETT, P.W., The Jewish Sign Prophets – A.D. 40-70, NTS 27 (1981) 679-697. – BECKER, M., Wunder und Wundertäter im frührabbinischen Judentum, WUNT II/144, Tübingen 2001. – CROSSAN, J.D., Der historische Jesus, München [2]1995, 198-237. – DULING, D.C., The Eleazar Miracle and Solomon's Magical Wisdom in Flavius Josephus' Antiquitates Judaicae 8.42-49, HThR 78 (1985) 1-25. – ESHEL, E., Genres of Magical Texts in the Dead Sea Scrolls, in: A. Lange u.a. (Hg.), Die Dämonen. Demons, Tübingen 2003, 395-415. – GREEN, W.S., Palestinian Holy Men, ANRW II.19,2 (1979) 619-647. – HORSLEY, R.A./HANSON, J.S., Bandits, Prophets and Messiahs, San Francisco 1985. – VERMES, G., Jesus der Jude, Neukirchen-Vluyn 1993, 45-68.

Im antiken Judentum ragen neben Jesus weitere Wundercharismatiker oder Magier hervor. Eine der bedeutsamsten Gestalten davon ist Choni der Kreiszieher, den der Hasmonäer Hyrkan II. um 65 v. Chr. im Bruderkampf um den Thron steinigen ließ, weil er sich weigerte, gegen Aristobul II. Schadenszauber zu betreiben. Berühmt wurde Choni durch ein Regenwunder kurz vor dem Passafest, bei dem er angeblich sogar die Qualität des Niederschlags zu steuern vermochte. Während der Geschichtsschreiber Josephus nur am Rande auf das Ereignis zu sprechen kommt, findet sich im Mischnatraktat *Taanijot* (Fastentage) eine ausführliche Schilderung.

»Es geschah, dass man zu Choni dem Kreiszieher sagte: ‚Bete, dass Regen falle.' Er sagte zu ihnen: ‚Geht und holt die Öfen für das Passa herein, damit sie nicht aufweichen.' Und er betete, aber es fiel kein Regen. Er zog einen Kreis und stellte sich hinein und sagte: ‚Herr des Himmels, deine Söhne haben sich an mich gewandt; denn ich bin wie ein Sohn des Hauses vor dir. Ich schwöre bei deinem großen Namen, dass ich nicht von hier weiche, bis dass du dich über deine Kinder erbarmst.' Es begann der Regen zu tröpfeln. Er sagte: ‚Nicht darum habe ich dich gebeten, sondern um Regen für Gruben, Zisternen und Höhlen.' Er (der Regen) fiel mit Macht. Er sagte: ‚Nicht darum habe ich gebeten, sondern um Regen des Erbarmens, des Segens und der

Ergiebigkeit.' Er (der Regen) fiel ordentlich, bis die Israeliten von Jerusalem zum Tempelberg wegen des Regens hinaufgingen. Man sagte zu ihm: ‚Wie du um ihn gebetet hast, dass er falle, so bete (jetzt), dass er aufhöre!' ... Es sandte zu ihm Simon ben Schatach. Er sagte zu ihm: ‚Es wäre nötig, dich zu bannen, aber kann ich dir das antun? Denn du verhältst dich vor Gott, wie sich ein Sohn seinem Vater gegenüber verhält, und er tut ihm nach seinem Willen. Und über dich sagt die Schrift (Prov 23,25): Es freue sich dein Vater und deine Mutter, und es frohlocke deine Gebärerin.«[22]

Choni versucht zunächst, das Regenwunder durch gewöhnliches Beten zu Gott zu bewirken, scheitert aber. Erst die Anwendung magischer Techniken bringt den gewünschten Erfolg. Choni zieht einen offenkundig der Dämonenabwehr dienenden magischen Kreis und bedient sich damit einer Technik, die in der antiken Magie in unterschiedlichsten Zusammenhängen bezeugt ist. Zudem leistet Choni einen Eid beim Namen Gottes, sich bis zum Eintreten des Wunders nicht von der Stelle zu rühren. Er unternimmt damit den Versuch einer Zwangsbeeinflussung Gottes, der als Verstoß gegen das erste Gebot aufgefasst werden konnte, und gibt sich beim Eintreten des Wunders nicht einmal mit der Qualität des Regens zufrieden. Der pharisäische Gesetzeslehrer Simon ben Schatach, der in der rabbinischen Tradition als erbitterter Gegner von Magie porträtiert wird, vertritt die Auffassung, dass von Rechts wegen über Choni der Bann verhängt werden müsse. Was ihn davor bewahrte, war das tatsächliche Eintreten des Wunders. Dies wurde als Beweis für eine besonders intensive Gottesbeziehung und damit im Sinne einer göttlichen Legitimation der umstrittenen Praktiken Chonis gedeutet.

Abba Chilkia und Chanan, zwei Enkel Chonis, sollen ebenfalls Regenwunder bewirkt haben. Scheinbar wurden Fähigkeiten auf dem Gebiet der Wettermagie, die sich magisch-schamanistischem Vorherwissen künftiger Naturereignisse verdanken dürften, von Generation zu Generation weitergereicht. Choni in gezielter Abgrenzung gegen Magie als vorbildhafte Gestalt jüdischer Chassidim zu beanspruchen, wie Geza Vermes es tut, dürfte an den Tatsachen vorbeigehen. Während der historische Choni wegen seiner magischen Praktiken in Spannung zu den Schriftgelehrten stand, kam es bei der Überlieferungsgeschichte seiner Taten in einem »process of rabbinization« (W.S. Green) zu einer zunehmenden Integration Chonis in das rechtgläubige Judentum. Choni rückt auf eine Stufe mit dem Propheten Elia. Die Brisanz seines magischen Kreisziehens mit Zwangsbeeinflussung Gottes wird im Talmud durch einen Schriftbeweis entschärft, indem sie als Erfüllung von Hab 2,1 gilt. Zudem wird Choni, von dem keinerlei Gesetzesauslegung überliefert ist, zum bedeutendsten Schriftgelehrten seiner Generation hochstilisiert. Aus dem umstrittenen Magier ist ein anerkannter Rabbi geworden.

Der Wundercharismatiker Chanina ben Dosa wirkte in der Mitte des 1. Jh. n. Chr. Wie Jesus stammte er aus der Nähe von Sepphoris, lebte in selbst gewählter Besitzlosigkeit und galt als Sohn Gottes. Der Mischna zufolge betete er für lebensbedrohlich Erkrankte und konnte je nachdem, ob ihm das Gebet flüssig oder stockend über die Lippen kam, die Überlebenschancen vorhersagen. Im Talmud finden sich erzählerische Entfaltungen dieser charismatischen Gebetsheilungspraxis, die in einer bis in das Alte Testament zurückreichenden Tradition steht (Num 17,13f.; 1Kön 13,4-6).

»Einst erkrankte der Sohn Rabbi Gamaliels und er sandte zwei Schriftgelehrte zu Rabbi Chanina ben Dosa, dass er für ihn um Erbarmen flehe. Als dieser sie sah, stieg er auf den Söller [Dachboden] und flehte für ihn um Erbarmen. Beim Herabsteigen sprach er zu ihnen: Gehet, das Fieber hat ihn verlassen. Sie sprachen zu ihm: Bist du denn ein Prophet? Er erwiderte: Weder bin ich ein Prophet, noch der Sohn eines Propheten; allein so ist es mir überliefert: ist mir das Gebet im Munde geläufig, so weiß ich, dass es angenommen, wenn nicht, so weiß ich, dass es gewirrt wurde. Hierauf ließen sie sich nieder und schrieben die Stunde genau auf, und als sie zu Rabbi Gamaliel kamen, sprach er zu ihnen: Bei Gott, weder habt ihr vermindert noch vermehrt: genau dann geschah es, in dieser Stunde verließ ihn das Fieber, und er bat uns um Wasser zum Trinken.

Abermals ereignete es sich mit Rabbi Chanina ben Dosa, dass er zu Rabbi Jochanan ben Zakkai die Tora studieren ging, und da gerade der Sohn des Rabbi Jochanan ben Zakkai erkrankte, sprach dieser zu ihm: Chanina, mein Sohn, flehe doch für ihn um Erbarmen, dass er genese! Da legte er sein Haupt zwischen seine Knie und flehte für ihn um Erbarmen; und jener genas. Hierauf sprach Rabbi Jochanan ben Zakkai: Hätte Ben Zakkai den ganzen Tag seinen Kopf zwischen seine Knie geschlagen, man würde ihn nicht beachtet haben. Da sprach seine Frau zu ihm: Ist denn Chanina bedeutender, als du? Er erwiderte ihr: Nein; allein, er ist wie ein Diener vor dem König, ich aber wie ein Fürst vor dem König.«[23]

In beiden Fällen handelt es sich um charismatische Heilungen. Ihnen lässt sich entnehmen, dass Chaninas Gebeten um Errettung bedrohter Personen eine besondere Kraft beigemessen wurde, die ein Vorherwissen um den Erfolg einschloss. Bewirkt werden die Wunder von Gott als Adressaten des Gebets. Wenn Chanina ben Dosas Gebetskraft auf eine intensive Gottesbeziehung zurückgeführt wird, über die der renommierte Pharisäer Jochanan ben Zakkai nicht verfügte, treten wiederum Spannungen zwischen ungebundenem Wundercharismatikertum und organisiertem Schriftgelehrtenstand zutage, ohne dass Chanina ben Dosa sich wie Choni magischer Praktiken bedient hätte. Während die beiden Heilungen wie auch ein weiteres Distanzwunder, nämlich das Wissen um die Rettung der Tochter Nechumiahs aus einer Grube, auf geschichtliche Erinnerung hindeuten, erwecken die zahlreichen Chanina ben Dosa zugeschriebenen Naturwunder einen legendarischen Eindruck. Die wunderbare Immunität gegenüber Schlangen teilt er mit Gestalten wie Pythagoras oder Paulus. Andere Naturwunder, beispielsweise Brotgewährung und Regenmagie, wurden von Chanina ben Dosa erzählt, um ihn den Wunderpropheten Elia und Elisa anzugleichen, während er selber mit den Worten von Amos 7,14 ein prophetisches Verständnis seiner Wunder ausdrücklich zurückgewiesen hatte (bBer 34b). Diese spätere Angleichung an die über jeden Zweifel erhabenen großen Wunderpropheten des Alten Testaments verfolgt nicht zuletzt die Absicht, die in Spannung zum etablierten Pharisäertum stehende Wunderpraxis Chanina ben Dosas zu entschärfen. Ähnlich wie bei Choni dem Kreiszieher erfolgt bei Chanina ben Dosa eine Vereinnahmung von Seiten des rabbinischen Judentums, indem auch er entgegen den Tatsachen zu einem vollmächtigen Gesetzeslehrer hochstilisiert wird.

Einen ganz anderen Typus von Wundercharismatiker, als er mit Choni oder Chanina ben Dosa begegnet, verkörpern die Zeichenpropheten. Sie traten im Vorfeld des Jüdischen Krieges (66-70 n. Chr.) auf und sind dem Umfeld der zelotischen Bewegung zuzurechnen, die den offenen Widerstand gegen die römische Besatzungsmacht propagierte. Die aus dem Alten

Testament (Dtn 13,1-5) bekannte Beglaubigung prophetischer Ansprüche durch vorhergesagte Zeichen gewinnt hier in Form einer »action prophecy« (R.A. Horsley/J.S. Hanson) mit befreiungspolitischen Implikationen hervorgehobene Bedeutung.

Hauptquelle für die Zeichenpropheten sind die Schriften des Josephus. Erwähnt werden sie aber auch in der Bibel (Apg 5,36; 21,38). Der erste uns bekannte Zeichenprophet ist ein Samaritaner, der um 35 n. Chr. eine beträchtliche Zahl seiner Landsleute auf den heiligen Berg Garizim führt, um dort die von Mose vergrabenen Tempelgefäße zu zeigen (Joseph., Ant. 18,85-87). Im Hintergrund steht eine samaritanische Tradition, der zufolge das Auffinden der Tempelgefäße auf dem Garizim den Anbruch der Heilszeit markieren werde. Unter dem römischen Statthalter Fadus (44-46 n. Chr.) tritt der Zeichenprophet Theudas auf und führt eine Volksmenge von 400 Personen mit dem Versprechen zum Jordan, auf seinen Befehl hin werde sich der Fluss teilen (Joseph., Ant. 20,97-99). Dies zielt auf eine Wiederholung des Schilfmeer- (Ex 14) oder Jordanwunders (Jos 3) ab, zumal die Anhänger des Theudas wie seinerzeit die Exodusgemeinde ihre gesamte bewegliche Habe mit sich führten. Wenn während der Statthalterschaft des Felix (52-60 n. Chr.) Wunderpropheten unter Ankündigung von Zeichen der Freiheit zum Zug in die Wüste aufrufen, ist wiederum an eine Wiederholung einzelner Exoduswunder gedacht. Etwa zur gleichen Zeit führte ein ägyptischer Diasporajude mit prophetischem Sendungsbewusstsein eine Volksmenge von 30.000 Personen von der Wüste her mit dem Versprechen auf den Ölberg, auf sein Kommando hin werde die Stadtmauer zusammenfallen (Joseph., Bell. 2,261-263), und ruft damit die Eroberung Jerichos (Jos 6) wach. Unter dem Statthalter Festus (60-62 n. Chr.) verheißt ein weiterer Zeichenprophet denjenigen das Ende allen Übels, die ihm in die Wüste nachfolgen (Joseph., Ant. 20,188). Im Jahre 70 n. Chr. verursacht ein Prophet unter Verheißung von Zeichen der Rettung den Tod von 6.000 Menschen im Jerusalemer Tempel (Bell. 6,285) und noch nach der Zerstörung der Stadt kündigt der Weber Jonathan in Kyrene dem Volk Zeichen und wunderbare Erscheinungen in der Wüste an (Bell. 7,438).

Das Auftreten dieser Wunderpropheten lässt ein einheitliches Schema erkennen. In allen Fällen wird ein göttliches Zeichen mit heilsgeschichtlichen, aus dem Alten Testament gespeisten Bezügen in Aussicht gestellt. Es geht überwiegend um die Wiederholung einzelner Exodus- und Landnahmewunder. Dazu muss man wissen, dass das zeitgenössische Judentum die Exodustradition »eschatologisierte«, sich also die Erlösung am

Ende der Tage ein Stück weit nach dem Vorbild des Exodusgeschehens vorstellte. Die Zeichenankündigungen der Wunderpropheten gewinnen damit den Charakter endzeitlicher Heilszusagen. Die dem Zeichen Glauben schenkende Volksmenge wird zur eschatologischen Exodusgemeinde, der Zeichenprophet selbst nimmt Konturen des wiederkehrenden Mose an, wie er Dtn 18,15.18 als Endzeitgestalt verheißen wird. Diese eschatologischen Bezüge des Wundergeschehens spiegeln sich auch im hohen Stellenwert wider, den die in der alttestamentlichen Prophetie (Hos 2,16; Jes 40,3) zum Sinnbild für die kommende Heilszeit gewordene Wüstentradition einnimmt. Das tatsächliche Eintreffen der Wunder war als Beweis für die Legitimität der prophetischen Ansprüche gedacht, sollte aber wohl auch das endzeitliche Eingreifen Gottes und die Befreiung von römischer Fremdherrschaft erzwingen. Über die Wunderpraktiken der Zeichenpropheten ist nichts bekannt, zumal in der Mehrzahl der Fälle römische Truppen dem Geschehen vorzeitig ein Ende bereiteten.

Der ebenfalls in der Zeit des Jüdischen Krieges aktive Exorzist Eleazar hingegen ist Repräsentant einer magisch-medizinischen Heilkunst in der Tradition Salomos, die im neutestamentlichen Zeitalter die Hauptströmung innerhalb der jüdischen Magie darstellt haben dürfte. Eine genaue Darstellung seines Wirkens verdanken wir einem Augenzeugenbericht des Josephus, der im Zusammenhang mit der magischen Heilkunst Salomos auf ihn zu sprechen kommt. Das geschilderte Ereignis trug sich zwischen 67 und 69 n. Chr. zu, als Josephus zunächst Kriegsgefangener, dann freiwilliger Begleiter des römischen Feldherrn und späteren Kaisers Vespasian war.

»Ich habe zum Beispiel gesehen, wie einer der Unseren, Eleazar mit Namen, in Gegenwart des Vespasian, seiner Söhne, der Obersten und der übrigen Krieger die von bösen Geistern Besessenen davon befreite. Die Heilung geschah in folgender Weise. Er hielt unter die Nase des Besessenen einen Ring, in dem eine von den Wurzeln eingeschlossen war, welche Salomon angegeben hatte, ließ den Kranken daran riechen und zog so den bösen Geist durch die Nase heraus. Der Besessene fiel sogleich zusammen, und Eleazar beschwor dann den Geist, indem er den Namen Salomons und die von ihm verfassten Sprüche dahersagte, nie mehr in den Menschen zurückzukehren. Um aber den Anwesenden zu beweisen, dass er wirklich solche Gewalt besitze, stellte Eleazar nicht weit davon einen mit Wasser gefüllten Becher oder ein Becken auf und befahl dem bösen Geiste, beim Ausfahren aus dem Menschen dieses umzustoßen und so die Zuschauer davon zu überzeugen, dass er den Menschen verlassen habe. Das geschah auch in der Tat, und so wurde Salomons Weisheit und Einsicht kund.«[24]

Wenn Eleazar einen Siegelring mit darunter verborgener Wurzel verwendet, bedient er sich eines Instruments, das speziell zur Heilung von Epilepsie in der Antike breit bezeugt ist und schon am Asklepiosheiligtum von Epidauros verwendet wurde. Die unmittelbarsten Parallelen bieten drei Instruktionen aus den *Kyraniden*, einem magisch-medizinischen Kompendium aus Ägypten, wo mit heilkräftiger Wurzel versehene Ringe der Therapie von Epilepsie oder dämonischer Besessenheit dienen. Der römische Arzt Galen (2. Jh. n. Chr.) vermochte sich übrigens in wissenschaftlichen Versuchen von der Heilkraft bestimmter Wurzeln bei Epilepsie zu überzeugen und erklärte sich dies damit, dass Teile der Wurzel mit gesundheitsfördernder Wirkung eingeatmet werden. Begleitend bringt Eleazar exorzistische Praktiken und der Dämonenabwehr dienende Schutzmaßnahmen zur Anwendung, indem er dem ausfahrenden Dämon ein Rückkehrverbot erteilt und ihn zum sichtbaren Beweis seines Entweichens ein Wasserglas umstürzen lässt. Das Rückkehrverbot vollzieht sich unter Aussprechen des Namens Salomos und einer Rezitation ihm zugeschriebener Beschwörungsformeln. Dabei dürfte Eleazar keine singuläre Erscheinung im antiken Judentum gewesen sein. Josephus erwähnt ihn exemplarisch im übergreifenden Sachzusammenhang einzelner auf Salomo zurückgeführter Exorzismusanleitungen, die als magische Handbücher kursierten und auch von anderen jüdischen Wundertätern verwendet wurden. Eines dieser Werke war das in der rabbinischen Tradition erwähnte »Buch der Heilmittel«, für das eine Verfasserschaft Salomos reklamiert wurde. Auch der Kirchenvater Origenes bestätigt die Existenz angeblich von Salomo verfasster magischer Kompendien. Da die Essener Wurzeln zu Heilzwecken verwandten und in Qumran mit apokryphen Psalmen unter Erwähnung Salomos exorzistische Musiktherapie betrieben wurde, könnte es sich bei Eleazar um einen Essener gehandelt haben, ohne dass sich dies zwingend beweisen ließe.

Qumran am Toten Meer, wo eine wohl den Essenern zuzuordnende Gruppierung ein klosterähnliches Zusammenleben führte, war eine Art Hochburg jüdischer Magie. Bei einer dort in Höhle 11 entdeckten Schriftrolle (11Q11) handelt es sich um eine Zusammenstellung des bereits in alttestamentlicher Zeit zu Beschwörungszwecken verwendeten Psalm 91 mit weiteren, apokryphen Psalmen Davids, in denen auch Salomo erwähnt wird. In einem anderen Qumrantext (11Q5) ist davon die Rede, dass David 4050 Psalmen, darunter »vier Lieder zur Musik über den Geschlagenen« – damit sind dämonisch Besessene gemeint – verfasst habe. Wahrscheinlich wurde 11Q11 zu den angesprochenen Liedern Davids gerechnet, zumal Psalm 91 im Talmud stereotyp als dämonenbannendes »Lied der Geschlagenen« gilt. Da 11Q11 kein genuin essenisches Dokument ist, partizipiert die Qumrangemeinde hier an magischen Praktiken, wie sie für weitere Teile des antiken Judentums repräsentativ sind. Auch andere Texte aus Qumran (4Q510.511.560; 8Q5) dienten exorzistischen Zwecken.

Wunder und Magie spielen im antiken Judentum eine ausgeprägte Rolle, ohne dass sich ein einheitliches Bild ergäbe. Choni verkörpert den Typus des magisch-schamanistischen Regenmachers. Der Exorzist Eleazar steht stellvertretend für Wunderheiler, die sich magisch-medizinischer Handbücher mit idealer Urheberschaft Salomos oder Davids bedienten. Daneben begegnet in der Person von Chanina ben Dosa der Gebetscharismatiker, der allein durch stellvertretendes Eintreten bei Gott Rettung bewirkt. In Gestalt einer »action prophecy« mit befreiungspolitischen Bezügen lebt im Vorfeld des Jüdischen Krieges auch das Wunderprophetentum wieder auf.

Aufgabe:
- Früher neigte man – oft mit antijüdischen Untertönen – dazu, Wunder im antiken Judentum gering zu schätzen, damit sich das Wirken Jesu umso positiver davon abhebe. Heute dominiert dagegen die Tendenz, Jesus mit seinen Wundern organisch in ein charismatisches Judentum seiner Zeit eingebettet zu sehen, das in Konflikt mit dem etablierten Pharisäertum geriet. Vergegenwärtigen Sie sich anhand der folgenden Zitate diese Entwicklung und bilden Sie sich ein eigenes Urteil.

Im Ganzen wird an den Wundern der Rabbinen nur der Gegensatz zu den Taten Jesu deutlich; jene sind selbstsüchtig, zum höheren Ruhm des Täters vollbracht, Gott abgezwungen; diese sind Taten der Liebe, zur Ehre Gottes geschehend, Geschenke seiner Gnade. Jene sind Bescheinigungen der Frömmigkeit des Menschen, diese Bekräftigungen der Treue Gottes. Für jene bedarf es der reichen Werke und der untadeligen Haltung, für diese wird nur das bedingungslos wagende Vertrauen vorausgesetzt. Der Rabbi würde in Nazareth gewaltige Strafwunder herabzwingen – Jesus geht ohne Wehr hinweg, geschützt nur durch die königliche Hoheit des Menschensohnes. In der Welt des Judentums besiegelt das Wunder den Sieg des »frommen« Menschen über den unfrommen, der (daran) zugrundegeht – in der Welt Jesu überwindet das Wunder die Dämonen und rettet den ihnen Verfallenen in das Reich Gottes, gibt ihm teil an seinem Sieg. So fällt in der Tat von der außerneutestamentlichen Welt reiches Licht auf die Wunder, die uns die Evangelien von Jesus berichten. Die talmudischen Darlegungen leisten uns dabei wenigstens den Dienst, daß sie uns die Tatsache des Wunderglaubens für die Umwelt der Evangelien auch im jüdischen Bereich bestätigen. Im übrigen besteht der schärfste Gegensatz zwischen den Wundern der Rabbinen und den von Jesus überlieferten Wundern...[25]

Der Kontext nun, in den sein [Jesu] Wirken – er heilt physisch Kranke, treibt Dämonen aus und vergibt Sünden – hineingehört, ist der des charismatischen Judentums. Erst wenn er in dieser Strömung, in der Gesellschaft anderer religiöser Persönlichkeiten, die den verschiedenen Bewegungen und Gruppen angehören, gesehen wird, können Werk und Persönlichkeit Jesu in einem angemessenen Verhältnis gesehen werden ... Bei aller notwendigen Vorsicht mit einer These, die aufgrund der Natur der Quellen zumindest teilweise hypothetisch bleiben muß, kann der Zufall vernünftigerweise kaum für all die aufgezeigten Ähnlichkeiten verantwortlich gemacht werden. Vielmehr ist der logische Schluß zu ziehen, daß die Person Jesu als Teil des chassidischen Judentums im ersten Jahrhundert zu sehen ist, als eines der überragenden Beispiele für die frühen Chassidim oder Frommen. Vielleicht wurde ihnen wegen ihrer Güte und Nächstenliebe Zuneigung entgegengebracht, ihren stärksten Eindruck hinterließen diese Männer jedoch mit ihren »Wundern« ... Diese heiligen Männer wurden als die willigen oder unbewußten Erben einer alten prophetischen Tradition behandelt. Ihre übernatürlichen Kräfte wurden ihrem direkten Verhältnis zu Gott zugeschrieben. Sie wurden als ein von jeder institutionellen Vermittlung unabhängiges Verbindungsglied zwischen Himmel und Erde verehrt. Dazu kommt, daß dieser religiöse Trend seine Wurzeln wahrscheinlich in Galiläa hatte, ob-

> wohl es überzogen wäre zu behaupten, charismatisches Judentum sei auf den Norden beschränkt gewesen, nur weil Jesus, Chanina ben Dosa und vielleicht Abba Chilkia Galiläer waren.[26]

4. Magische Papyri

Lit.: BETZ, H.D. (Hg.), The Greek Magical Papyri in Translation, Chicago/London ²1992. – BUSCH, P., Magie in neutestamentlicher Zeit, FRLANT 218, Göttingen 2006. – LUCK, G., Magie und andere Geheimlehren in der Antike, KrönerTB 489, Stuttgart 1990. – MERKELBACH, R./TOTTI, M. (Hg.), Abrasax I-IV, PapCol 17,1-4, Opladen 1992-1996.

Weiteres Vergleichsmaterial zu den Wundern Jesu hält der Bereich der antiken Magie bereit. Magische Anleitungen, wie sie zum Handwerkszeug berufsmäßiger Exorzisten zählten, wurden in Handbüchern aufgezeichnet. Diese unterlagen der Geheimhaltung, fielen zudem auch Büchervernichtungen anheim (Apg 19,19) und sind nicht zuletzt aus diesen Gründen größtenteils verloren gegangen. Zumindest ein Bruchteil, darunter auch mehrere Anleitungen zur Dämonenaustreibung, hat sich aber in den aus Ägypten stammenden *Papyri Graecae Magicae* (PGM), den sogenannten griechischen Zauberpapyri, erhalten. Diese Texte wurden zwar mehrheitlich erst im 3.-4. Jh. n. Chr. niedergeschrieben, blicken aber auf eine längere Vorgeschichte zurück. Sie geben magische Praktiken weiter, wie sie sich Jahrhunderte lang bewährt hatten und im Wesentlichen auch bereits für die Zeitenwende charakteristisch waren.

Allen Versuchen, Magie entschieden aus dem Bereich von Religion auszugrenzen und magische Wunder streng von charismatischen Wundern abzusetzen, ist nur bedingt Erfolg beschieden. Idealtypisch lässt sich zwar der Charismatiker, der durch sein Verhältnis zu Gott legitimiert wird und kraft persönlicher Ausstrahlung Wunder wirkt, von dem Magier unterscheiden, dessen Wunder auf erlernter, unabhängig von der Person wirkender Kunst beruhen und der damit über eine nur technische Legitimation verfügt. In der Praxis verwischen sich aber die Grenzen, indem sich die Mehrzahl der Charismatiker durchaus magischer Praktiken bedient, während umgekehrt auch Magier über eine Gottesbeziehung verfügen und Gebete wie Opfer darbringen. Inwieweit etwas als Magie oder als Religion eingestuft wird oder wo die Grenze zwischen abgelehntem magischem und anerkanntem charismatischem Wunder gezogen wird, ist in hohem Maße eine Frage des subjektiven Standpunkts und der gesellschaftlichen Machtstellung. Bevorzugt Phänomene, die nicht mit dem vorherrschenden Religions- und Wissenschaftsverständnis konform sind, werden als Magie disqualifiziert. Magie ist damit eine Form abweichenden, von den herrschenden Kreisen nicht gutgeheißenen religiösen Verhaltens. Sie befriedigt Bedürfnisse, die durch die dominanten religiösen Institutionen nicht abgedeckt werden, und ist damit in gewissem Maße eine subversive Form sozialen Protestes. Umstritten bleibt, ob sich Magie jenseits dieser funktionalen Bestimmung inhaltlich in irgendeiner Weise von Religion abgrenzen lässt. Unübersehbar ist, dass Magie nicht von einer Unverfügbarkeit der Gottheit ausgeht und diese durch Bitten gnädig zu stimmen sucht, sondern die Zwangsbeeinflussung zum maßgeblichen Mittel der Religionsausübung erhebt. Dabei erweist sich Magie als synkretistisches Phänomen, indem Gottheiten aus unterschiedlichsten Ländern und Kulturen angerufen werden. Für viele Spielarten von Magie kommen weitere Problemaspekte, etwa die Durchsetzung fragwürdiger Wünsche oder die im Schadenszauber offen zu Tage tretende Vernachlässigung ethischer Reflexion, hinzu. Magie erweist sich damit nicht grundsätzlich, aber in vielen ihrer Spielarten als problembehaftete Form der Religionsausübung.

Aus den magischen Papyri verdient zunächst PGM IV,1227-1264 unser Interesse. Es handelt sich um ein Musterformular, das die Überschrift »Treffliche Handlung, die Dämonen austreibt« trägt und bei dessen Gebrauch der Name der besessenen Person eingefügt wird. Der Text veranschaulicht die Handlungsweise eines professionellen Exorzisten.

»,Ich beschwöre dich Dämon, wer du auch immer sein magst, bei diesem Gott (Zauberworte): komm heraus Dämon, wer du auch immer sein magst, und verlasse den N.N. jetzt, jetzt, sofort, sofort. Komm heraus, Dämon, da ich dich fessele mit stählernen, unlöslichen Fesseln und dich ausliefere in das schwarze Chaos der Hölle.' Handlung: Nimm 7 Ölzweige und binde 6 an Ende und Spitze [des Besessenen], jeden für sich, mit dem einen übrigen aber schlage unter Beschwörung. Halt es geheim; es ist schon erprobt. Nach dem Austreiben hänge dem N.N. als Amulett, das der Leidende also nach dem Austreiben des Dämons umzieht, auf einem Zinnblättchen mit folgenden Worten um: ‚(Zauberworte), schütze den N.N.'«[27]

Der Magier wendet sich direkt an den Dämon, indem er ihn bei der Gottheit beschwört und einen Ausfahrbefehl mit Beschleunigungsformel erteilt. Ein weiteres Ausfahrwort, nunmehr um eine Einschickung des Dämons in die Hölle ergänzt, beschließt den Exorzismus, der um eine Begleithandlung unter Verwendung von Ölzweigen bereichert ist. Das Ritual unterliegt strengster Geheimhaltung, wie Magie sich überhaupt bevorzugt abseits der Öffentlichkeit im Dunkeln abspielt. Als weitergehende Schutzmaßnahme, die eine Rückkehr des ausgetriebenen Geistes verhindern soll, wird der geheilten Person ein der Dämonenabwehr dienendes Amulett umgehängt.

Nicht minder aufschlussreich ist ein auf den ägyptischen Magier Pichebes zurückgeführtes Formular (PGM IV,3007-3086). In seiner Endgestalt erweist sich der Text als Zeugnis heidnischer Magie, in das allerdings ein älteres, nur leicht redigiertes Dämonenbeschwörungsritual jüdischer Herkunft einverleibt wurde. Dem Exorzismus geht eine rituelle Doppelhandlung voran. Die unter Rezitation eines an den Dämon gerichteten Ausfahrwortes hergestellte Substanz aus Oliven und Kräutern dient offenkundig der Salbung des Besessenen, dem gleichzeitig ein aus Zinn gefertigtes Amulett mit dämonenabwehrenden Worten umgehängt wird. Das eigentliche Beschwörungsritual ist, wie der Text am Ende selber zu erkennen gibt, jüdischer Herkunft.

»Die Beschwörung aber lautet so: ‚Ich beschwöre dich bei dem Gott der Hebräer, Jesus, ... im Feuer Erscheinender, der du inmitten von Flur und Schnee und Nebel bist; Tannetis steige herab, dein Engel, der unerbittliche, und banne fest den herumflatternden Dämon dieses Geschöpfes, das Gott geschaffen hat in seinem heiligen Paradies; denn ich preise den heiligen Gott bei Ammon ... Ich beschwöre dich bei dem, der Israel geoffenbart wurde in einer Lichtsäule und einer Wolke bei Tag und sein Volk gerettet hat vor dem Pharao und gebracht hat gegen Pharao die Zehnzahl der Plagen, weil er ihn nicht hörte. Ich beschwöre dich, jedweden dämonischen Geist, dass du sagst, wer immer du auch sein magst; denn ich beschwöre dich bei dem Siegel, das Salomon auf die Zunge des Jeremias legte, und er redete. So sprich auch du, was für ein Dämon du immer sein magst, einer im

Himmel oder in der Luft, oder ein irdischer, oder ein unterirdischer oder unterweltlicher, oder ein ebusäsicher oder chersäischer oder pharisäischer, sag, welcher immer du bist. Denn ich beschwöre dich bei dem Licht bringenden, unbezwinglichen Gott, der kennt, was im Herzen jeglichen Lebens ist, der das Geschlecht der Menschen aus Erde schuf, der herausführt aus dem Verborgenen und zusammenballt das Gewölk und beregnet die Erde und segnet ihre Früchte, den preist jede himmlische Macht von Engeln, Erzengeln. Ich beschwöre dich beim großen Gott Zebaoth, dessentwegen der Jordanfluss zurückwich und das Rote Meer, durch das Israel zog, unbegehbar wurde. Denn ich beschwöre dich bei dem, der geoffenbart hat die 140 Sprachen und verteilt hat nach seiner eigenen Anordnung. Ich beschwöre dich bei dem, der die halsstarrigen Giganten mit seinen Feuerstrahlen niedergebrannt hat, den lobpreist der Himmel der Himmel, den lobpreisen die Flügel des Cherubin. Ich beschwöre dich bei dem, der Berge herumgelegt hat um das Meer [oder] eine Mauer aus Sand, und ihm befohlen hat, nicht zu überfluten. Und die Tiefe gehorchte; so gehorche auch du, jeder dämonische Geist; denn ich beschwöre dich bei dem, der die vier Winde zusammen bewegt von den heiligen Ewigkeiten her, bei dem Himmelgestaltigen, Meergestaltigen, Wolkengestaltigen, Lichtträger, Unbezwinglichen. Ich beschwöre [dich] bei dem im reinen Jerusalem, vor und neben dem das unauslöschliche Feuer in alle Ewigkeit brennt, mit seinem heiligen Namen ..., vor dem erzittert die Feuerhölle und ringsum Flammen lodern und Eisen zerkracht und vor dem jeder Berg von seiner Grundfeste aus sich fürchtet. Ich beschwöre dich, jeglichen dämonischen Geist, bei dem, der hinblickt auf die Erde und ihre Festen erzittern lässt und geschaffen hat das All aus dem Nichts in das Sein.' Ich beschwöre aber dich, der du diese Beschwörung hörst, Schweinefleisch nicht zu essen, und dir wird unterworfen sein jeglicher Geist und Dämon, wer immer er sei. Beim Beschwören aber blas einmal von den Enden der Füße an, den Hauch sendend bis zum Gesicht, und er [der Dämon] wird eingebannt werden. Bewahre das als Reiner; denn das Formular ist hebräisch und bewahrt bei reinen Männern.«[28]

Der Text des genuin jüdischen Formulars setzt mit einer offenkundig an den Dämon gerichteten Beschwörung beim Gott der Hebräer ein. Als dieser Text in die Hände heidnischer Magier geriet, fügten sie nachträglich den Namen Jesu ein. Der Gott der Hebräer wird direkt als im Feuer Erscheinender (Ex 13,21) angerufen und um Sendung seines Engels Tannetis zur Fesselung des umherflatternden Dämons gebeten. Den Dämon selbst versucht der Exorzist durch stereotype Beschwörungsformeln, die auf Gottes Schöpfermacht und Heilshandeln an Israel Bezug nehmen, in Furcht zu versetzen und zur Ausfahrt zu bewegen, wobei dem Exodusgeschehen besondere Bedeutung zukommt. Begleitet wird die Beschwörung durch ein rituelles Wegblasen des Krankheitsgeistes. Für die mit großen Unsicherheiten behaftete Datierung dieses jüdischen Exorzismusformulars kommt der Dämonenbeschwörungsformel »Ich beschwöre dich bei dem im reinen Jerusalem, vor und neben dem das Feuer in alle Ewigkeit brennt« hervorgehobene Bedeutung zu. Diese Aussage, die auf den Tempel als Aufenthalt Gottes und das dort brennende ewige Feuer (Ex 27,20f.) anspielt, könnte vor der Tempelzerstörung 70 n. Chr. entstanden sein. Auf ein ähnlich hohes Alter weist die offenkundig der Befragung des Dämons dienende Beschwörung bei dem Siegel Salomos hin, denn mit Salomo in Verbindung stehende Siegelringe sind bereits für die magischen Praktiken des Exorzisten Eleazar typisch.

In einer weiteren ausführlichen Anleitung zur Dämonenaustreibung (PGM V,96-171) wird die Gottheit Osiris um Befreiung des Besessenen von dem Krankheitsgeist angerufen. Daneben sind in den magischen Papyri auch Dämonenaustreibungen durch Rezitation von Homerversen oder Verwendung von Schwefel und Harz bezeugt.

In magischen Handbüchern, wie sie von professionellen Exorzisten verwendet wurden, finden sich mehrere Anleitungen zur Heilung dämonisch besessener Personen. Die meist unter bestimmten Begleithandlungen zu vollziehenden Beschwörungen richten sich in der Regel direkt an den Dämon, ergänzend werden Gottheiten durch Gebet oder Opfer um ihre Mithilfe angehalten. Wo die Grenzlinie zwischen gutgeheißenem charismatischem und abgelehntem magischem Wunder gezogen wird, unterliegt in hohem Maße sozialer Konvention und gesellschaftlicher Macht.

Aufgabe:
- In jüngerer Vergangenheit hat sich eine Neubewertung von Magie vollzogen. Machen Sie sich diesen Deutungswandel anhand folgender Ausführungen von Melissa Aubin klar und nehmen Sie kritisch Stellung.

Letztlich geht die vom Inhalt des Begriffs »Magie« geprägte wissenschaftliche Tradition jedoch auf das epochale Werk *The Golden Bough* von Sir James George Frazer (1854-1941) zurück, der die ethnologische Forschung vor und nach dem Zweiten Weltkrieg dominierte und auch heute noch außerhalb akademischer Studien eine gewisse Rolle spielt. Frazers dreiteilige Unterscheidung zwischen Magie, Religion und Wissenschaft, zusammen mit späteren Ausarbeitungen durch Goode, der Religion und Magie in eine sukzessive Abfolge brachte, beförderten die Ansicht, daß »Magie« leicht von »echter Religion« zu trennen sei und letztlich ein Phänomen kultureller und religiöser Dekadenz darstelle. Oft wird dabei behauptet, daß Magie dazu diene, konkrete Ziele für Einzelpersonen zu erreichen, während Religion langfristige, gemeinschaftsbezogene Absichten verfolge; daß Magie gewaltsamzwingend und manipulativ sei, während Religion auf ernsthaft bittenden Gebeten beruhe; daß Magie professionelle Fähigkeiten erfordere, während Religion nicht institutionell vermittelt sei; daß Magie a-sozial sei, während Religion positive Auswirkungen auf die Gesellschaft besitze. Diese Unterscheidungen lassen sich heute jedoch nicht mehr aufrechterhalten ... Im Zuge der neueren Forschung haben sich funktionale Modelle aus dem Bereich soziologischer und anthropologischer Theorien als fruchtbarer erwiesen, in denen Etiketten wie »Magie« als wichtige Elemente gesellschaftlicher Identitätsbestimmung und Kontrolle verstanden und nicht mehr vom Inhalt her definiert werden. In der Perspektive dieser Forschungsrichtung ist es nunmehr unmöglich, Magie und Religion in unterschiedliche sozio-kulturelle Kategorien einzuteilen. Vielmehr ist »Magie« ein situationsspezifischer Terminus zur Bezeichnung sozialer Abweichung, der stets abhängig vom gesellschaftlichen Kontext ist und vielfältige qualitative Bedeutungen besitzen kann. Peter Brown, David Aune, Susan Garrett und Jonathan Z. Smith haben solche Modelle aufgegriffen und zeigen dementsprechend, wie »Magie« und »Religion« in ganz ähnlicher Weise wie die Begriffe »Häresie« und »Orthodoxie« verwendet werden. Sie vertreten eine universelle Definition von Magie im Sinne einer Form religiös abweichenden Verhaltens, bei dem individuelle oder gesellschaftliche Ziele erreicht werden sollen, die normalerweise durch die dominante religiöse Institution nicht gedeckt werden.[29]

III. Die Überlieferung der Wunder Jesu

1. Überlieferungsgeschichtliche Gesetzmäßigkeiten

Lit.: ACHTEMEIER, P.J., Toward the Isolation of Pre-Markan Miracle Catenae, JBL 89 (1970) 265-291. – BECKER, J., Das Evangelium nach Johannes Bd. I, ÖTK 4/1, Gütersloh/Würzburg ³1991, 134-142. – KOLLMANN, B., Jesus und die Christen als Wundertäter, FRLANT 170, Göttingen 1996, 355-362. – KUHN, H.-W., Ältere Sammlungen im Markusevangelium, SUNT 8, Göttingen 1971, 191-213.

Wunder machen einen Löwenanteil der Jesustradition aus und werden darin nicht einmal von den Gleichnissen übertroffen. Die Wunderüberlieferung zerfällt in drei Teilbereiche, nämlich in Logien, wo Jesus selber zu seinen Wundern Stellung nimmt, Einzelerzählungen, die ausführlich von konkreten Wundertaten Kunde geben wollen, und Summarien, mit denen die Evangelisten das Wunderwirken Jesu zusammenfassen und verallgemeinern. Die Wundererzählungen haben, bevor sie in die Evangelien aufgenommen wurden, eine über mehrere Jahrzehnte dauernde mündliche Überlieferungsgeschichte durchlaufen. Vieles spricht dafür, dass sie dabei in höherem Maße als andere Jesusüberlieferungen verändernden Einflüssen unterworfen waren, zumal sich ihr ohnehin volkstümliches Überlieferungsmilieu wahrscheinlich nicht auf die christliche Gemeinde beschränkte.

»Schon eine innere Wahrscheinlichkeit spricht für einen weiten Überlieferungsradius der Wundergeschichten. Außenstehende wurden von ihnen gewiß am meisten angezogen. Das Sensationelle zieht als erstes Aufmerksamkeit auf sich. Wurden die Wundergeschichten aber über den Kreis der Anhänger Jesu hinaus bekannt, tradiert und erzählt, so mußte dabei das Charakteristische der Verkündigung Jesu verblassen. Ja, es konnten bei solch einem ›unkontrollierten‹ Überlieferungsprozeß Wundergeschichten von anderen Wundertätern auf Jesus übertragen werden, sich mit Wundergeschichten von Jesus mischen und aufeinander abfärben. Wir haben also in den Wundergeschichten eine Überlieferung, die im Unterschied zu allen anderen Jesusüberlieferungen auch von Fernstehenden mitgeformt worden ist.«[30]

Die Überlieferung von Wundergeschichten folgt bestimmten Gesetzmäßigkeiten. Es besteht die Tendenz zur Ausgestaltung, Erweiterung und Neubildung. Zunächst ist bei der mündlichen, aber auch der schriftlichen Weitergabe von Wundergeschichten oft eine Steigerung des wunderhaften Elements zu beobachten. Als Faustregel ergibt sich, dass die weniger wunderhafte Version einer Erzählung normalerweise das ältere Traditionsstadium repräsentiert. Aus *einem* von Jesus geheilten Besessenen (Mk 5,1-20) oder Blinden (Mk 10,46-52) werden zwei (Mt 8,28-34; 20,29-34), die Mk 5,23 noch lebende Tochter des Jairus ist Mt 9,18 bereits verstorben, der Seewandel Jesu (Mk 6,45-52) zieht einen Seewandel des Petrus nach sich (Mt 14,22-23) und eine zunächst innerhalb Kapernaums vollzogene Fernheilung (Mt 8,5-13) geschieht später über die ungleich größere Distanz von Kana nach Kapernaum (Joh 4,46-54).

Eine weitere Überlieferungsgesetzmäßigkeit betrifft das Entstehen von Dubletten oder Varianten. Die wunderbare Brotvermehrung Jesu wird wahlweise als Speisung der 4000 (Mk 8,1-10) oder Speisung der 5000 (Mk 6,30-44) erzählt. Die Blindenheilungen in Mk 8,22-26 und Joh 9,1-7 scheinen ebenso unterschiedliche Ausformungen derselben Grundtradition zu sein, wie dies bei den Gelähmtenheilungen Mk 2,1-12 und Joh 5,1-9 der Fall ist. Das Sabbatwunder Lk 14,1-6 dürfte eine Analogiebildung zu Mk 3,1-6 sein, die Heilung zweier Blinder Mt 9,27-30 ist eine Reproduktion von Mt 20,29-34. Darüber hinaus wurden Bildworte Jesu im Nachhinein zu Wundergeschichten ausgestaltet. Beim wunderbaren Fischfang in Lk 5,1-11 rechnen viele mit einer erzählerischen Entfaltung des Menschenfischerwortes Mk 1,17, die Verfluchung des Feigenbaums (Mk 11,12-14.20-21) könnte aus dem Gleichnis Lk 13,6-9 entwickelt worden sein. Beim Weitererzählen sind zudem in vielfältiger Weise Motive aus volkstümlicher Wundertradition in die neutestamentlichen Geschichten eingeflossen. Die Züge Jesu wurden nach dem Vorbild anderer antiker Wundertäter ausgemalt. Schließlich ist in Einzelfällen, etwa in Lk 7,11-17 oder Mt 17,24-27, auch mit der Übertragung ganzer Wundergeschichten aus der Umwelt des Neuen Testaments auf Jesus zu rechnen. Auf breiter Ebene ist dies dann im apokryphen Kindheitsevangelium des Thomas aus dem 2. Jh. n. Chr. der Fall, wo dem Knaben Jesus im Rahmen bizarrer Volksfrömmigkeit zahlreiche phantastische Wunder, nicht zuletzt auch aus dem Bereich der Schadensmagie, angedichtet werden.

Wundergeschichten wurden, bevor sie Eingang in die Evangelien fanden, zunächst als Einzeltraditionen überliefert, dann zunehmend auch zu Wundersammlungen vereinigt. Die eng miteinander verwandten Berichte von der Heilung eines Taubstummen (Mk 7,31-37) und eines Blinden bei Bethsaida (Mk 8,22-26) waren vielleicht vormarkinisch ein Überlieferungspaar. Im Hinblick auf Mk 4,35-6,52 wird immer wieder damit gerechnet, dass Markus einen ihm bereits vorgegebenen Zyklus von Wundergeschichten übernommen hat, dessen gemeindegeschichtlicher Ort im Umfeld der Missionspredigt zu suchen ist. Allerdings fallen dabei die Umfangsbestimmungen recht unterschiedlich aus. Am plausibelsten ist es, mit einer von Mk 4,35-5,43 reichenden vormarkinischen Sammlung zu rechnen, deren Wundergeschichten überwiegend am See Genezareth lokalisiert und von einer recht einheitlichen Hoheitschristologie geprägt sind. Vielleicht lassen sich die beiden Wundererzählungen von Mk 6,32-52 noch zu diesem Zyklus hinzunehmen. Auch für die Wundergeschichten des Johannesevangeliums vermutet man, dass sie vor ihrer Integration in das Evangelium einer gemeinsamen Quelle zugehörten, für deren Existenz nicht zuletzt die in Spannung zu Joh 2,23 und 4,45 stehende Zählung von 2,11 und 4,54 spricht. Wegen der stereotypen Bezeichnung der Wunder als Zeichen (*semeia*) spricht man von der Zeichen- oder Semeiaquelle. Dieser Quelle entstammen wohl Joh 2,1-11, das Weinwunder von Kana, und 4,46-54, die Heilung des Sohnes eines königlichen Beamten. Vielleicht sind ihr auch die fünf übrigen Wundergeschichten des Johannesevangeliums zuzurechnen, die allerdings bereits vorjohanneisch zum Ausgangspunkt lehrhafter Abhandlungen gemacht wurden. Mt 11,5/Lk 7,22 deutet für die Überlieferungsträger der Spruchquelle Q ebenfalls auf die Kenntnis einer umfangreicheren Sammlung von Wundergeschichten hin.

Auch wenn die Rekonstruktionen mit vielen Unsicherheiten behaftet bleiben und zu unterschiedlichen Ergebnissen führen, hat die Annahme von den Evangelisten verarbeiteter Wundersammlungen eine hohe Wahrscheinlichkeit für sich und wäre alles andere als beispiellos. In der Umwelt des Neuen Testaments sind Zusammenstellungen von Wunderberichten, sogenannte Aretalogien (von *aretai*, Tüchtigkeitserweise), zu Zwecken religiöser Werbung breit bezeugt. In erster Linie ist dabei an Wundersammlungen aus dem Asklepios-, Isis- und Sarapiskult zu denken, in denen die machtvollen Taten dieser Heilgottheiten dokumentiert sind. Aber auch von Pythagoras und dem jüdischen Charismatiker Chanina ben Dosa gibt es Wundersammlungen.

Die Überlieferung der Wunder Jesu folgt gewissen Gesetzmäßigkeiten. Dabei ist vielfach eine Steigerung des wunderhaften Elements, die Bildung von Dubletten, die Ausgestaltung von Jesusworten zu Wundergeschichten und die Übertragung von Motiven oder ganzen Erzählungen aus der Umwelt des Neuen Testaments auf Jesus zu beobachten. Die zunächst als Einzeltraditionen überlieferten Berichte wurden auch zu Wundersammlungen vereinigt, bevor sie Eingang in die Evangelien fanden.

Aufgaben:
- Die Erzählung von der Heilung des Kindes oder Knechtes eines königlichen Beamten in Kapernaum ist im Neuen Testament in drei Versionen überliefert (Mt 8,5-13/Lk 7,1-10/Joh 4,46-54). Achten Sie bei einem Vergleich auf die Steigerung des wunderhaften Elements und überlegen Sie, wie die älteste Fassung dieser Wundergeschichte ausgesehen haben könnte. Beziehen Sie ergänzend die Fieberheilung durch Chanina ben Dosa (bBer 34b, siehe oben II.3) unter dem Aspekt ein, inwieweit eine gegenseitige Durchdringung von christlicher und jüdischer Wundertradition stattgefunden haben könnte.
- Eindrückliche Beispiele dafür, wie Jesus im Nachhinein mit weiteren Wundern versehen wurde, finden sich im apokryphen Kindheitsevangelium des Thomas (2. Jh. n. Chr.). Dabei handelt es sich um gleichermaßen spektakuläre wie unterhaltsame Schauwunder mit dem Ziel, den Knaben Jesus als Wunderkind auszuweisen. Machen Sie sich dies anhand des nachfolgenden, übrigens auch im Koran zitierten (Sure 3,49) Jesuswunders klar.

Als dieser Knabe Jesus fünf Jahre alt geworden war, spielte er an einer Furt eines Baches; das vorbeifließende Wasser leitete er in Gruben zusammen und machte es sofort rein; mit dem bloßen Worte gebot er ihm. Er bereitete sich weichen Lehm und bildete daraus zwölf Sperlinge. Es war Sabbat, als er dies tat. Auch viele andere Kinder spielten mit ihm. Als nun ein Jude sah, was Jesus

> am Sabbat beim Spielen tat, ging er sogleich weg und meldete dessen Vater Joseph: »Siehe, dein Knabe ist am Bach, er hat Lehm genommen, zwölf Vögel gebildet und hat den Sabbat entweiht.« Als nun Joseph an den Ort gekommen war und [es] gesehen hatte, da herrschte er ihn an: »Weshalb tust du am Sabbat, was man nicht tun darf?« Jesus aber klatschte in die Hände und schrie den Sperlingen zu: »Fort mit euch!« Die Sperlinge öffneten ihre Flügel und flogen mit Geschrei davon. Als aber die Juden das sahen, staunten sie, gingen weg und erzählten ihren Ältesten, was sie Jesus hatten tun sehen.[31]

2. Zur Form neutestamentlicher Wundergeschichten

Lit.: BULTMANN, R., Die Geschichte der synoptischen Tradition, FRLANT 29, Göttingen [9]1979, 8-14.223-259. – DIBELIUS, M., Formgeschichte des Evangeliums, Tübingen [6]1971, 34-100. – KAHL, W., New Testament Miracle Stories in their Religious-Historical Setting, FRLANT 163, Göttingen 1994. – ROLOFF, J., Neues Testament, Neukirchen-Vluyn [7]1999, 116-118. – THEISSEN, G., Urchristliche Wundergeschichten, StNT 8, Gütersloh [5]1987, 53-128. – THEISSEN G./MERZ, A., Der historische Jesus, Göttingen 1996, 265-269.

Antike Wundergeschichten haben die Überwindung einer Notsituation durch mirakulöses Handeln einer Gottheit oder eines in besonderer Weise befähigten Menschen zum Inhalt. Sie sind einem charakteristischen Erzählmuster verpflichtet, das die neutestamentlichen Texte mit ihren religionsgeschichtlichen Parallelen im Wesentlichen teilen. Es handelt sich um einen meist viergliedrigen Aufbau, bestehend aus Einleitung, Exposition, Wunderhandlung und Demonstration, innerhalb dessen ein bestimmtes Repertoire von Motiven in unterschiedlichen Kombinationen begegnen kann. In der Einleitung werden die Situation und das Auftreten der beteiligten Personen beschrieben. Die Exposition charakterisiert die Not und dient dem Spannungsaufbau. Im Zentrum des Erzählgeschehens steht die Wunderhandlung mit szenischer Vorbereitung, Darstellung der Wundertechniken und Konstatierung des Wunders. Der Wundertäter kann dabei als Träger, Bittsteller oder Vermittler übernatürlicher Macht fungieren. Der Demonstrationsschluss beschreibt die Wirkung des Wunders auf die Anwesenden.

Die Versuche einer möglichst exakten gattungsmäßigen Einordnung der neutestamentlichen Wundererzählungen stehen bis heute unter dem Einfluss der Pionierarbeit, die von Rudolf Bultmann und Martin Dibelius auf dem Feld der Formgeschichte geleistet wurde. Bultmann unterschied grob zwischen Heilungswundern und Naturwundern. Zudem wies er Erzählungen mit Streit- oder Schulgesprächcharakter, beispielsweise Mk 2,1-12 oder 3,1-6, dem Bereich der Apophthegmata (von *apophthegma*, Ausspruch) zu. Das Wunder wird dort nicht um seiner selbst willen erzählt, sondern führt zu einem Jesuswort als der eigentlichen Pointe hin. Dibelius klassifizierte einzelne Wundererzählungen wie Mk 2,1-12 oder 10,46-52 als Paradigmen, womit er der Überzeugung Ausdruck verlieh, sie hätten im Urchristentum als Predigtbeispiele gedient. Die Mehrzahl der Wundererzählungen hingegen rechnete Dibelius zur Gattung der Novellen. Sie ließen erbauliche Motive vermissen und seien durch eine gewisse Lust am Fabulieren gekennzeichnet. Die heute weithin anerkannte Formbestimmung der neutestamentlichen Wundergeschichten wurde von Gerd Theißen aufgrund einer präzisen Analyse der Motive und Themen entwickelt. Versuche, die Gattung »Wundergeschichte« grundsätzlich zur Disposition zu stellen, konnten sich zu Recht nicht durchsetzen.

Gattung	Beispiele	Charakteristika
Exorzismen (Dämonenaustreibungen)	Mk 1,23-28; 5,1-20; 9,14-29	Ausgeliefertsein des Kranken an einen in ihm weilenden Dämon; Machtkampf zwischen Dämon und Wundertäter.
Therapien (einschl. Totenerweckungen)	Mk 1,29-31; 5,25-34; 7,31-37; 8,22-26; 10,46-52	Heilung durch Übertragung einer wunderhaften Energie vom Wundertäter auf den Kranken; vielfach Glaubensmotiv.
Normenwunder	Mk 2,1-12; 3,1-6; Mt 8,5-13; Lk 17,11-17	Begründung von Normen als Funktion des Wunders; vielfach Entschärfung der Tora (Durchbrechung des Sabbatgebots).

Geschenkwunder	Mk 6,30-44; 8,1-10; Lk 5,1-11; Joh 2,1-11	Wunderbare Bereitstellung materieller Güter durch Jesus; Spontaneität der Wunderhandlung; Unauffälligkeit des Wundervorgangs; breite Ausgestaltung der Wunderdemonstration.
Rettungswunder	Mk 4,35-41; 6,45-52	Wunderbare Errettung aus einer Notsituation.
Epiphanien	Mk 6,45-52; 9,2-10	Wunderbares Erscheinen und plötzliches Verschwinden Jesu als eines göttlichen Wesens; sachliche Nähe zu den Ostererscheinungen.

Mit der Formbestimmung der Wundergeschichten verbindet sich eine gewisse Vorentscheidung über die Historizität. Bultmann ging für die Mehrzahl der apophthegmenhaften Wunderberichte davon aus, dass das Wunder als ideale Szene ohne geschichtlichen Anhalt aus dem Jesuswort entwickelt wurde oder es sich um Analogiebildungen handelt. Für die lupenreinen Wundergeschichten ergab sich für ihn mit wenigen Ausnahmen ohnehin das Vorurteil einer Entstehung auf hellenistischem Boden, womit sie ebenfalls als ungeschichtlich gelten. Dibelius beurteilte die wenigen zu den Paradigmen gezählten Wundergeschichten als historisch recht zuverlässig und unterschied sie diesbezüglich von den »minder bodenständigen« Novellen, wo er schon vorhandene Wundererzählungen auf Jesus übertragen sah. Differenzierter fällt das Urteil von Gerd Theißen und Annette Merz aus. Für Exorzismen, Therapien und Normenwunder mit Heilungsthematik nehmen sie, auch wenn es sich nicht um Tatsachenberichte handelt, grundsätzlich einen Ursprung beim historischen Jesus an. Rettungswunder, Geschenkwunder und Epiphanien indes sehen sie ungleich stärker vom Osterglauben des Urchristentums beeinflusst, der schon dem irdischen Jesus über alles Menschliche hinausgehende Fähigkeiten zuschreibe und Haftpunkte seines geschichtlichen Wirkens (Bootsreisen, Mahlgemeinschaften, Aufenthalt auf einem Berg) zu Geschichten von der Offenbarung eines übermenschlichen Wesens ausgestaltet habe.

Innerhalb der neutestamentlichen Wundergeschichten lassen sich aufgrund gattungstypischer Merkmale Exorzismen, Therapien, Normenwunder, Rettungswunder, Geschenkwunder und Epiphanien unterscheiden. Mit dieser Formbestimmung verbindet sich ein Vorurteil hinsichtlich des geschichtlichen Wertes. Während die drei erstgenannten Gattungen in hohem Maße Reflexe des historischen Wirkens Jesu bieten, sind die drei letztgenannten Gattungen ungleich stärker Produkte des nachösterlichen Glaubens.

Aufgaben:
- Versuchen Sie, die Wunderberichte des Matthäusevangeliums anhand des von Gerd Theißen entwickelten Schemas der Form nach zu bestimmen.
- Machen Sie sich durch einen Vergleich von Mk 1,23-28 und Lk 13,10-17 den Unterschied zwischen einer Dämonenaustreibung und einem Normenwunder klar. Was wird in Lk 13,10-17 theologisch normiert?

3. Die Funktion von Wundergeschichten

Lit.: DIBELIUS, M., Formgeschichte des Evangeliums, Tübingen ⁶1971, 66-100. – KOLLMANN, B., Jesus und die Christen als Wundertäter, FRLANT 170, Göttingen 1996, 348-362. – THEISSEN, G., Urchristliche Wundergeschichten, StNT 8, Gütersloh ⁵1987, 229-297. – ZELLER, D., Wunder und Bekenntnis, BZ NF 25 (1981) 204-222.

Es gehört zu den grundlegenden Einsichten der klassischen Formgeschichte, dass die verschiedenen Formen der Überlieferung in einer Wechselbeziehung zum Leben der Urkirche stehen. Wie alle Gattungen gehört auch die Wundererzählung in eine spezifische theologische und soziologische Situation der urchristlichen Gemeinden hinein, die man als »Sitz im Leben« bezeichnet. Es geht um die Funktion, die ein Text im Gemeinschaftsleben erfüllt und der er seine Überlieferung und Prägung verdankt. Die ursprünglichen Trägergruppen der neutestamentlichen Wundergeschichten sind eher in den unteren sozialen Schichten zu verorten. In den Texten spiegeln sich Notsituationen wie Hunger oder Unerreichbarkeit wissenschaftlicher Heilkunst wider, welche den oberen Schichten ferner liegen, obwohl auch diese für den Wunderglauben empfänglich sind.

Wenn wir danach fragen, welchen Bedürfnissen des urchristlichen Gemeindelebens sich die Überlieferung von Wundergeschichten verdankt, sind wir zunächst an die Missionspredigt verwiesen. Wunder verbürgen die Gottessohnschaft (Mk 5,7) und Messianität (Mt 11,5) Jesu. Mit seinen Wundern übertrifft Jesus nicht nur die Taten alttestamentlicher Wunderpropheten wie Elia und Elisa, sondern kann sich auch mit dem Wirken hellenistischer Gottheiten wie Asklepios und Dionysos oder göttlicher Menschen wie Apollonius von Tyana messen. Wundergeschichten dienten, daran kann wenig Zweifel bestehen, im Rahmen der urchristlichen Missionstätigkeit dazu, die Hoheit Jesu zu erweisen und die Konkurrenz aus dem Felde zu schlagen. Sie wollen zum Glauben an Jesus animieren und bedienen sich einer in der antiken Welt üblichen Form der Werbung.

Allerdings sind Wundergeschichten von Anfang an nicht nur werbend nach außen gerichtet, sondern üben auch innergemeindlich wichtige Funktionen aus. Bei vielen Wundergeschichten fällt auf, dass die Heiltechniken sehr detailliert geschildert werden oder sich formelhafte Wendungen in ihnen niedergeschlagen haben, wie sie auch von frühchristlichen Wunderheilern benutzt worden sind. Derartige Wundergeschichten wie Mk 5,1-20; 8,22-26 oder 9,14-29 konnten über eine Verwendung in der Missionspredigt hinaus der Motivation, Legitimation oder direkten Instruktion christlicher Wundercharismatiker dienen. Wandermissionare wie die Sendboten der Spruchquelle oder die Gegner des Paulus im Zweiten Korintherbrief sahen sich in der Tradition der Aussendungsrede Jesu zu Verkündigung und Wundern beauftragt. Für sie lag es nahe, dem Wunderhandeln Jesu Vorbildfunktion für das eigene Wirken beizumessen und sich mit der eigenen Wunderpraxis an seinem Beispiel zu orientieren. Aus der Alten Kirche ist die vielleicht bis in neutestamentliche Zeit zurückreichende Praxis bekannt, Wundergeschichten über Kranken zu rezitieren, um die Anrufung Jesu zum rettenden Eingreifen mit einem geschichtlichen Verweis auf seine Wunderheilungen zur Erdenzeit zu koppeln und den Kranken Mut zu machen. Gut bezeugt ist beispielsweise die Rezitation von Mk 1,29-31 über Fieberkranken. Über solche konkreten Krankheitsfälle hinaus sind die Wundererzählungen, wie Gerd Theißen gezeigt hat, kollektive symbolische Handlungen der kleinen Leute, mit denen man der Not entgegenwirkte und sich Kraft zu ihrer Überwindung gab. Sie können von der Gemeinde als Trost- und Mutmachgeschichten gelesen werden.

Die Normenwunder haben ihren urchristlichen Sitz im Leben im Lehrbetrieb der christlichen Gemeinden, wo unter Berufung auf die charismatische Vollmacht Jesu theologische Kontroversen und legitimationsbedürftige Ansprüche autoritativ entschieden wurden. Neue, noch nicht voll etablierte Normen riefen nach einem legitimierenden Wunder, um als rechtmäßig erwiesen zu werden. Während nach alttestamentlich-jüdischem Verständnis allein Gott Sündenvergebung zusprechen kann, wird diese Vollmacht Mk 2,1-12 Jesus übertragen und in der Parallele Mt 9,1-8 auf »die Menschen«, sprich die christliche Gemeinde, ausgeweitet. Im Bewusstsein, dass Gott selbst sich mit dem Wunder der Gelähmtenheilung auf die Seite des die traditionelle Norm durchbrechenden Handelns stellt, wird so die von der Gemeinde ausgeübte Sündenvergebungspraxis (Mt 18,15-18) legitimiert. Normenwunder wie Mk 3,1-6 oder die anderen Sabbatkonflikte spiegeln innergemeindliche Kontroversen um die Sabbatheiligung wider, wie sie auch Röm 14,5f. und Kol 2,16 sichtbar werden. Trotz der unbestrittenen Zentralstellung, die der Sonntag als Tag der Auferstehung Jesu Christi von Anfang an in der Kirche besaß, hielten gesetzestreue Judenchristen nach wie vor auch die Einhaltung des Sabbats für geboten. In gemischten Gemeinden, die sich aus Judenchristen wie Heidenchristen zusammensetzten, führte dies unweigerlich zu Konflikten, die von Texten wie Mk 3,1-6 unter Berufung auf die Sabbatheilungen Jesu im Sinne einer grundsätzlichen Freiheit vom Sabbat entschieden werden. Die Aussätzigenheilung Lk 17,11-19, wo ausgerechnet ein Samaritaner als Vorbild wahren Glaubens begegnet, dient einer Legitimation der in Teilbereichen des Judenchristentums umstrittenen (Mt 10,5f.) Mission in Samaria. In vergleichbarer Weise rechtfertigen Mk 7,24-30 und Mt 8,5-13 die Heidenmission. Hinter Mt 17,24-33 werden Kontroversen um die jüdische Tempelsteuer deutlich. Bei allem Wissen um christliche Freiheit plädiert dieser Text dafür, dass die Tempelsteuer von Judenchristen weiterhin entrichtet wird. Wiederum normiert ein Wunder das Handeln, indem der für die Tempelsteuer notwendige Betrag in einem Fischmaul gefunden wird. Auch für einzelne stilechte Wundergeschichten kommt der innergemeindliche Lehrbetrieb als Sitz im Leben in Frage. So lassen sich die Traditionen von der wunderbaren Speisung wegen ihrer terminologischen Nähe zu den Einsetzungsberichten als Eucharistiekatechesen verstehen, die über die Bedeutung des Abendmahls Auskunft geben wollen.

Nicht unterschätzt werden sollte schließlich auch die Befriedigung eines allgemeinen Unterhaltungsbedürfnisses durch Wundergeschichten. Wenn in Mk 5,1-20 eine auf die römische Besatzungsmacht transparente Legion von Dämonen darum bettelt, im Land bleiben zu dürfen, dann in eine Schweineherde verbannt wird und diese am Ende ertrinkt, hat das insbesondere für jüdische Ohren einen hohen Unterhaltungswert. Vollends gilt dies für die Wundergeschichten im Kindheitsevangelium des Thomas und in den apokryphen Apostelgeschichten, wo die Überwindung unmittelbarer Not von der Lust am Fabulieren und dem Interesse am Spektakulären nahezu völlig überlagert wird.

Wundergeschichten erfüllten im Gemeinschaftsleben der Urkirche bestimmte Funktionen und haben durch den »Sitz im Leben« ihre besondere Prägung erfahren. Normenwunder standen im Dienst innergemeindlicher Lehrentscheidungen. Stilechte Wundergeschichten fanden in der Missionsverkündigung Verwendung, dienten aber auch christlichen Wundercharismatikern zur Legitimation ihres Auftretens und wurden über Kranken rezitiert, um diesen Mut zu machen. Grundsätzlich fungieren Wundergeschichten als Symbolhandlungen, die der Not entgegenwirken und Zuversicht für deren Überwindung vermitteln.

Aufgabe:
- Informieren Sie sich bei W. Fenske, Arbeitsbuch zur Exegese des Neuen Testaments, Gütersloh 1999, 97-105, über den unterschiedlichen »Sitz im Leben« antiker Wundergeschichten.

IV. Jesus als Wundertäter

1. Dämonenaustreibungen

Lit.: ANNEN, F., Heil für die Heiden, FThSt 20, Frankfurt a.M. 1976. – DERS., Die Dämonenaustreibungen Jesu in den synoptischen Evangelien, ThBer 5 (1976) 107-146. – BÖCHER, O., Christus Exorcista, BWANT V/16, Stuttgart 1972. – CROSSAN, J.D., Der historische Jesus, München ²1995, 402-468. – KOLLMANN, B., Jesus und die Christen als Wundertäter, FRLANT 170, Göttingen 1996, 174-215. – SMITH, M., Jesus der Magier, München 1981. – STRECKER, C., Jesus und die Besessenen, in: Stegemann, W. u.a. (Hg.), Jesus in neuen Kontexten, Stuttgart 2002, 53-63. – TRUNK, D., Der messianische Heiler, HBSt 3, Freiburg 1994. – TWELFTREE, G.H., Jesus the Exorcist, WUNT II/54, Tübingen 1993. – WOHLERS, M., Heilige Krankheit, MThSt 57, Marburg 1999.

Dämonenaustreibungen gehören zu den am sichersten bezeugten Taten Jesu und stehen im Zentrum seines Wunderwirkens. Wenn sie auch als Exorzismen (von *exorkizein*, beschwören) bezeichnet werden, sollte man sich zumindest darüber im Klaren sein, dass die einen Exorzismus wesensmäßig kennzeichnende Beschwörung von Gottheiten oder Geistern für Jesus nicht bezeugt ist. Dämonische Besessenheit, wie sie bei den Exorzismen Jesu vorausgesetzt ist, stellt ein kulturspezifisches Grenzphänomen dar. Es dient in einem dämonengläubigen Milieu der Erklärung psychopathischer Erscheinungen und verhilft den Betroffenen zu einer Form, ihre Nöte zu artikulieren und ihrer Identität Ausdruck zu verleihen.

»In einer Gesellschaft, die ihre Probleme in mythischer Sprache zum Ausdruck bringt, können unter Druck und Zwang stehende Gruppen ihre Situation als Bedrohung durch Dämonen interpretieren. Symptome der Besessenheit können sozial erlernt sein. Werden diese Symptome als Ausdrucksformen unlösbarer Konflikte akzeptiert, werden Möglichkeiten in Aussicht gestellt, die so zum Ausdruck gebrachten Probleme exorzistisch zu lösen, so können sie zur öffentlichen Sprache werden, derer sich viele mit Erfolg bedienen. Mit den Exorzisten wächst daher gewöhnlich auch die zu exorzisierende Besessenheit.«[32]

Als anschauliches Beispiel aus der jüngeren Vergangenheit lässt sich anführen, dass mit der Ausstrahlung des Films »Der Exorzist« (1973) auch in Ländern der westlichen Welt die Zahl derjenigen Personen anstieg, die sich für dämonisch besessen hielten. Aus kulturanthropologischer Perspektive wurde die Einsicht gewonnen, dass Besessenheit oftmals als »Performance« erscheint, indem Besessene in dramatischer Form öffentlich solche Rollenmuster aktivieren, wie sie in einer bestimmten Gesellschaft als Indiz für Besessenheit gelten, und dadurch eine dämonische Wirklichkeit schaffen.

Dämonische Besessenheit stellt in der mediterranen Welt der Zeitenwende und in vergleichbaren heutigen Kulturen zwar nicht per se eine Krankheit dar, begegnet aber in den Evangelien in pathologischer Form. Neben veränderten Bewusstseinszuständen und dissoziativen Persönlichkeitsstörungen können auch Epilepsie und andere Krankheiten als dämonische Besessenheit erfahren werden. Für die palästinische Lebenswelt Jesu ist zudem die Situation der römischen Fremdherrschaft als Faktor für das gehäufte Auftreten von Besessenheitsphänomenen in Rechnung zu stellen. Vom Kolonialismus betroffene Völker befinden sich in einer latent schizoiden Lage. Sie sind zwischen Hass und Bewunderung gegenüber der Besatzungsmacht hin und her gerissen, schwanken zwischen Widerstand und Unterwerfung. Gesellschaften im Zustand der Besatzung rufen daher in überdurchschnittlichem Maße mentale Störungen hervor, die als Beherrschung durch Dämonen interpretiert werden können. Hauptmerkmale solcher Besessenheit sind eine veränderte Physiognomie und Stimmlage sowie das unvermittelte Auftreten von Persönlichkeitsspaltungen und unkontrollierten Handlungen.

Deutlicher als andere Wundertaten lassen Dämonenaustreibungen den eschatologischen Horizont des Wirkens Jesu sichtbar werden. Dies hängt entscheidend damit zusammen, dass sie nicht nur in Erzählungen oder Summarien begegnen, sondern auch in der ungleich zuverlässigeren Wortüberlieferung präsent sind, wo Jesus selber zur Bedeutung seines Wunderwirkens Stellung nimmt. Diesbezüglich wichtigstes Zeugnis ist die Beelzebulkontroverse Mk 3,22-27, die auch in einer längeren Q-Version (Lk 11,14-23par.) vorliegt. In diesem Streitgespräch sieht sich Jesus anlässlich einer Dämonenaustreibung dem Vorwurf ausgesetzt, seine Wunder mit Hilfe des Beelzebul zu vollbringen. Es handelt sich um eine Bezeichnung für den Satan, der in der jüdischen Dämonologie als Oberhaupt der bösen Geister gilt. Sogar die Gegner Jesu erkennen seine Dämonenaustreibungen als unbestrittene Tatsache an, bezichtigen ihn allerdings der »schwarzen Magie«, wie es sich auch bei Kelsos und im Talmud widerspiegelt.

Der platonische Philosoph Kelsos verfasste um 178 n. Chr. eine den christlichen Büchervernichtungen zum Opfer gefallene, aus der Gegenschrift des Origenes aber fragmentarisch erhaltene Abrechnung mit dem Christentum. Dabei erhob er unter Verweis auf eine jüdische Quelle den Vorwurf, Jesus habe sich zum Erwerb magischen Wissens in Ägypten aufgehalten und seine Wunder seien dem Bereich betrügerischer Magie zuzuweisen (Orig., Cels. I,6.28.68). Der Talmud behauptet, Jesus alias Ben Pandera sei wegen Zauberei hingerichtet worden. Zudem erfolgt eine sekundäre Identifikation Jesu mit dem jüdischen Magier Ben Stada (bSanh 67a; bSchab 104b). Dieser war zum Tode durch Steinigung verurteilt worden, weil er Götzendienst betrieben, auf seinen Körper magische Zeichen aus Ägypten eintätowiert und gegen den Sabbat verstoßen hatte.

Jesus entkräftet den Vorwurf des Beelzebulbündnisses durch die Bildworte vom in sich gespaltenen Reich als widersinnig. Da der Satan niemals gegen seinen eigenen Herrschaftsbereich des Bösen vorgehen würde, kommt nicht er, sondern allein Gott als die hinter Jesu Wundern stehende höhere Macht in Betracht. Das Gleichnis Mk 3,27 »Niemand aber kann in das Haus des Starken hineingehen und ihm den Hausrat rauben, wenn er nicht zuvor den Starken bindet; und dann wird er sein Haus ausrauben« illustriert dies als eine Art Kommentar. Das Binden des Starken spielt auf die Entmachtung des Satans an. Im antiken Judentum wurde erwartet, dass Gott den Satan am Ende der Tage in einem Vernichtungsgericht binden und im Gegenzug wie einst zu Paradieszeiten wieder die uneingeschränkte Herrschaft über seine Schöpfung ausüben werde. Mit dieser Wiederaufrichtung der Königsherrschaft Gottes verband sich die Hoffnung auf ein Ende von Krankheit und Leid, da das Böse ein für allemal ausgeschaltet war. Eine jüdische Apokalypse aus der Zeit Jesu, die »Himmelfahrt des Mose«, bringt dies anschaulich auf den Punkt: »Und dann wird seine [Gottes] Herrschaft über seine ganze Schöpfung erscheinen, und dann wird der Teufel nicht mehr sein und die Traurigkeit wird mit ihm hinweg genommen sein (10,1).«

Jesus teilte dieses Denken seiner Zeitgenossen mit einem ganz entscheidenden Unterschied. Er ging davon aus, dass der Teufel schon endgültig entmachtet sei und Gott bereits gegenwärtig mit der Wiederaufrichtung seiner Herrschaft begonnen habe. Besonders deutlich erhellt dies aus Lk 10,18 »Ich sah den Satan wie einen Blitz vom Himmel fallen«, wo sich vermutlich eine Art Berufungsvision Jesu widerspiegelt. Der nach traditioneller Auffassung (Hiob 1,6-2,6) im Himmel als Ankläger der Menschen vor Gott befindliche Satan hat diese Stellung verloren. Das Binden des Satans in Mk 3,27 meint genau das Gleiche. Gott hat den Satan ein für allemal entmachtet. Die ihm unterstellten bösen Geister sind damit herrenlos geworden und können in Form von Dämonenaustreibungen bekämpft werden. Weil der Starke gebunden ist, kann man in sein Haus eindringen und es berauben. Daher spricht man mit Recht von Jesu Dämonenaustreibungen als Nachhutgefechten in einem bereits entschiedenen Kampf gegen das Böse. Sie sind der Anfang vom Ende der Satansherrschaft. Die Wiederaufrichtung der Gottesherrschaft hat allgemein sichtbar begonnen und bricht sich in den Wundern Bahn: »Wenn ich mit dem Finger Gottes die Dämonen austreibe, ist das Reich Gottes auf euch gekommen« (Lk 11,20). Im Weichen der Dämonen manifestiert sich im Kleinen bereits der Anbruch jener neuen Welt, die gemeinhin erst für das Ende der Tage erwartet wurde. Diese Vergegenwärtigung endzeitlichen Heils in Heilungswundern ist singulär und stellt einen unverwechselbaren Zug Jesu dar. Entfernt vergleichen lassen sich die ebenfalls von Urzeit-Endzeit-Entsprechungen geprägten Wunder der jüdischen Zeichenpropheten. Diese erhofften sich allerdings keine Wiederherstellung des paradiesischen Schöpfungszustandes, sondern eine Wiederholung der Exoduswunder mit Ende der Fremdherrschaft über Israel. Außerdem hat Jesus Zeichenforderungen und Schauwunder strikt abgelehnt (Mk 8,12; Mt 4,1-11).

Der Wortüberlieferung sind damit die entscheidenden theologischen Bezüge der Dämonenaustreibungen Jesu entnehmbar. Für Details seiner Wunderpraxis, insbesondere was das Krankheitsbild und die Heiltechniken betrifft, sind wir auf die Erzählüberlieferung angewiesen. Dort ist allerdings damit zu rechnen, dass die Gemeinde Jesus nach dem Vorbild anderer

Wundertäter porträtierte. Reflexe konkreter Dämonenaustreibungen werden ein ganzes Stück weit derart in vorgeformte Erzählschemata gepresst, dass die unverwechselbaren Konturen Jesu verschwimmen und ihm typische Züge eines antiken Magiers eingeprägt werden.

Zum Auftakt seines Wirkens im Markusevangelium heilt Jesus in der Synagoge von Kapernaum einen Mann, der von einem bösen Geist besessen ist (Mk 1,21-28). Als Krankheit ist vermutlich Epilepsie vorausgesetzt, da Mk 1,26 »und es zerrte ihn der unreine Geist hin und her« auf einen epileptischen Anfall hindeutet. Der antike Volksglaube sah in allen negativen Widerfahrnissen des Lebens, nicht zuletzt in Krankheiten böse Mächte am Werk, die er sich personal als Dämonen vorstellte. Insbesondere bei Epilepsie und bei dissoziativen Persönlichkeitsstörungen, wo ein Mensch aufgrund stark abweichender, teilweise Furcht erregender Verhaltensmuster nicht mehr als sein eigener Herr erscheint, wähnte man den Dämon noch im Körper der erkrankten Person. In der griechischen Medizin wurde bereits mit der Hippokrates zugeschriebenen Schrift »Über die heilige Krankheit« (5. Jh. v. Chr.) die volkstümliche Rückführung der Epilepsie auf übernatürliche Ursachen scharf bekämpft und gegen magische Heilkunst heftig polemisiert. Wir finden Jesus in weiter Ferne von wissenschaftlicher Medizin, die im palästinischen Judentum ohnehin kaum verbreitet war, auf der Seite volkstümlichen Dämonenglaubens wieder.

Die Heilung Mk 1,25 vollzieht sich dementsprechend durch Bedrohung des Dämons mit Verstummungsbefehl und Ausfahrwort. Die Bedrohung des Krankheitsgeistes zählt zu den typischen Dämonenaustreibungspraktiken der Antike. Allerdings ist dafür in hellenistischen Wundertraditionen einschließlich der magischen Papyri niemals das Mk 1,25 gewählte *epitimān* belegt. Dieses griechische Wort ist die Übersetzung des hebräischen *gyr*, welches seinerseits in jüdischen Traditionen vielfach im Zusammenhang mit Dämonenaustreibungen begegnet. Locus classicus ist Sach 3,2 »JHWH bedrohe dich, Satan«, das in magischen Zeugnissen des antiken Judentums eine festgeprägte Dämonenaustreibungsformel darstellt. Vielleicht hat Jesus wie andere jüdische Wundertäter den Dämon durch Rezitation von Sach 3,2 bedroht. Dies stünde in Einklang damit, dass er Gott als eigentlichen Urheber seiner Dämonenaustreibungen benennt und dies mit anderen jüdischen Wundertätern teilte (Lk 11,19f.). Für das Ausfahrwort hingegen finden sich in den sogenannten griechischen Zauberpapyri, magischen Handbüchern aus Ägypten, unmittelbare Parallelen. Dort ist in drei Exorzismusformularen ein genau wie in Mk 1,25 mit »Geh aus ihm heraus!« *(exelthe)* formulierter Ausfahrbefehl an Krankheitsgeister belegt. Entweder hat Jesus sich solcher Praktiken bedient, wie sie auch für pagane Magier der Antike charakteristisch waren, oder aber sein Wirken wurde von den Erzählern der Wundergeschichten dergestalt ausgemalt, wie sie es aus der Magie ihrer Umwelt kannten.

Bei dem gleich von einer ganzen Legion Dämonen besessenen Gerasener (Mk 5,1-20) deuten sämtliche Züge des Handelns auf eine selbstzerstörerische Persönlichkeitsstörung hin. Er ist gewalttätig und auch durch Ketten nicht zu bändigen, läuft unbekleidet herum, wählt Grabstätten als bevorzugten Aufenthaltsort und fügt sich mit Steinen Verletzungen zu. Es handelt sich um einen Menschen, der zutiefst an sich selbst verzweifelt und dessen gesamtes Leben von quälenden Gegensätzen bestimmt ist. Die Austreibung des Dämons vollzieht sich erneut durch ein mit »Geh hinaus!« formuliertes Ausfahrwort (Mk 5,8). Daneben spiegeln sich weitere magische Praktiken der Antike wider. Zunächst ist die Namenserfragung Mk 5,9 zu nennen. Dem antiken Volksglauben zufolge gibt es einen Grad von Besessenheit, in dem nicht mehr der kranke Mensch selbst, sondern der in ihm weilende Dämon sich verbal artikuliert. Die Befragung von Dämonen sucht zum gezielten Vorgehen gegen sie Kenntnis über ihren Namen oder ihre Herkunft zu gewinnen. Psychologisch lässt sich Mk 5,9 als einfühlende Frage nach der inneren Befindlichkeit des seelisch kranken Geraseners deuten und gibt ihm die Chance, als ersten Schritt zur Heilung dem Wundertäter das ganze Ausmaß seiner inneren Zerrissenheit mitzuteilen.

Wie tief sich diese darstellt, wird an der Antwort »Legion ist mein Name, denn wir sind viele« deutlich. Der unreine Geist namens Legion symbolisiert die verhasste römische Besatzungsmacht. Es zeigte sich, dass der Glaube an Dämonen und Besessenheit immer auch ein soziales Konstrukt darstellt, das in Krisensituationen gehäuft auftritt und es Menschen ermöglicht, in einer gesellschaftlich akzeptierten Form auf ihre verzweifelte Lage aufmerksam zu machen und Hilfe einzufordern. In einer Gesellschaft wie dem von römischer Fremdherrschaft gezeichneten Palästina der Zeit Jesu ist damit zu rechnen, dass unter dem politischen wie sozialen Druck der Besatzungssituation zerbrechende Menschen ihre mentalen Störungen in einem Hilfeschrei als dämonische Besessenheit artikulierten. Der Gerasener jedenfalls gibt sich als höchst multiple Persönlichkeit zu erkennen. Er ist nicht mehr er selbst, sondern sein Ich wird von mehreren tausend Besatzungssoldaten beherrscht, die in seiner Seele herummarschieren und über die er keinerlei Befehlsgewalt besitzt. Aus diesem drastischen Krankheitsbild erklärt sich die Einschickung der Dämonen in ein neues Objekt. Die Ausfahrt böser Geister soll möglichst sichtbar geschehen und sie bedürfen dauerhaft eines neuen Aufenthaltsortes, damit eine Rückkehr ausgeschlossen ist. Während der jüdische Exorzist Eleazar den Dämon infolge magischer Manipulation bei der Ausfahrt ein Wasserbecken umwerfen lässt und Apollonius von Tyana den ausfahrenden Dämon zur Zerstörung einer Säule zwingt, schickt Jesus die Legion von Geistern in eine Herde von 2000 Schweinen ein, die sich anschließend ins Wasser stürzt. Dabei handelt es sich um phantastische Symbolhandlungen, die ein Verpuffen der verdrängten Aggressivität zum Ausdruck bringen und dem Geheilten eine dauerhafte Verbannung der Dämonen aus seiner Seele suggerieren. Die Heilung des Geraseners gewinnt zudem symbolische revolutionäre Bedeutung (J.D. Crossan), indem die verhasste römische Besatzungsmacht sinnbildlich im See Genezareth ertrinkt.

Bei dem von einem stummen Geist besessenen Knaben (Mk 9,14-29) handelt es sich ohne jeden Zweifel um einen Epileptiker. Dies zeigt bereits die matthäische Charakterisierung der Krankheit als Mondsucht (Mt 17,15), eine in der Antike weit verbreitete Bezeichnung für Epilepsie, weil man die Abstände der epileptischen Anfälle durch den Mond gesteuert sah.

Der Dämon »reißt den Knaben herum und er schäumt und knirscht mit den Zähnen und wird ausgezehrt« (Mk 9,18). Ganz ähnlich lautet in der hippokratischen Medizin die wissenschaftliche Diagnose von Epilepsie »und Schaum fließt aus dem Mund und die Zähne sind zusammengepresst« (Hippocr., Morb. Sacr. 7,1). Eine mit Mk 9,14-29 eng verwandte Heilung eines Epileptikers durch einen uns unbekannten syrischen Exorzisten wird von dem Satiriker Lukian von Samosata (120-185 n. Chr.) wiedergegeben: »Vielmehr kennen alle den Syrer aus Palästina, der darin Fachmann ist, wieviele er auch an die Hand nimmt, die vor dem Mond niederfallen und die Augen verdrehen und mit Schaum ihren Mund füllen – dennoch richtet er sie auf und schickt sie fort, normal im Geist. Und für großen Lohn befreit er sie von den Schrecklichkeiten. Denn wenn er bei den Daliegenden steht und fragt, woher sie hineingegangen seien in den Leib, dann schweigt der Kranke selbst, der Dämon aber antwortet, griechisch oder barbarisch sprechend, woher er auch immer sei, wie und woher er in den Menschen hineinging. Der aber beschwört den Geist, und für den Fall, dass er nicht gehorcht, droht er und treibt den Dämon aus. Ich sah sogar einen schwarzen und rauchigen der Farbe nach.«[33]

Zudem erlitt der epileptische Knabe bereits lebensgefährliche Anfälle in der Nähe von Feuer- und Wasserstellen (9,22). Da vorübergehender Sprachverlust eine Begleiterscheinung von Epilepsie darstellt, gilt der Dämon als »sprachloser und stummer Geist« (9,25). Die Austreibung dieses Krankheitsgeistes vollzieht sich wie in Mk 1,25 durch Bedrohung und Ausfahrwort. Letzteres ist allerdings nunmehr auch um ein Rückkehrverbot bereichert. In dieser Praktik spiegelt sich die auch Mt 12,43-45 artikulierte Befürchtung, dass ausgetriebene Krankheitsgeister zurückkehren können und deshalb besondere Schutzmaßnahmen erforderlich sind. Dabei ergeben sich in der Darstellung des Wunderwirkens Jesu wiederum frappierende Parallelen zu Eleazar und Apollonius von Tyana, denn beide haben in Analogie zu Jesus bei der Austreibung Dämonen mit einem Verbot der Rückkehr in den Besessenen belegt.

Unter dem Strich zeigt sich, dass Jesus in Übereinstimmung mit dem antiken Volksglauben Persönlichkeitsstörungen, Epilepsie und andere Leiden auf Besessenheit zurückführte. Folgerichtig ist er mit Dämonenaustreibungen dagegen vorgegangen. Zudem erfährt Besessenheit in seinem exorzistischen Handeln als öffentlicher dramatischer Aufführung eines Wandels eine Aufsprengung, indem die Identität der Besessenen neu konstituiert und ihre soziale Stellung in der Gesellschaft neu bestimmt wird (C. Strecker). Im Blick auf die Techniken spricht Jesus selber lediglich davon, dass er »mit dem Finger Gottes«

Dämonen austreibt (Lk 11,20). Aus den synoptischen Wundererzählungen wird die Bedrohung des Dämons – vielleicht mit Sach 3,2, wie es für andere jüdische Wundertäter belegt ist – als zentrale Wundertechnik ersichtlich. Daneben kann Jesus, soweit die Wiedergabe seiner Wundertaten nicht vorgegebenen Erzählmustern folgt, in gewissem Umfang auch Ausfahrworte, Befragungen, Einschickungen und Rückkehrverbote an die bösen Geister gerichtet haben. Die Dämonenaustreibungen werfen damit gezielt die Frage auf, ob Jesus Magier war.

In der Forschung wird dies vielfach bejaht. Otto Böcher zeigt, dass das Neue Testament recht unbefangen am dämonistischen Weltbild der Antike festhält, und entwirft skizzenhaft ein Bild von Jesus als magisch begabten Exorzisten, der allein durch den Gottesbezug und die eschatologische Perspektive seiner Wunder unverwechselbare Züge trägt. Morton Smith versucht aus den Evangelien das in sich stimmige Bild einer magischen Laufbahn Jesu zu rekonstruieren, die mit der Taufe einsetzt und dem Abendmahl endet. Die Wunder Jesu seien vollständig dem Repertoire des Magiers entnommen, das durch den Talmud und den Christengegner Kelsos vermittelte Bild von Jesus als zwielichtigem Magier sei grundsätzlich zutreffend. Dass sich in den Evangelien selber nur spärliche Hinweise auf magische Praktiken Jesu finden, hält Smith für bedeutungslos. Hier greift die These vom »unterdrückten Beweismaterial«. Aus apologetischen Motiven heraus seien die Wundergeschichten einer »defensiven Zensur« mit Tilgung magischer Züge Jesu unterworfen worden. Während für Smith Magie gleichbedeutend mit Scharlatanerie und Quacksalberei ist, stellt sie für John Dominic Crossan nicht mehr als eine abweichende, von den herrschenden Kräften nicht gutgeheißene Form religiösen Verhaltens dar. Er begreift Jesus als einen in der Tradition von Elia, Elisa und Choni stehenden subversiven Magier, der eine ideale Vision von einer besseren Gesellschaft hatte und über ein fest umrissenes, aus »magic and meal« bestehendes soziales Programm verfügte.

In der Tat gibt es gute Gründe, die These von Jesus als Magier nicht derart vorschnell zurückzuweisen, wie dies oft der Fall ist. Das Erscheinungsbild des Dämonenaustreibers Jesus in den Evangelien, auch wenn es auf erzählerischer Ausschmückung beruhen mag, deckt sich ein ganzes Stück weit mit dem antiker Magier. Über weite Strecken ist auch die Wirkungsgeschichte vergleichbar. Dem Namen Jesu wird innerhalb und außerhalb des Christentums magische Bedeutung beigemessen. Wie Pythagoras und Apollonius erfreut sich auch Jesus in den griechischen Zauberpapyri hoher Wertschätzung. Zudem teilt Jesus das Geschick des Pythagoras, Empedokles oder Apollonius, von den eigenen Anhängern nicht zuletzt wegen der Wunder als übermenschliches Wesen verehrt, von den Gegnern hingegen der betrügerischen Magie bezichtigt zu werden. Die Evangelien verfolgen daher in Übereinstimmung mit antiken Theios-Anēr-Biographien wie der Apolloniusvita des Philostrat oder der Pythagorasdarstellung des Jamblichus teilweise die Absicht, magische Züge zu reduzieren und die Lehre aufzuwerten. Auf der anderen Seite sind an der These von Jesus als Magier erhebliche Abstriche vorzunehmen. Mit seinen Wunderheilungen deckt Jesus nur ein kleines Segment dessen ab, was zum Repertoire eines antiken Magiers zählt. Liebeszauber, Verfluchung von Prozessgegnern, Rezepte zur Erlangung von Reichtum und dergleichen mehr sind von Jesus nicht überliefert. Solche Aspekte, die Magie zu einer problembehafteten Erscheinungsform von Religion machen, beispielsweise die Zwangsbeeinflussung von Gottheiten, die Durchsetzung fragwürdiger Wünsche oder gar die Schädigung von Menschen, erweisen sich für Jesu Wunder als bedeutungslos. Zumindest für einen Teil der Wunderheilungen Jesu trifft zudem zu, dass sie ungleich stärker durch persönliche Ausstrahlung als durch magische Techniken bewirkt werden. Allem Anschein nach sind Jesu Wunder das Resultat eines vielleicht durch die Vision Lk 10,18 ausgelösten Prozesses, indem er sich nach Entwicklung einer eigenständigen, von präsentischen Heilsbezügen beherrschten Eschatologie von Johannes dem Täufer löste und im Horizont der einsetzenden Wiederaufrichtung der Gottesherrschaft charismatische Wunderheilungen zu vollbringen begann.

Dämonenaustreibungen stehen im Zentrum des Wunderwirkens Jesu. Entscheidend ist ihr eschatologischer Horizont. Jesus sah den Satan bereits vernichtet und die Wiederaufrichtung des Gottesreiches im Gange. Wo die Dämonen weichen, wird der kranke Mensch in seinen schöpfungsgemäßen Zustand zurückversetzt und der heilvollen Gottesherrschaft zum Durchbruch verholfen. Mit antiken Magiern teilt Jesus in gewissem Umfang die Dämonologie, die Wunderpraktiken und die Wirkungsgeschichte, ohne dass er einer der uns bekannten breiteren Strömungen der jüdischen oder paganen Magie zugeordnet werden könnte. Die eschatologische Perspektive seiner Dämonenaustreibungen ist singulär und macht sie unverwechselbar.

Aufgabe:
- John Dominic Crossan betrachtet die Dämonenaustreibungen Jesu als »Kolonialexorzismen« und beruft sich nicht zuletzt auf Frantz Fanons nachfolgende Beschreibung der Zustände im französisch besetzten Algerien. Äußern Sie sich zur Tragfähigkeit dieser These, nachdem Sie sich bei H. Conzelmann/A. Lindemann, Arbeitsbuch zum Neuen Testament, UTB 52, Tübingen ^{13}2000, 169-176, mit den politischen Gegebenheiten in Palästina zur Zeit Jesu vertraut gemacht haben.

> Weil der Kolonialismus eine systematische Negation des anderen ist, eine blindwütige Entschlossenheit, dem anderen jedes menschliche Attribut abzustreiten, treibt er das beherrschte Volk dazu, sich ständig die Frage zu stellen: »Wer bin ich eigentlich?« Die Abwehrmechanismen, die aus dieser gewaltsamen Konfrontation des Kolonisierten mit dem Kolonialsystem entstehen, organisieren sich zu einer Struktur, in der sich die kolonisierte Persönlichkeit offenbart. Um diese »Empfindlichkeit« zu verstehen, braucht man nur die Anzahl und die Tiefe der Wunden zu untersuchen, die einem Kolonisierten während eines einzigen unter dem Kolonialregime verbrachten Tages zugefügt werden ... Wenn in der Kolonisierungsperiode, in der es noch keinen bewaffneten Widerstand gibt, die Summe der schädlichen Reizungen eine bestimmte Schwelle überschreitet, brechen die Abwehrmechanismen der Kolonisierten zusammen; sie finden sich dann in beträchtlicher Anzahl in den psychiatrischen Kliniken wieder. In dieser ruhigen Periode einer gelungenen Kolonisierung gibt es also eine regelrechte und umfangreiche Psychopathologie, die unmittelbar von der Unterdrückung hervorgerufen wird.[34]

2. Krankenheilungen

Lit.: MAISCH, I., Die Heilung des Gelähmten, SBS 52, Stuttgart 1971. – MEIER, J.P., A Marginal Jew, New York 1994, 678-772. – PESCH, R., Jesu ureigene Taten?, Freiburg 1970. – TRUMMER, P., Die blutende Frau, Freiburg 1991. – DERS., Daß meine Augen sich öffnen, Stuttgart ^{2}1999.

Jesus hat nicht nur Besessenheit, sondern auch andere Krankheiten geheilt. Krankheit beinhaltet dabei immer auch eine sozio-kulturelle Dimension, indem sie eine schwerwiegende Entwertung des sozialen Status mit sich bringt. In dem Jesuswort Lk 13,32 werden Dämonenaustreibungen und Heilungen in einem Atemzug erwähnt. Während bei ersteren eine unmittelbare Konfrontation mit dem bösen Geist stattfindet, ist dies bei letzteren nicht der Fall. Die Krankheit kann zwar als dämonisch verursacht gelten, doch von der Anwesenheit böser Geister ist nichts zu spüren. An die Stelle des Machtkampfes zwischen Wundertäter und Dämon treten Bilder einer heilenden Kraftübertragung.

Auch die Heilungsgeschichten wollen nicht als historische Protokolle gelesen werden, sondern sind vom Glauben und der Verkündigung der Gemeinde geprägt. Sie zeigen wenig Interesse an medizinischen Diagnosen und sind vom Erzählstil her in hohem Maße traditioneller Topik verpflichtet. Auch wenn man daher bei weitem nicht alles für bare Münze nehmen kann, führen sie doch mehrheitlich auf Ereignisse aus dem Leben Jesu zurück und werfen Licht auf dessen Heilungstätigkeit. Ein Großteil der Heilungswunder wird allein durch das Charisma Jesu bewirkt, in anderen Fällen agiert Jesus als volkstümlicher Arzt. Dieser Unterschied lässt sich gut an den beiden Blindenheilungen des Markusevangeliums beobachten.

Die Heilung des Blinden von Bethsaida Mk 8,22-26 erfolgt durch Speichel. Jesus ergreift die Hand des Blinden, baut damit ein Verhältnis des Vertrauens auf und führt ihn aus dem Dorf heraus zu einem Ort abseits seiner alten Lebenswelt. Dann spuckt er ihm in die Augen und bedient sich damit einer Augenheiltechnik, die in der antiken Volksmedizin weit verbreitet war. Ganz ähnlich liegt der Fall in Joh 9,1-7, wobei dort ein Gemisch aus Speichel und Erde Verwendung findet.

Als Augenheilmittel ist Speichel in der Naturkunde des Plinius gegen Augenentzündungen, blutende Augen und Augenfluss bezeugt. Der medizinische Schriftsteller Marcellus Empiricus erwähnt ihn als Heilmittel gegen Rauheit der Augen, Augenflecken und grauen Star. Der Arzt Paulus von Aigina empfiehlt Speichel gegen Augenschwielen und führt seine Heilkraft auf eine reinigende Wirkung zurück. Aus Sabbatbestimmungen des Talmud (bSchab 108b) geht hervor, dass auch im antiken Judentum Speichel als Augenheilmittel Verwendung fand, wobei wie in der griechisch-römischen Volksmedizin dem Speichel einer nüchternen Person besondere Heilkraft beigemessen wird.

Eine ganz ähnliche Krankenheilung, wie sie hier von Jesus berichtet wird, ist gleich dreifach bei den Historikern Tacitus, Sueton und Dio Cassius von dem römischen Feldherrn und späteren Kaiser Vespasian überliefert. Beim Einzug in Alexandria 69/70 n. Chr. wandte sich vor dem dortigen Sarapisheiligtum ein beinahe Erblindeter mit der Bitte an Vespasian, ihm die Wangen und die Augenhöhlen mit Speichel zu benetzen. Vespasian kam dem Begehren nach und der Kranke gewann die volle Sehkraft zurück. Eher antidämonische als therapeutische Wirkung hat der Speichel in der Taubstummenheilung Mk 7,31-37, die magische Züge trägt. Offenbar gilt die Zunge des Kranken als dämonisch gebunden. Mit dem Speichel Jesu wird sie gelöst und zugleich der die Zunge bindende Dämon entkräftet.

Eine Besonderheit von Mk 8,22-26 liegt darin, dass sich die Heilung nach der Speicheltherapie schrittweise vollzieht. Der Blinde sieht zunächst die Menschen wie Bäume umherwandeln, hat also nicht sofort die volle Sehkraft wiedererlangt, sondern kann seine Umwelt nur schemenhaft wahrnehmen. Nach nochmaliger Handauflegung auf die Augen stellt sich schließlich die vollständige Heilung ein. Beendet wird die Erzählung mit einem Verbreitungsverbot. Der Geheilte soll nach Hause gehen und sich nicht in seinem Dorf zeigen. Dies dient einer Geheimhaltung der Wunderpraktiken und erinnert an Bestimmungen aus den magischen Papyri. Da Speichel nicht nur in der griechisch-römischen, sondern auch in der jüdischen Volksmedizin ein verbreitetes Augenheilmittel darstellte, kann sich die Heilung von Mk 8,22-26 ohne weiteres in der geschilderten Form abgespielt haben. Die Lokalisierung des Geschehens in Bethsaida geht aber vermutlich erst auf Markus zurück, da die Wunderheilung ursprünglich in der Nähe eines Dorfes spielte, während Bethsaida im 1. Jh. n. Chr. das Stadtrecht besaß. Jesus unterscheidet sich mit der Heilung in Mk 8,22-26 allenfalls unwesentlich von anderen Krankenheilern seiner Zeit. Aus diesem Grunde relativiert und vertieft Markus das Wunder, indem er es im Kontext von Mk 8,18 symbolisch versteht. Zudem liegt das Geheimhaltungsgebot auf einer Wellenlänge mit der markinischen Messiasgeheimnistheorie, da es einem verfrühten Offenbarwerden der Vollmacht Jesu vor der Kreuzigung den Riegel vorschiebt.

Bei der Bartimäuserzählung Mk 10,46-52 handelt es sich um eine alte Lokalüberlieferung aus Jericho, die allerdings kaum aus einem Guss ist. Die Konkurrenz zwischen dem christologischen Hoheitstitel Davidssohn und dem archaischer wirkenden Rabbuni, aber auch Spannungen im Handlungsablauf deuten auf ein Wachstum hin. Der ursprüngliche Kern erzählte wohl in deutlich kürzerer Form davon, wie Jesus die Stadt Jericho besucht, der blind am Wegesrand sitzende Bettler Bartimäus schreiend auf sich aufmerksam macht, Jesus ihn nach seinem Anliegen fragt, dieser die Worte »Rabbuni, dass ich wieder sehe« ausruft und aufgrund seines Glaubens an die Vollmacht Jesu sogleich von seiner Blindheit geheilt wird. Im Laufe der mündlichen Überlieferung richtete sich das Interesse zunehmend auf die Figur des Bartimäus. Es wurde ausgemalt, wie schwer er es hatte, Zugang zum Wundertäter Jesus zu finden (Mk 10,48-50). Ebenfalls neu hinzu kam die Anrede Jesu als Davidssohn, im antiken Judentum ein Titel für den erwarteten Messias (PsSal 17,21). In ihrem ältesten Kern geht die Bartimäusgeschichte auf das geschichtliche Wirken Jesu zurück. Sowohl die Ortsbezeichnung Jericho als auch die namentliche Nennung des Geheilten, Letzteres in neutestamentlichen Wundergeschichten die große Ausnahme, spiegeln geschichtliche Erinnerung wider und deuten auf ein Ereignis hin, das im Wesentlichen tatsächlich so stattgefunden hat.

Über den Heilungsvorgang wird nichts mitgeteilt. Offenbar hat allein das charismatische Wort Jesu dem blinden Bartimäus zu seiner Sehkraft zurückverholfen. Sehstörungen bis hin zu vollständiger Blindheit waren damals ungleich verbreiteter als heute und die für die breiten Bevölkerungsschichten ohnehin unerschwingliche Augenheilkunde steckte in den Kinderschuhen. Wundercharismatiker konnten in vielen Fällen Heilung bringen, nicht zuletzt dann, wenn die Blindheit psychogener Natur war, wie es bei Bartimäus der Fall gewesen zu sein scheint. Jesus ist allerdings, wie wir gesehen haben, als Blindenheiler keine Ausnahme und das führt zugleich in die Zwiespältigkeit solcher Geschichten hinein. Die Heilung des Bartimäus begründet in keiner Weise die Besonderheit Jesu und stellt keinen Beweis für seine Gottessohnschaft dar. Sie birgt im Gegenteil die Gefahr in sich, Jesus als einen von vielen Wunderheilern der Antike zu betrachten und damit den Blick auf seine wirkliche Bedeutung zu verbauen. Das haben bereits diejenigen Christen so empfunden, die beim Weitererzählen zweimal den bekenntnishaften Hilfeschrei »Du Sohn Davids« (10,46f.) einfließen ließen. Sie wollten klarstellen, dass es sich bei dem Blindenheiler Jesus um den erwarteten Messias aus dem Stamm Davids handelt. Damit allerdings ist aus dem Wunderbericht eine christologische Bekenntnisgeschichte geworden.

Die Heilung des Gelähmten in Kapernaum Mk 2,1-12 ist eine der beliebtesten neutestamentlichen Wundergeschichten überhaupt. Dies hängt mit ihrer Anschaulichkeit und dem lebendigen Erzählstil zusammen, nicht zuletzt was den mühsamen Zugang zum Wundertäter durch das abgedeckte Dach des Hauses angeht. Wahrscheinlich wurde die Erzählung sekundär um das Streitgespräch zum Thema Sündenvergebung bereichert. Die Heilung erfolgt durch das Wort »Steh auf, nimm dein Bett und geh!«. Wie in anderen Gelähmtenheilungen (Mk 3,5; Lk 13,12) bewirkt ein charismatisches Wort die Wiederherstellung der Bewegungsfähigkeit. Offenbar handelt es sich in allen Fällen um die Heilung psychogener Lähmungen, wie dies auch aus Epidauros breit bezeugt ist. Unklar bleibt, ob der Zuspruch der Sündenvergebung in Mk 2,5b bereits Bestandteil des sekundären Einschubs ist oder noch zum ursprünglichen Wunderbericht gehört. Sollte Letzteres der Fall sein, wäre die Heilung noch besser nachzuvollziehen. Die Rückführung von Krankheit auf Sünde ist in der Antike, nicht zuletzt im Alten Testament, eine weit verbreitete Vorstellung. Der Zuspruch von Sündenvergebung hat auf diesem Hintergrund entlastende Funktion und setzt Heilungskräfte frei, wie dies auch Jak 5,14-16 deutlich wird.

Auch in weiteren Heilungswundern Jesu wird die Wiederherstellung der Gesundheit durch ein charismatisches Wort oder eine therapeutische Berührung bewirkt. Auffällig ist das völlige Fehlen der Gebetsheilung, die im Alten Testament (1Kön 13,4-6) und bei Chanina ben Dosa eine entscheidende Rolle spielt. So vollzieht sich die Fieberheilung an der Schwiegermutter des Simon Petrus allein durch Handergreifung (Mk 1,31). Allerdings kann es sich ursprünglich um eine Dämonenaustreibung gehandelt haben. Fieber galt im antiken Volksglauben weithin als dämonisch verursacht und Lk 4,39 führt die Fieberheilung deutlich erkennbar auf die Bedrohung eines Fiebergeistes zurück. Den Aussätzigen von Mk 1,40-45 befreit Jesus durch eine Berührung mit der Hand und die Worte »Ich will, werde rein«, die auf das von Vertrauen gekennzeichnete Heilungsbegehren Bezug nehmen, von seinem Leiden. Aussatz (*lepra*) ist in der Antike ein Sammelbegriff für unterschiedlichste Hautkrankheiten, allen voran Schuppenflechte. Es könnte sich um die Spontanheilung eines psychogenen Hautleidens handeln. Vielleicht verdankt sich die Erzählung aber auch erst einer christologischen Überbietung des Elisawunders in 2Kön 5. Gänzlich aus dem Rahmen fällt die Heilung der blutflüssigen Frau Mk 5,25-34. Jesus scheint mit magischer Kraft geladen, die ohne sein Zutun durch einfache Berührung wirksam gemacht werden kann. Wie bei anderen Heilungswundern wird dabei allerdings der Glaube der hilfsbedürftigen Person im Sinne eines besonderen Vertrauens in den Wundertäter herausgestellt.

Die Wunderheilungen Jesu verdanken sich überwiegend dem Ausstrahlungsvermögen seiner Person und der Anwendung volkstümlicher Heilpraktiken. Sie sind an sich nicht einzigartig, sondern gewinnen ihr unverwechselbares Gepräge durch die eschatologische Perspektive. Im Horizont alttestamentlicher Heilsprophetie (Jes 35,5f.) verbürgt die Heilung Blinder, Tauber, Lahmer oder Stummer den Anbruch der messianischen Heilszeit (Mt 11,5). Wie die Dämonenaustreibungen stehen damit auch die Krankenheilungen Jesu im Licht einer neuen Zeit. In ihnen gewinnt mitten in der gegenwärtigen Welt die Gottesherrschaft Gestalt.

Aufgabe:
- Das Wunder rebelliert gegen die Wirklichkeit und klagt die Überwindung von Krankheit und Not ein. Gerade aus diesen Gründen werden neutestamentliche Heilungswunder zuweilen von behinderten Menschen als Ärgernis empfunden, denn sie leisten latent einer Abwertung nicht normgemäßer Körperlichkeit Vorschub. Setzen Sie sich damit anhand nachfolgender Äußerung von Dorothee Wilhelm auseinander.

> Biblische Heilungsgeschichten gehen mir auf die Nerven. Und zwar massiv. Zum Beispiel die Geschichte von der gekrümmten Frau ... Lukas 13,10-17 ist eine Normalisierungsgeschichte, wie so

ziemlich alle Heilungswunder. Der abweichende Körper wird qua Wunderheilung ein »normaler« Körper, das Auge ist nicht länger irritiert vom Anblick der Abweichenden. Wessen Auge? Nicht das derer, die als abweichend abgebildet werden. Es geht vielmehr um die Sehgewohnheiten der sogenannt »Normalen«, d.h. derer, die der (welcher?) Norm entsprechen. Zu dieser Sehgewohnheit gehört, jede Abweichung vom körperlichen Status der »Normalität« mit Leiden gleichzusetzen. Auf die Heilungsgeschichten übersetzt bedeutet das, daß die »Krüppel«, »Lahmen«, »Blinden«, »Tauben«, »Stummen« per Wunder zum Status der »Normalen« emporgeheilt werden, somit ihr Leiden beendet ist, weil sie endlich so sein können wie die anderen. Die Heilungsgeschichten sind also Geschichten aus der Perspektive derer, die sich selbst für nichtbehindert halten... Die Körper der Abweichenden sollen sich ändern, nicht ihre Umgebung. Die kann sich durch das Ereignis der Heilung in ihrer unirritierten Normalität bestätigt fühlen. Daß jemand mit einer Behinderung leidet, wird zum Problem des betroffenen Körpers statt der betroffenen Umgebung.[35]

3. Heilungen am Sabbat

Lit.: DIETZFELBINGER, C., Vom Sinn der Sabbatheilungen Jesu, EvTh 38 (1978) 281-298. – LINDEMANN, A., »Der Sabbat ist um des Menschen willen geworden...«, WuD NF 15 (1979) 79-105. – LOHSE, E., Jesu Worte über den Sabbat, in: ders., Die Einheit des Neuen Testaments, Göttingen ²1976, 62-72. – SCHALLER, B., Jesus und der Sabbat, in: ders., Fundamenta Judaica, STUNT 25, Göttingen 2001, 125-147.

Eine eigenständige Gruppe unter den Wundern Jesu machen die in Streitgesprächsituationen eingebundenen Heilungen am Sabbat aus. Der älteste Bericht dieser Art findet sich Mk 3,1-6. Darüber hinaus ist auch im lukanischen Sondergut und im Johannesevangelium davon die Rede, dass Jesus am Sabbat heilte oder Dämonen austrieb.

Bei den drei Sabbatheilungsberichten der synoptischen Tradition – neben Mk 3,1-6 noch Lk 13,10-17 und 14,1-6 – steht nicht das Heilungswunder an sich, sondern der daraus resultierende Konflikt um den Sabbat im Mittelpunkt. Die Heilung eines Mannes mit verdorrter Hand, einer seit achtzehn Jahren gelähmten Frau und eines Wassersüchtigen tragen Jesus den Vorwurf des Sabbatbruchs ein, den er mit einem autoritativen

Wort von sich weist. Der Form nach handelt es sich also nicht um stilechte Wundergeschichten, sondern um Streitgespräche oder Normenwunder. Wohl keine dieser Traditionen ist aus einem Guss geformt. In Mk 3,1-6 und Lk 13,10-17 ist damit zu rechnen, dass im Laufe des mündlichen Überlieferungsprozesses ein ursprünglicher Wunderbericht nachträglich zu einem Sabbatkonflikt ausgeweitet wurde, während es sich bei Lk 14,1-6 um eine lukanische Komposition auf der Grundlage des Jesuswortes Lk 14,5 handeln dürfte. Im Johannesevangelium werden die Heilung des Gelähmten in 5,1-47 (mit dem als Fortsetzung gedachten Abschnitt 7,15-24) und die Heilung des Blindgeborenen in Joh 9,1-41 im Nachhinein recht unvermittelt als Sabbatheilungen ausgegeben, womit sie eine ganz neue Wendung erhalten. Alle Sabbatheilungen der Evangelien stehen somit im Verdacht, von Hause aus keinen Sabbatbezug zu beinhalten, vielmehr erst im Laufe der Zeit um dieses konfliktträchtige Thema bereichert worden zu sein. Allerdings sind dabei authentische Jesusworte wie Mk 3,4; Lk 13,15; Lk 14,5 oder Joh 7,22f. eingeflossen, die von Anfang an der Kommentierung und Rechtfertigung von Heilungen oder Dämonenaustreibungen am Sabbat gedient haben. Der jetzige Rahmen dieser Logien spiegelt also die ursprüngliche Situation sachgerecht wider und ist von geschichtlicher Erinnerung an Jesu Haltung gegenüber dem Sabbat geprägt.

Das Gebot der Sabbatheiligung (Ex 20,10/Dtn 5,14) rief, wie es beispielsweise auch bei unserer Feiertagsgesetzgebung der Fall ist, nach Auslegungsbestimmungen und der Regelung von Ausnahmen. Diese entwickelten sich in der mündlichen Tradition und wurden später im Mischnatraktat *Schabbat* kodifiziert, der die 39 am Sabbat verbotenen Hauptarbeiten festlegt (Schab VII,2) und medizinische Behandlungen am Sabbat untersagt, soweit sie sich nicht als Nebeneffekte erlaubter Nahrungsaufnahme oder Körperpflege einstellen. Das in therapeutischer Absicht erfolgende Baden verrenkter Gliedmaßen beispielsweise war am Sabbat verboten. Stellte sich aber beim gewöhnlichen Waschen Heilung ein, war dagegen nichts einzuwenden. Eingeschränkt wird das grundsätzliche Verbot der Sabbatheilung durch das Axiom, dass die Rettung eines Menschenlebens dem Sabbatgebot übergeordnet ist und es im Zweifelsfall außer Kraft setzt. Zugleich entwickelt sich eine vielfältige Kasuistik darüber, in welchen Fällen eine unmittelbare Gefährdung menschlichen Lebens besteht. So durfte man bei Halsschmerzen im Zweifelsfall am Sabbat Medizin einflößen. Der aus den Sabbatworten der Evangelien erkennbare Rechtfertigungszwang Jesu zeigt deutlich, dass er auch solche Krankheiten am Sabbat geheilt hat, die nicht lebensbedrohlich waren. Jesus verstieß damit gegen alle zeitgenössische Auslegung des Sabbatgebotes und geriet wie Choni oder Chanina ben Dosa, wenn auch aus völlig anderen Gründen, als Wundercharismatiker in Konflikt mit Pharisäern. Die Rechtfertigung für sein Verhalten liefert er in den Sabbatworten.

Die beiden Logien Mt 12,11/Lk 14,5 und Lk 13,15 bieten einen Rückschluss vom Kleineren auf das Größere. Ist die Rettung gefährdeten oder die Tränkung dürstenden Viehs am Sabbat erlaubt, dann gilt dies erst recht für heilvolles Handeln an hilfsbedürftigen Menschen. In einem ähnlichen Argumentationsverfahren wird Joh 7,22f. aus der am Sabbat erlaubten Beschneidung die Rechtmäßigkeit von Sabbatheilungen abgeleitet – das Gebot der Beschneidung am achten Tage (Lev 12,3) setzte, wenn dieser auf den Sabbat fiel, die Feiertagsruhe außer Kraft. Noch einen Schritt weiter geht Mk 3,4 »Soll man am Sabbat Gutes tun oder Böses tun, Leben erhalten oder töten?« Die Verweigerung der Heilung am Sabbat gilt hier als Tun des Bösen und wird mit Töten gleichgesetzt, obgleich es sich in Mk 3,1-6 um eine chronische Lähmung handelt, deren Heilung ohne weiteres einen Tag Aufschub geduldet hätte. Leben bedeutet mehr als nur Überleben. Deshalb begnügt sich Jesus nicht mit der Heilung lebensbedrohlicher Leiden am Sabbat, sondern macht jeden kranken Menschen heil. Noch grundsätzlicher argumentiert Mk 2,27 »Der Sabbat wurde um des Menschen willen gemacht und nicht der Mensch um des Sabbats willen«. Ohne den Sabbat als göttliche Ordnung in irgendeiner Weise in Frage zu stellen, wird das Wohlergehen des Menschen der Sabbateinhaltung sachlich übergeordnet und dabei schöpfungstheologisch mit der Genesis 1-2 entnehmbaren Erschaffung des Menschen vor dem Sabbat argumentiert. Es handelt sich um ein eigenständiges Logion, das später in Zusammenhang mit dem Ährenraufen am Sabbat gebracht wurde.

Mit guten Gründen lässt sich ein ursprünglicher Bezug zu Wunderheilungen am Sabbat vermuten, da in der rabbinischen Tradition das ganz ähnliche Wort »Euch ist der Sabbat übergeben und nicht seid ihr dem Sabbat übergeben« einer Rechtfertigung von Sabbatheilungen dient – dort aber nur auf Krankheiten bezogen, bei denen Lebensgefahr besteht.

Warum hat Jesus mit seinen Heilungen das Sabbatgebot gebrochen, das in neutestamentlicher Zeit zu einem der wichtigsten Bestandteile des Gesetzes geworden war und als Identitätsmerkmal gegenüber der nichtjüdischen Welt hervorgehobene Bedeutung besaß? Um dies in voller Tiefe zu verstehen, ist ein Blick auf das zeitgenössische Sabbatverständnis notwendig. Der Sabbat versinnbildlicht als Ruhetag Gottes die Vollendung der Schöpfung und gewinnt im antiken Judentum im Rahmen von Urzeit-Endzeit-Entsprechungen immense Symbolkraft für das kommende Heil. Der Sabbat gilt als Abbild oder ein Sechzigstel der zukünftigen Welt, die dann ein gänzlicher Sabbat sein wird. Deshalb verhielt man sich am Sabbat so, als ob die kommende Heilszeit bereits präsent sei. Das Element der Freude und des Festlichen drängte alles andere in den Hintergrund. Der Sabbat wurde mit schönen Kleidern und reichhaltigem Essen und Trinken, nämlich drei Pflichtmahlzeiten gefeiert, Fasten war verboten. Krankheit und Leid wurden ausgeblendet, um die Sabbatfreude nicht zu trüben. Bei den Schammaiten, der im Vergleich zu den Hilleliten gesetzesstrengeren Richtung innerhalb des Pharisäertums, ging dies so weit, dass am Sabbat für Kranke weder gebetet noch ihnen ein Besuch abgestattet werden sollte.

Auch Jesus war der Überzeugung, dass sich der Sabbat als Abbild der künftigen Heilszeit nicht mit Krankheit und Leid verträgt, zog daraus aber andere Konsequenzen. Wenn der Sabbat in besonderer Weise die Schöpfermacht Gottes widerspiegelt und das zukünftige Heil zeichenhaft vergegenwärtigt, dann erschien dieser Tag geradezu dafür bestimmt, an ihm Dämonenaustreibungen und Krankenheilungen im Horizont der anbrechenden Gottesherrschaft vorzunehmen. Dabei ging es Jesus nicht um mutwilligen Sabbatbruch oder gar Abschaffung des Sabbats, sondern im Gegenteil um die Wiederherstellung der ursprünglichen Bestimmung des Sabbats als eines

Feiertags, welcher der Schöpfung des Menschen zeitlich nachgeordnet und daher dem menschlichen Wohlergehen sachlich untergeordnet ist. Der Sabbat gewinnt seine eigentliche Bestimmung als Sinnbild der vollendeten Schöpfung zurück, indem der kranke Mensch in den der Schöpfungssituation entsprechenden Heilszustand zurückversetzt wird. Wenn sich im endzeitlichen Sabbat die Herrschaft Gottes als Heilwerden des Menschen vollzieht, dürfte Jesus im Bewusstsein der nahe gekommenen Gottesherrschaft der Überzeugung gewesen sein, gerade am Sabbat heilen zu können oder sogar zu müssen. In Form prophetischer Zeichenhandlungen suchte er durch dieses Handeln an kranken Menschen den eigentlichen Sinn des Sabbats aufzuweisen. Die Sabbatheilungen Jesu sind damit nicht nur dadurch motiviert, die Praxis der Liebe über die starre Auslegung des Gesetzes zu erheben, sondern analog zu den Dämonenaustreibungen sind sie auch unmittelbarer Ausdruck der im Anbruch begriffenen, durch eine Wiederherstellung der Schöpfungssituation gekennzeichneten Gottesherrschaft.

Im antiken Judentum waren Sabbatheilungen nur dann erlaubt, wenn Lebensgefahr vorlag. Jesus hat am Sabbat bewusst auch solche Menschen geheilt, die nicht lebensbedrohlich erkrankt waren. Er tat dies, um dem Sabbat seine ursprüngliche Bestimmung als Vollendung der Schöpfung wiederzugeben und die Gegenwart der als endzeitlicher Sabbat gedachten Gottesherrschaft sichtbar zu machen.

Aufgabe:
- Die Einschätzungen darüber, welche Stellung Jesus mit seinen Sabbatheilungen zur Tora einnimmt und inwieweit er sich damit noch im Rahmen des Judentums bewegt, fallen sehr unterschiedlich aus. Überprüfen Sie die nachfolgenden Äußerungen von Leonhard Goppelt und David Flusser auf ihre Tragfähigkeit.

Die Perikope Mk 3,1-6 geht von der wohl zutreffenden Vorstellung aus, daß Jesus des öfteren am Sabbat Heilungen vollzog ... Im Blick auf die beabsichtigte Heilung fragt er nach Mk 3,4: »Ist es am Sabbat erlaubt, Gutes zu tun oder Böses zu tun, ein Leben zu retten oder zu töten?« Diese Frage entwickelt eine Alternative, die das gesamte Verhalten des Menschen umgreift. Der Parallelismus des Logions besagt: Gut ist es, Leben zu retten; böse ist es,

Leben zu töten. Das ist eine totale Forderung: immer und überall so wirken, daß dadurch Leben im Sinne Gottes möglich wird! Was besagt neben diesem umfassenden Grundsatz noch der Hinweis auf den Sabbat? Sichtlich hat das Sabbatgebot daneben keine eigenständige Bedeutung mehr. Es wird von diesem Grundsatz gleichsam verschlungen. Der Grundsatz ist nichts Geringeres als ein Ausdruck der totalen Forderung Jesu, wie wir sie in der Bergpredigt finden. So ergibt sich: Jesus hebt *das Sabbatgebot* als selbständige Einzelsatzung in einer *überbietenden totalen Forderung* auf ... Die Pharisäer beschließen zusammen mit den Parteigängern des Herodes, Jesus wegen dieses Verhaltens zu beseitigen. Auch diese Folgerung ist sachgemäß. Jesus vertritt nicht eine andere Auslegung des Sabbats, über die man diskutieren kann. Er hebt das Sabbatgebot als solches und damit das Gesetz, die Grundlage des Judentums, auf. Daher bleibt ihm gegenüber nur die Alternative: Man stellt sich zu seinem totalen Anspruch, der das Sabbatgebot aufhebt, oder man hält das Gebot fest und stößt ihn aus dem Judentum aus.[36]

Es gibt natürlich bei Jesus eine ihm eigentümliche Problematik in seiner Beziehung zum Gesetz und seinen Geboten, aber diese entsteht bei einem jeden gläubigen Juden, wenn er sein Judentum ernst nimmt. Wir werden sehen, wie die Stellung Jesu zum Gesetz in den Evangelien durch eine ihm fremde Sichtweise häufig unkenntlich wurde. Aber selbst in den synoptischen Evangelien wird noch das Bild des gesetzestreuen Juden Jesus bewahrt, wenn sie aus ihrer Zeit heraus gelesen werden ... Jesus, als Wunderheiler schon bekannt, trifft am Sabbat in einer Synagoge einen Mann, dessen Hand erstorben war, der also chronisch und nicht akut lebensgefährlich krank ist. Wird nun Jesus diesen Mann heilen? Das tat er allerdings, aber durch Worte, was eine erlaubte Handlung war. Dabei hat er sowohl durch diese Tat als auch durch seinen Spruch gezeigt, was der Sinn des Sabbats ist. Natürlich reizte er dadurch die Frömmler, die ihn bei einer verbotenen Handlung nicht ertappen konnten.[37]

4. Totenerweckungen

Lit.: FISCHBACH, S.M., Totenerweckungen, FzB 69, Würzburg 1992. – KOLLMANN, B., Totenerweckungen in der Bibel – Ausdruck von Protest und Zeichen der Hoffnung, in: Ebner, M./Zenger, E. (Hg.), Leben trotz

Tod (JBTh 19/2004), Neukirchen-Vluyn 2005, 121-141. – KREMER, J., Lazarus, Stuttgart 1985. – PETZKE, G., Historizität und Bedeutsamkeit von Wunderberichten, in: Betz, H.D./Schottroff, L. (Hg.), Neues Testament und christliche Existenz (FS H. Braun), Tübingen 1973, 367-385.

Totenerweckungen sind durch die Rückführung verstorbener Personen in neues irdisches und damit weiterhin vergängliches Leben gekennzeichnet. Sie stellen eine gesteigerte Form von Heilungswundern dar, da die erkrankte Person beim Eintreffen des Wundertäters bereits verstorben ist oder zu sein scheint. Im Neuen Testament begegnen drei solcher Berichte. Besonders in der Lazarusgeschichte zeigt sich, in welchem Maße im Glauben der Gemeinde das heilvolle Handeln des irdischen Jesus transparent auf die endgültige Überwindung der Todesmacht durch den auferstandenen Herrn ist.

In der apokryphen Jesustradition ist dann ein Wildwuchs volkstümlichen Wunderglaubens erkennbar. Wahllos werden die phantastischsten Totenerweckungen auf Jesus übertragen. Im Kindheitsevangelium des Thomas lässt der noch nicht einmal sechs Jahre alte Jesus voller Zorn einen Knaben, der ihn angerempelt hatte, auf der Stelle tot umfallen (4,1-2) und erweckt ihn später wieder auf (8,2). Ein vom Dach gefallener Spielkamerad, für dessen Tod man Jesus verantwortlich macht, wird ins Leben zurückgerufen, damit er Jesu Unschuld bezeugen kann (9,1-3). Zudem wird ein auf dem Krankenbett verstorbenes Kind (17,1-2) und ein auf der Baustelle tödlich verunglückter Arbeiter von dem knapp zwölfjährigen Jesus wiedererweckt.

Die Totenerweckung Mk 5,22-24.35-43 wurde erst von Mk mit der Heilung der blutflüssigen Frau verschachtelt. Der Synagogenvorsteher Jairus bittet Jesus in sein Haus, damit er die kranke Tochter durch Handauflegung heile. Zur gleichen Zeit bereits treffen Boten ein, um den inzwischen eingetretenen Tod des zwölfjährigen Mädchens zu verkünden. Die Altersangabe erhöht die Dramatik des Todesfalles, denn das Mädchen ist unmittelbar vor Erreichen der Heiratsfähigkeit verstorben. Jesus begibt sich trotzdem in das Haus des Synagogenvorstehers, entfernt das Publikum und bewirkt durch Handergreifung und Aussprechen der Worte »Mädchen, steh auf!« (*talitha kum*) die Wiederbelebung. Vermutlich handelt es sich um eine traditionelle jüdische Heilformel, die bei unterschiedlichen Krankheiten Anwendung fand. Die Wunderpraktiken Jesu erweisen sich als erfolgreich. Das Mädchen erhebt sich, wandelt umher und erhält zum Erweis des wiedergewonnenen Lebens etwas zu essen (Mk 5,43).

Bei der Frage, was sich tatsächlich zugetragen haben könnte, gehen die Meinungen weit auseinander. Der Rationalismus des 19. Jh. ging von Scheintod aus, der in der Antike ein weit verbreitetes und von Ärzten intensiv erörtertes Phänomen darstellte. Die Worte von Mk 5,39 »Das Mädchen ist nicht tot, sondern schläft« sind allerdings kein Hinweis in diese Richtung, sondern bezeichnen den Tod euphemistisch als Schlaf oder wollen Jesu Herrschaft über die Macht des Todes demonstrieren. Phantasievolle rationalistische Erklärungsmuster begegnen auch heute noch. So rechnet man damit, dass Jesus das wegen niedrigen Blutzuckerspiegels im Koma befindliche Mädchen durch Nahrungszufuhr wieder zu sich brachte (M. Wilcox), oder meint, die Tochter des Jairus habe sich dem Eintritt ins Erwachsenenalter gegenüber mit einem Totstellreflex verweigert und sei durch Jesus von ihrer Angst befreit worden (E. Drewermann). Die mythologische Wunderhermeneutik hingegen betrachtet die Erzählung als ungeschichtliches Produkt des urchristlichen Messiasglaubens. Sie sei aus den Totenerweckungen des Elia und Elisa entwickelt worden, um Jesus als eschatologischen Propheten darzustellen, der das Wirken aller Propheten vor ihm einholt und überbietet. In der Tat sind einige Anklänge vor allem an das Elisawunder 2Kön 4,8-37 erkennbar. Beide Erzählungen gehören zu jenem Typus von Totenerweckungen, in denen sich der Wundertäter ins Haus der verstorbenen Person begibt. Außerdem wird hier wie dort das Publikum entfernt. Allerdings reichen die Parallelen nicht so weit, dass sie eine Übertragung des Elisawunders auf Jesus nahe legten. Zudem könnten konkrete Details wie Name und Stellung des Vaters auf geschichtliche Erinnerung hindeuten. Eine gewisse Plausibilität kommt dann der Vermutung zu, der Jairusgeschichte habe ursprünglich ein Heilungswunder Jesu zugrunde gelegen, das von späteren Erzählern zu einer Totenerweckung gesteigert und ausgemalt wurde.

Die Erweckung des Jünglings von Nain (Lk 7,11-17) stammt aus dem lukanischen Sondergut. In der Nähe von Nain begegnet Jesus einem Leichenzug. Aus dem Stadttor wird ein Toter zu der außerhalb der Stadtmauern liegenden Begräbnisstätte herausgetragen. Wenn es sich um den einzigen Sohn einer Witwe handelt, erhöht dies wiederum die Dramatik des Todesfalles, da der Versorger und Rechtsvertreter der Frau verstorben ist. Anders als sonst greift Jesus ungebeten ein. Er tritt an die Totenbahre, den nicht geschlossenen Kastensarg, heran und berührt sie. Nachdem er so den Leichenzug zum Stillstand gebracht hat, richtet er an den toten Jüngling ein ähnliches Wort, wie es uns Mk 5,41 begegnete: »Junge, ich sage dir, steh auf!« Der Tote erwacht sofort und beginnt zu sprechen.

Bei der Erhellung der Entstehungsgeschichte sind neben der alttestamentlichen Tradition auch hellenistische Wundererzählungen zu berücksichtigen, die auf Lk 7,11-17 eingewirkt haben können. Unverkennbar ist die Auferweckung des Jünglings von Nain erzählerisch so ausgestaltet, dass sie die Erinnerung an das Wunder des Propheten Elia (1Kön 17,17-24) wachruft. In beiden Fällen handelt es sich bei dem toten Kind um den Sohn einer Witwe, wobei die Erweckung eine göttliche Legitimation des Wundertäters nach sich zieht. Wie Elia erweist sich Jesus durch sein Wunder als großer Prophet. Die Exposition Lk 7,12 (»als er aber nahe an das Stadttor kam«) lehnt sich unmittelbar an 1Kön 17,10 (»und als er an das Stadttor kam«) an. Die Wendung »und er gab ihn seiner Mutter« aus der alttestamentlichen Erzählung kehrt in Lk 7,15 sogar wörtlich wieder. Zudem dient in beiden Geschichten die wiedergewonnene Sprachfähigkeit zur Beglaubigung des Wunders. Diese Übereinstimmungen haben zu der Annahme geführt, die lukanische Wundergeschichte sei eine Nachbildung von 1Kön 17,17-24. Gegen diese Vermutung sperren sich indes zu viele Erzählzüge, die in dem Eliawunder kein Vorbild haben, hingegen in hellenistischer Tradition begegnen. Es geht um Erzählungen über Asklepiades von Prusa und Apollonius von Tyana, wo die Erweckung nicht in einem Haus stattfindet, sondern der Wundertäter dem Leichenzug unvermittelt begegnet und spontan seine Hilfe anbietet, wie dies in Lk 7,11-17 der Fall ist.

Asklepiades von Prusa wirkte in der ersten Hälfte des 1. Jh. v. Chr. und trug als Begründer der Methodikerschule maßgeblich zur Etablierung der wissenschaftlichen Medizin in Rom bei. Besondere Berühmtheit erlangte er durch eine Wiederbelebung, die am ausführlichsten von Apuleius (Florida 19,92-96) geschildert wird. Asklepiades nähert sich aus wissenschaftlicher Neugier einem Leichenzug, diagnostiziert bei dem Verstorbenen, der bereits zur Feuerbestattung auf dem Scheiterhaufen eingesalbt war, durch Abtasten des Leibes noch Spuren verborgenen Lebens und bringt ihn unter Verwendung bestimmter Medikamente, wohl am ehesten Riechmittel, wieder zum Leben. Übrigens tut er dies zum großen Verdruss der Verwandtschaft, die das Erbe schon unter sich aufgeteilt hatte. Es handelt sich, wie auch der Parallelbericht des medizinischen Schriftstellers Celsus bestätigt, um ärztliches Eingreifen. Asklepiades, unter dessen siebzehn namentlich bekannten wissenschaftlichen Schriften sich auch eine Abhandlung über Atmung und Pulsschlag befand, erweist sich als Repräsentant einer alten medizinischen Tradition, die über die physiologischen Grundlagen des Scheintodes und entsprechende Gegenmaßnahmen reflektiert.

Noch enger sind die Parallelen zwischen dem Wunder Jesu und der Erweckung eines jungen Mädchens, das in Rom direkt während der Hochzeit gestorben war, durch Apollonius (Philostr., Vit. Apoll. IV,45). In beiden Fällen liegt ein besonders dramatischer Todesfall vor. Sowohl Jesus als auch Apollonius begegnen dem von einer großen Volksmenge begleiteten Trauerzug, fordern ein Unterlassen des Weinens oder stellen dies in Aussicht, ergreifen ohne Hilfsbegehren aus eigenen Stücken die Initiative und bewirken die Wiederbelebung, indem die tote Person bzw. deren Sarg berührt und wunderwirksame Worte an sie gerichtet werden. Zudem dient hier wie dort speziell die wiedergewonnene Sprachfähigkeit zum Erweis des eingetretenen Wunders. Philostrat deutet die Möglichkeit an, dass das Mädchen scheintot war.

Man wird also auch hier eine irgendwie geartete Beeinflussung in Rechnung stellen müssen. Da Philostrat mehr als hundert Jahre nach Lukas schreibt, könnte seine Apolloniuserzählung theoretisch sogar ein bewusster Gegenentwurf zu Lk 7,11-17 sein. Diese Auffassung wird allerdings kaum noch vertreten, da bei Philostrat nichts auf eine Kenntnis des Neuen Testaments hindeutet und der Typus der hellenistischen Totenerweckungserzählung, wie das Beispiel des Asklepiades zeigt, zeitlich weit zurückreicht. Umgekehrt lässt sich für die Erweckung des Jünglings von Nain nicht einfach die Übertragung einer hellenistischen Legende auf Jesus postulieren, da dies keine Erklärung für die Einflüsse aus 1Kön 17 böte. Wahrscheinlich ist Lk 7,11-17 in einem Milieu entstanden, in dem sowohl der alttestamentliche als auch der hellenistische Typus der Totenerweckungserzählung bekannt war und gleichermaßen auf das Jesusbild einwirken konnte. Das für die Traditionsbildung in Lk 7,11-17 verantwortliche Christentum konnte Jesus in der Heidenmission als einen Wundertäter präsentieren, der hellenistischen Totenerweckern in nichts nachsteht, und ihn gleichzeitig Juden als den Endzeitpropheten nahebringen, der Elia mehr als ebenbürtig ist. Lukas misst der Totenerweckung eschatologische Qualität zu, indem er sie als Erfüllung prophetischer Verheißungen und Ausdruck des endzeitlichen Handelns Gottes versteht (Lk 7,22).

Die eindrücklichste neutestamentliche Totenerweckung ist die des Lazarus in Joh 11,1-44. Das durch Dialogszenen interpretativ erschlossene Wunder ist dem Evangelisten ein Sinnbild für die Auferstehung zu ewigem Leben und wird ursprünglich ungefähr folgenden Wortlaut gehabt haben:

»Es war aber einer krank, Lazarus aus Bethanien. Da sandten die Schwestern zu Jesus und ließen ihm sagen: Herr, siehe, der, den du lieb hast, ist krank. Als Jesus kam, fand er Lazarus schon vier Tage im Grabe liegen. Jesus nun kam zum Grab. Es war aber eine Höhle und ein Stein lag davor. Jesus sprach: Hebt den Stein weg! Da hoben sie den Stein weg. Jesus aber rief mit lauter Stimme: Lazarus, komm heraus! Und der Verstorbene kam heraus, gebunden mit Grabtüchern an Füßen und Händen, und sein Gesicht war verhüllt mit einem Schweißtuch. Jesus spricht zu ihnen: Löst die Binden und lasst ihn gehen!«

Dieser Wunderbericht weist Übereinstimmungen mit der Jairusgeschichte auf, da Jesus auch hier zu einer kranken, bis zu seinem Eintreffen bereits verstorbenen Person gerufen wird, das Wunder sich durch ein Befehlswort vollzieht und danach eine Anordnung folgt. Allerdings ist der gesamte Vorgang massiv gesteigert. Lazarus weilt bereits am vierten Tage in der Grabstätte, einer mit Stein verschlossenen Höhle, und befindet sich schon im Verwesungszustand. Besonders spektakulär erscheint damit das Ende der Geschichte, wo der wiederbelebte Lazarus, nach wie vor mit Grabtüchern umwickelt, aus der Höhle herausschreitet. Wenn es um die kontroverse Frage nach der Geschichtlichkeit geht, wird immer wieder das lukanische Gleichnis vom reichen Mann und armen Lazarus ins Feld geführt und die Vermutung geäußert, die Wundergeschichte von Joh 11 sei eine erzählerische Ausgestaltung von Lk 16,30 »Aber wenn irgendeiner von den Toten zu ihnen ginge, so würden sie Buße tun.« Werde die Rückkehr des verstorbenen Lazarus auf die Erde im lukanischen Gleichnis gefordert, so sei sie bei Johannes nun als Tatsache erzählt, indem Lazarus zum Helden einer Auferstehungsszene wird. Näher dürfte die Annahme liegen, dass eine Heilungshandlung Jesu nachträglich zu einer Totenerweckung gesteigert wurde, wie es bereits für die Jairusgeschichte denkbar erschien.

Für Johannes gewinnt das Wunder eine theologische Bedeutung, die weit über die ursprüngliche Intention der Erzählung hinausgeht. Es ist Vorabbildung der Auferstehung Jesu und gleichzeitig augenfällige Demonstration der uneingeschränkten Herrschaft Jesu über die Macht des Todes. Erzählerisch werden Bezüge zwischen der Auferweckung des Lazarus und der Auferstehung Jesu hergestellt, indem in beiden Fällen ein Felsengrab die letzte Ruhestätte darstellt, der Leichnam in Leinentücher gebunden und das Haupt mit einem Schweißtuch umhüllt ist. Die Auferweckung des Lazarus, bei der es nur noch vordergründig um die Rückkehr in nach wie vor vergängliches Leben geht, gewinnt Vorbildcharakter für die Auferstehung der Toten, die der Evangelist zugleich als ein Heilsgut begreift, das der Glaubende bereits gegenwärtig besitzt (11,24-26). Der Tod im alten Sinne ist bedeutungslos geworden, denn wer Jesus im Glauben ergreift, hat bereits Anteil am ewigen Leben.

Letztlich wird deutlich, dass die Totenerweckungen der Evangelien entscheidend von alttestamentlicher wie hellenistischer Wundertradition geprägt sind, wobei im Falle der Jairustochter und des Lazarus Krankenheilungen nachträglich zu Totenerweckungen ausgemalt worden sein könnten. Die neutestamentlichen Wunderberichte, allen voran die Lazarusgeschichte, haben nicht die Heilung scheintoter Personen zum Inhalt, sondern erheben deutlich den Anspruch, von der Auferweckung tatsächlich Verstorbener Kunde zu geben. Es handelt sich um Glaubensgeschichten, die den Sieg Jesu über den Tod verkündigen. Da die Erweckung von Toten in jüdischer Tradition einen festen Bestandteil des endzeitlichen Handelns Gottes ausmacht, konnten die Totenerweckungen Jesu bereits in der Logienquelle im Lichte von Jes 26,19 als Geschehnisse der messianischen Heilszeit gedeutet werden (Mt 11,5). Während die traditionelle Zukunftserwartung für das Ende der Tage mit der Wiederaufrichtung der Gottesherrschaft und der Erweckung der Toten rechnete, hatte dies nach Überzeugung des frühen Christentums exemplarisch bereits mit dem Auftreten Jesu begonnen. Im Wunderhandeln des irdischen Jesus kündigt sich aus der Perspektive des Osterglaubens die Überwindung des Todes schon zeichenhaft an.

Die neutestamentlichen Totenerweckungen wollen aus der Perspektive des Osterglaubens vom Sieg Jesu über die Macht des Todes Kunde geben. Jesus wird unter Rückgriff auf alttestamentliche wie hellenistische Wundertradition als messianischer Endzeitprophet porträtiert, der sich in der Auferweckung Toter gleichermaßen mit den großen Wunderpropheten Elia und Elisa wie mit griechisch-römischen Gottmenschen messen kann. Einzelne Totenerweckungen Jesu dürften auf Heilungswunder zurückgehen, die im Nachhinein gesteigert wurden.

Aufgabe:
- Folgende Berichte illustrieren das Phänomen des Scheintods in Antike und Gegenwart. Machen Sie sich durch einen Vergleich mit Joh 11,1-44 klar, wie die Evangelien von tatsächlichen Totenerweckungen Kunde geben wollen, indem sie das Bekenntnis von Jesus als der Auferstehung und dem Leben entfalten.

Es kann mich sehr wohl jemand fragen: »Wenn es sichere Zeichen des bevorstehenden Todes gibt, wie kommt es denn, dass mitunter von den Ärzten aufgegebene Kranke wieder gesund werden, ja dass einige sogar beim Leichenbegängnisse wieder lebendig geworden sein sollen?« Selbst der mit Recht berühmte Demokritus lehrte: »Nicht einmal die Kennzeichen des erfolgten Todes, welche die Ärzte angenommen hätten, seien zuverlässig«, und umso weniger gibt er zu, dass man sichere Anzeichen für den bevorstehenden Tod hat. Hierauf will ich nicht einmal erwidern, dass oft einander sehr nahe stehende Kennzeichen täuschen können, wenn auch nicht die guten, wohl aber die unerfahrenen Ärzte; dies wusste Asklepiades wohl, als er, einem Leichenzuge begegnend, ausrief: »Der, welcher da hinausgetragen wird, lebt noch!«, und dass, wenn der Arzt einen Fehler begeht, derselbe nicht gleich der ärztlichen Kunst zur Last gelegt werden darf. Gemäßigter will ich nur folgendes hinzufügen: Die Heilkunde beruht auf Vermutungen und diese können mitunter täuschen, wenn sie auch oft sich als richtig erwiesen haben.[38]

> **»Leiche« öffnete plötzlich die Augen**
>
> Rio de Janeiro (dpa) Großer Schreck für Teilnehmer einer Totenwache in Brasilien: Rentner Joao Batista öffnete 36 Stunden nach seinem vermeintlichen Ableben im Sarg in einem Bestattungsinstitut in Sao Paulo plötzlich die Augen, wie Medien gestern berichteten. Sofort wurde ein Krankenwagen gerufen. Doch auf dem Weg in die Klinik starb Batista »erneut, und diesmal offenbar richtig«, wie es weiter hieß.[39]

5. Naturwunder

Lit.: BROER, I., Noch einmal: Zur religionsgeschichtlichen Ableitung von Jo 2,1-11, SNTU A 8 (1983) 103-123. – DERS., Das Weinwunder zu Kana (Joh 2,1-11) und die Weinwunder der Antike, in: Mell, U./Müller, U.B. (Hg.), Das Urchristentum in seiner literarischen Geschichte (FS J. Becker), Berlin/New York 1999, 291-308. – KRATZ, R., Rettungswunder, EHS XXIII,123, Frankfurt a.M. u.a. 1979. – SCHENKE, L., Die wunderbare Brotvermehrung, Würzburg 1983. – SCHMITHALS, W., Wunder und Glaube, BSt 59, Neukirchen-Vluyn 1970, 56-68. – YARBRO COLLINS, A., Rulers, Divine Men, and Walking on the Water (Mark: 6:45-52), in: Bormann, L. u.a. (Hg.), Religious Propaganda and Missionary Competition in the New Testament World (FS D. Georgi), NT.S 74, Leiden 1994, 207-227.

Unter den Sammelbegriff Naturwunder ordnet man all diejenigen Wundererzählungen der Evangelien ein, in denen ein unmittelbarer Eingriff in das Naturgeschehen erfolgt. Innerhalb der Naturwunder lässt sich zwischen Geschenkwundern, Rettungswundern und Epiphanien, in denen die göttlichen Züge Jesu besonderes offen zu Tage treten, unterscheiden. Völlig aus dem Rahmen fällt die wohl aus dem Gleichnis Lk 13,6-9 entwickelte Verfluchung des Feigenbaums (Mk 11,12-14.20-21) als einziges Strafwunder der Evangelien.

Wenn die mythologische oder religionsgeschichtlich-kerygmatische Erklärung der Wunder Jesu irgendwo im Recht ist, dann bei den Naturwundern. Bereits ihr Fehlen in der Logienquelle wie überhaupt in der Wortüberlieferung gibt zu ernsten Zweifeln an ihrer Geschichtlichkeit Anlass. Dass sie im frühen Christentum nicht unbedingt zu den charakteristischen Taten

Jesu gerechnet wurden, zeigt auch ihre Nichterwähnung in den Summarien. In der vorliegenden Gestalt handelt es sich bei den Naturwundern ganz eindeutig um theologische Lehrerzählungen, die hochgradig durch alttestamentliche oder hellenistische Wundertradition beeinflusst sind. Sie wollen vom Osterglauben her die göttliche Macht des erhöhten Christus veranschaulichen und tragen sie in das Bild des irdischen Jesus ein, indem dieser eine über alles Menschliche hinausgehende Befähigung gewinnt. Dies schließt geschichtliche Haftpunkte nicht aus, zumal Überlieferungen selten aus dem Nichts geschaffen werden.

In Geschenkwundern werden auf überraschende Weise materielle Güter in außergewöhnlichem Maße bereitgestellt. Dies kann durch eine Notlage motiviert sein oder spontan mit demonstrativem Charakter erfolgen. Das bekannteste Geschenkwunder der Evangelien ist die wunderbare Brotvermehrung. Der im Wesentlichen Mk 8,1-10 entsprechende älteste Bericht handelte davon, wie Jesus am See Genezareth eine Menge von 4000 Menschen mit sieben Broten und einigen Fischen sättigte und noch sieben Körbe übrig blieben. Später wurde die Erzählung zu einer Speisung der 5000 gesteigert (Mk 6,30-44). Die Entstehung dieser Tradition verdankt sich einem Zusammenwirken mehrerer Faktoren. In alttestamentlich-jüdischer Tradition wurde das zukünftige Heil, unseren Vorstellungen vom Schlaraffenland vergleichbar, mit dem Bild üppigen Essens und Trinkens umschrieben (Jes 25,6). Jesus hat diese Zukunftshoffnungen in die Gegenwart hinein geholt, indem er die Gottesherrschaft nicht nur in den Farben eines großen Festmahls schilderte (Lk 14,16-24), sondern auch deren Anbrechen durch seine Mahlgemeinschaften mit Zöllnern und Sündern zeichenhaft zum Ausdruck brachte. In dieser von Jesus erweckten und in tatsächlichen Mahlgemeinschaften umgesetzten Hoffnung auf eine im Anbruch begriffene neue Welt, in der materielle Nöte überwunden und alle Hungrigen satt werden, hat die Geschichte von der wunderbaren Brotvermehrung ihre Wurzeln. Bei der Ausgestaltung zum Wunder hat dann das Brotwunder des Elisa, der 100 Personen mit 20 Broten satt werden ließ (2Kön 4,42-44), eine strukturbildende Vorbildfunktion ausgeübt. Jesus wird als Wunderprophet und endzeitlicher Heilsbringer proklamiert, der die Tat des Elisa bei weitem überbietet. Das Speisungswunder erzählt aus der Perspektive des Glaubens vom Hungerstillen und Sattwerden in der von Jesus herbeigeführten neuen Welt Gottes.

Das Weinwunder von Kana Joh 2,1-11 war für die Religionsgeschichtliche Schule das Beispiel schlechthin für das Eindringen hellenistischer Wundertradition in die Jesusüberlieferung. Die Bereitstellung großer Weinmengen ist für Dionysos, den Gott des Weines, charakteristisch. Im Dionysosheiligtum von Elis verschlossen die Priester, wie antike Schriftsteller berichten, am Vorabend des alljährlichen Dionysosfestes drei leere Kessel in einem versiegelten Gebäude und präsentierten sie, vermutlich durch Manipulation, am nächsten Tag voller Wein. Vielfach ist im Zusammenhang mit Dionysos die Vorstellung bezeugt, dass zu bestimmten Zeiten Wein aus Quellen sprudelt. Dies schließt zumindest vereinzelt auch die Vorstellung einer Verwandlung von Wasser in Wein mit ein. Wenn man deshalb im Weinwunder zu Kana oftmals nur die Übertragung eines Dionysoswunders auf Jesus oder einen christlichen Gegenentwurf zur Dionysoslegende sah, greift dies allerdings zu kurz. Die unermessliche Fülle von Wein ist nicht nur für Dionysos typisch, sondern gleichzeitig in alttestamentlich-jüdischer Tradition ein Sinnbild für die Freuden der Heilszeit. Mit dem Eindringen des Dionysoskults nach Palästina ab dem 2. Jh. v. Chr. kam es zu einer gegenseitigen Befruchtung beider Traditionskreise, die wohl gemeinsam auf Joh 2,1-11 einwirkten. Geschichtlicher Haftpunkt dürfte ein Hochzeitsmahl zu Kana sein, das im Nachhinein zu einem Weinwunder ausgestaltet wurde. Dabei konnte die unvermittelte Fülle des Weines im Horizont der Dionysostradition als Epiphanie des Göttlichen, vor dem Hintergrund der alttestamentlich-jüdischen Weinmetaphorik als Anbruch der neuen Welt Gottes verstanden werden. In der Mission war das Kanawunder dazu geeignet, als christliches Gegenstück zu den Dionysoslegenden die Vollmacht Jesu zu proklamieren. Bei dem wunderbaren Fischfang Lk 5,1-11 als drittem Geschenkwunder der Evangelien könnte es sich um eine nachträglich in das Erdenleben Jesu zurückdatierte Ostergeschichte handeln, wie die Parallele Joh 21,1-14 zeigt. Damit würde sich das im Kontext des Fischfangs befremdliche, vor dem Hintergrund der Verleugnungsszene Mk 14,66-72 dagegen plausible Sündenbekenntnis des Petrus (Lk 5,8) erklären.

In den Rettungswundern der Evangelien geht es um die Befreiung aus akuten Notlagen, insbesondere um die Bewahrung vor feindlichen Naturgewalten. Diese stellte der antike Mensch sich als von Engeln oder Dämonen gesteuerte Mächte vor. Aus diesem Grund trägt die wunderbare Sturmstillung Mk 4,35-41 Züge einer Dämonenvertreibung, indem Wind und Wellen als personifizierte Gewalten mit Drohwort und Schweigebefehl bedacht werden. Die Erzählung ist bereits bei Markus nicht nur christologisch akzentuiert, sondern unterschwellig auch ekklesiologisch eingefärbt. Sie antwortet auf die Frage nach dem Wesen Christi, indem sie von der Furcht erregenden Epiphanie des Gottessohnes als Herr über die Naturgewalten berichtet, nimmt dabei aber auch die Existenznot der Glaubenden in der Situation äußerster Bedrängnis und Anfechtung in den Blick. Matthäus hat die Erzählung konsequent zu einer Nachfolgegeschichte ausgebaut, bei der es nur noch vordergründig um die wunderbare Rettung aus Seenot geht (Mt 8,23-27). Die Sturmstillung bringt als Geschichte gegen die Angst die Gewissheit zum Ausdruck, dass der auf seinen Herrn Vertrauende in den Stürmen des Lebens nicht untergehen wird. Ausgangspunkt der Traditionsbildung, die von der alttestamentlichen Jonaerzählung und anderen antiken Sturmstillungstraditionen inspiriert ist, sind die regelmäßigen Bootsfahrten, die Jesus mit seinen Jüngern über den zuweilen stürmischen See Genezareth unternahm. Stand Jesus im Glauben der Gemeinde erst einmal im Ruf, ein bedeutsamer Wundertäter zu sein, lag es nahe, ihm auch Macht über die Naturgewalten zuzuschreiben.

Beim Seewandel Mk 6,45-52 wird das Rettungswunder von der Epiphanie nahezu völlig überlagert. Das Motiv der Bewahrung in akuter Bedrohung schimmert zwar noch durch, tritt aber deutlich zugunsten der Epiphanie, dem unvermittelten Erscheinen der göttlichen Gestalt, in den Hintergrund. Dies zeigt sich nicht zuletzt an der auffälligen Nähe zu den Ostergeschichten. Die Jünger halten voller Furcht den auf dem Wasser wandelnden Jesus für ein Gespenst (vgl. Lk 24,37), bevor dieser sich mit der für die Ostergeschichten typischen Wiedererkennungsformel »Ich bin es« zu erkennen gibt.

Im Jahr 2006 stellten nordamerikanische und israelische Wissenschaftler die Theorie auf, Jesus sei nicht über das Wasser, sondern auf Eisschollen gewandelt. Vor 1500 bis 2500 habe es in Palästina mindestens zwei längere Kälteperioden gegeben, die das Wasser auf dem See Genezareth hätten gefrieren lassen. Diese abenteuerliche rationalistische Erklärung geht völlig an der Intention des Textes vorbei. Entscheidendes Anliegen von Mk 6,45-52 ist es, das göttliche Wesen Jesu zu erweisen. Das Alte Testament spricht vom Wandeln Gottes über das Wasser (Hiob 9,8). Der griechische Schriftsteller Dio Chrysostomos formuliert programmatisch, dass »von den Menschen unter der Sonne jener der stärkste ist und eine Macht hat, die nicht einmal den Göttern selbst nachsteht, der über die Fähigkeit verfügt, das unmöglich Erscheinende möglich zu machen, der, wenn er nur will, zu Fuß auf dem Meer gehen kann« (Or. III,30). Antike Herrscher wie der Perserkönig Xerxes oder der Seleukidenkönig Antiochus IV. sollen zum Erweis ihrer Göttlichkeit über das Wasser gewandelt sein oder zumindest den Versuch unternommen haben. Aber auch Magiern wie den von dem Satiriker Lukian verspotteten Hyperboräern und »Korkfüßlern« wird die Befähigung zum Wasserwandel zugeschrieben.

Die matthäische Version unserer Erzählung ist um einen Seewandel des Petrus erweitert, der im Vertrauen auf Jesus das Boot verlässt, um es ihm nachzutun, es dann mit der Angst zu tun bekommt und zu versinken droht, bevor er schließlich Rettung erfährt (Mt 14,22-33). Die Geschichte will zeigen, wie der wagemutige Glaube die Kraft zu Grenzüberschreitungen in ungesichertes Gebiet gibt und sich inmitten einer dabei eintretenden Situation von Angst und Existenznot der Geborgenheit durch den Herrn gewiss sein darf.

Die Naturwunder sind legendarische Glaubenszeugnisse der frühen Christenheit, die unter Rückgriff auf alttestamentliche wie hellenistische Wundertradition das Bekenntnis zum gekreuzigten und auferstandenen Herrn entfalten. Sie wollen die göttliche Macht des erhöhten Christus veranschaulichen und zeichnen sie in das Bild des irdischen Jesus ein, indem dieser eine über alles Menschliche hinausgehende Befähigung gewinnt.

Aufgaben:
- Arbeiten Sie die Charakteristika von Mk 4,35-41 im Vergleich mit der alttestamentlichen Jonaerzählung (Jona 1) und folgenden antiken Sturmstillungstraditionen heraus.

> Die Proviantschiffe [der persischen Flotte] aber und die andern Fahrzeuge, die zugrunde gingen, waren gar nicht zu zählen, so daß die Befehlshaber der Seemacht befürchteten, die Thessaler möchten ihr Unglück nutzen und sie angreifen, und rings eine hohe Wehr aus den Schiffstrümmern errichteten. Denn drei Tage hielt der Sturm an. Schließlich aber beschwichtigten ihn die Magier, die dem Wind Menschenopfer darbrachten und ihn mit Zaubersprüchen beschworen, dazu auch der Thetis und den Nereiden opferten, am vierten Tag, oder vielleicht legte er sich auch von selber.[40]

> Rabbi Tachuma erzählte: Es geschah einst, daß ein heidnisches Schiff, auf dem sich ein jüdischer Knabe befand, auf dem großen Meer segelte. Als ein furchtbarer Sturm über ihnen losbrach, stand ein jeder von ihnen [= von den Reisenden] auf, nahm seinen Götzen in die Hand und rief ihn [um Hilfe] an, aber es nützte nichts. Als sie sahen, dass das [Anrufen des Götzen] nichts nützte, sagten sie zu dem jüdischen [Knaben]: Mein Sohn, steh auf, rufe deinen Gott an, denn wir haben gehört, dass er euch erhört, wenn ihr ihn laut [um Hilfe] anruft; er ist doch mächtig. Sogleich stand der Knabe auf, schrie von ganzem Herzen [um Hilfe], woraufhin der Heilige, er sei gepriesen, sein Gebet erhörte, so daß sich das Meer beruhigte.[41]

- Vergleichen Sie den Seewandelbericht Mt 14,22-33 unter Einbeziehung des nachfolgenden Zitats von Johann Peter Eckermann mit Mk 6,45-52 und arbeiten Sie die Intention der Erzählung heraus.

> Ich lese im neuen Testament, und gedenke eines Bildes, das Goethe mir in diesen Tagen zeigte, wo Christus auf dem Meere wandelt, und Petrus, ihm auf den Wellen entgegenkommend, in einem Augenblick anwandelnder Mutlosigkeit sogleich einzusinken anfängt. »Es ist dies eine der schönsten Legenden«, sagte Goethe, »die ich vor allen lieb habe. Es ist darin die hohe Lehre ausgesprochen, daß der Mensch durch Glauben und frischen Mut im schwierigsten Unternehmen siegen werde; dagegen bei anwandelndem geringsten Zweifel sogleich verloren sei.«[42]

V. Wunder im frühen Christentum

1. Wunder in Gemeinde und Mission

Lit.: GEORGI, D., Die Gegner des Paulus im 2. Korintherbrief, WMANT 11, Neukirchen-Vluyn 1964. – HILL, D., False Prophets and Charismatics, Bib 57 (1976) 327-348. – KOLLMANN, B., Jesus und die Christen als Wundertäter, FRLANT 170, Göttingen 1996, 316-348. – POPKES, E.Z., Der Krankenheilungsauftrag Jesu, BThSt 96, Neukirchen-Vluyn 2011.

Wunder waren nicht auf die Zeit Jesu beschränkt, sondern gehörten auch zur Wirklichkeit der Christen nach Ostern. Das Gemeindeleben und die Missionspraxis wurden in vielfältiger Weise davon geprägt. Ein anschauliches Beispiel für innergemeindliche Wundertaten ist der paulinische Charismenkatalog 1Kor 12. Einzelne Christen in Korinth besaßen die Gabe der Heilung (12,9). Ergänzend ist von Machttaten, vor allem wohl Dämonenaustreibungen, als weiteren geistgewirkten Phänomenen die Rede (12,10.28). Es zeigt sich eine ganzheitliche, nicht nur auf das Seelenheil gerichtete Anthropologie, indem die in den Charismen wirksame Lebensmacht des Geistes auch den Leib mit einbezieht und ihn gesund macht. Der Begriff Charisma gibt nicht nur zu erkennen, dass diese Geistesgaben sich der Gnade Gottes verdanken, sondern hebt auch ihren Geschenkcharakter und ihre Unverfügbarkeit hervor. Über die Modalitäten der Krankenheilungen und Machttaten lässt Paulus uns im Unklaren. Zu vermuten sind volkstümliche Heilpraktiken und Exorzismustechniken im Namen Jesu, beides wahrscheinlich von Gebeten begleitet. In nachpaulinischer Zeit ging die Entwicklung dahin, dass das Charisma der Heilung an das kirchliche Amt gebunden wurde und in den Aufgabenbereich der Presbyter fiel (Jak 5,14-16). Das Gebet der Gemeindeältesten und eine Ölsalbung sollten die Kranken gesund machen. Gleichzeitig wurde mit Sünde als Ursache von Krankheit gerechnet und die Möglichkeit eines Schuldbekenntnisses eingeräumt.

Für Wundertaten als Bestandteil missionarischer Werbung kommt der synoptischen Aussendungstradition besondere Bedeutung zu. Jesus hatte nicht nur persönlich Dämonenaustreibungen und Krankenheilungen vollbracht, sondern auch seine

Jünger dazu beauftragt (Mt 10,8/Lk 10,9). Im frühen Christentum dienten diese Überlieferungen als Missionsagenden. Wanderapostel orientierten sich in ihrem Auftreten an den Aussendungsanordnungen Jesu und deren Wunderinstruktionen.

Am deutlichsten tritt dies bei den paulinischen Gegnern im Zweiten Korintherbrief zutage. Diese judenchristlichen Wandermissionare auf den Spuren des Paulus beanspruchten Unterhalt von der Gemeinde und suchten sich durch Wundertaten wie vollmächtige Rede als wahre Apostel und Geistträger auszuweisen. Umgekehrt kritisierten sie Paulus wegen seines Verzichts auf das apostolische Unterhaltsrecht und hielten ihm ein schwächliches Auftreten vor. Aufgrund unzureichender Machttaten verfüge er nicht über die geforderten »Zeichen des Apostels« (2Kor 12,12). Dabei handelt sich um ein gegnerisches Schlagwort, das den in Form von Wundern erfolgenden apostolischen Legitimationserweis bezeichnet. In erster Linie kommen Krankenheilungen und Dämonenaustreibungen, daneben aber auch Visionen und andere wunderbare Geisteswirkungen in Betracht. All dessen konnten die Gegner des Paulus sich rühmen. Mit ihrer Selbstbezeichnung als Arbeiter (2Kor 11,13) stützten sie sich ebenso wie mit ihrer Inanspruchnahme des Unterhaltsrechtes gezielt auf die Missionsinstruktionen der Aussendungstradition (Mt 10,10), die auch für die 2Kor 12,12 erkennbare Hochschätzung von Wundertaten als Apostelzeichen den nächstliegenden Bezugspunkt darstellt.

Der Auffassung, ein Apostel müsse sich in erster Linie durch Wundertaten auszeichnen, dürfte eine Herrlichkeitschristologie entsprochen haben. Die Lehre der Gegner war jedenfalls durch die Verkündigung eines »anderen Jesus« gekennzeichnet (2Kor 11,4). Offenkundig maßen sie der für Paulus zentralen Botschaft vom gekreuzigten Christus (1Kor 1,23) als Verkündigungsinhalt keine besondere Bedeutung bei. Beim Versuch, das gegnerische Jesusbild über diese Abgrenzung hinaus genauer zu bestimmen, ist die Verwurzelung der Gegner in der Aussendungsüberlieferung ein wichtiger Anhaltspunkt. Hinter der Verkündigung eines »anderen Jesus« verbirgt sich vermutlich ein einseitiger Rückgriff auf Überlieferungen vom irdischen Jesus, die bei Paulus eine auffallend untergeordnete Rolle spielen. Dies schließt eine Orientierung der Gegner an

Wundergeschichten mit ein. Sofern Paulus in 2Kor 12,12 auch mit der Präzisierung der Apostelzeichen als »Zeichen und Wunder und Machttaten« die Sprache seiner Gegner aufgreift, stützten diese sich auf eine formelhafte Trias, die Apg 2,22 in der Missionspredigt auf Jesu Wundertaten bezogen wird. Nicht wie bei Paulus das Passionskerygma war für sie Ausgangspunkt der Christologie, sondern Jesu machtvolles Wirken als Wundertäter in Vergangenheit und Gegenwart. Das Jesusbild der Gegner dürfte entscheidend von den neutestamentlichen Wundergeschichten geprägt gewesen sein und gleichzeitig ihr Selbstverständnis bestimmt haben, indem sie sich mit ihren Machttaten als Mittler der Wunderkraft Jesu betrachteten.

Die Gegner des Paulus in Korinth entsprachen vom Auftreten her durchaus dem Normalbild des urchristlichen Wandermissionars. In der Regel beanspruchten Apostel unter Berufung auf die Aussendungstradition Gemeindeunterhalt und maßen neben der Verkündigung auch Dämonenaustreibungen, Krankenheilungen und weiteren Machttaten einen unverzichtbaren Stellenwert bei. Dies ist nicht nur für die Sendboten der Logienquelle als Tradenten der Aussendungstradition wahrscheinlich, sondern auch im Umfeld des Matthäusevangeliums erkennbar. Die auf die Gegenwart der matthäischen Gemeinde transparente Gerichtsszene Mt 7,15-20 belegt die Existenz eines umstrittenen Charismatikertums, das von außen in die Gemeinde eingedrungen war und sich durch Prophetie, Dämonenaustreibungen und andere Wundertaten auszeichnete. Der Evangelist Matthäus steht diesen Wundercharismatikern äußerst kritisch gegenüber, indem er sie als Lügenpropheten abwertet und ihnen die Verwerfung im Endgericht vorhersagt. Christliche Wunderpraxis konnte sich zudem durch fiktive Weisungen des auferstandenen Herrn legitimieren (Mk 16,17f.). In den neutestamentlichen Apokryphen wird dann das Wunderwirken der Apostel ins Unermessliche gesteigert. Auch wenn Wundercharismatiker wegen ihrer Überbetonung der Geistesgaben vielfach ins Abseits gerieten, trugen sie maßgeblich zum Siegeszug der Kirche bei. Kirchenväter wie Irenäus, Tertullian oder Origenes werden nicht müde, dies zu betonen.

»Deshalb tun in dessen [Jesu] Namen auch seine wahren Jünger, die von ihm die Gnade empfangen haben, Wunder, zum Segen der übrigen Menschen, je nachdem jeder das Gnadengeschenk von ihm bekam. Die einen treiben nämlich wirklich und wahrhaftig Dämonen aus, woraufhin die von den bösen Geistern Gereinigten oft den Glauben annehmen und nun in der Kirche sind; andere wissen die Zukunft voraus und haben Gesichte und Weissagungen; noch andere heilen durch Handauflegung die Kranken und machen sie wieder gesund. Auch Tote sind schon erweckt worden, wie ich bereits sagte, und haben noch eine beträchtliche Zahl von Jahren unter uns gelebt. Was weiter? Es lässt sich die Zahl der Gnadengaben nicht angeben, mit denen die Kirche, die sie von Gott empfing, überall auf der Welt im Namen Jesu Christi, der unter Pontius Pilatus gekreuzigt wurde, Tag für Tag zum Segen der Völker wirkt, ohne jemand zu täuschen oder Geld dafür zu nehmen.«[43]

Dämonenaustreibungen und Krankenheilungen waren ein entscheidender Grund für die Ausbreitung des Christentums, das gleichermaßen Heil und Heilung bot. Nicht zu unterschätzen ist der Faktor, dass christliche Wundertaten grundsätzlich unentgeltlich geschahen. Während antike Magier zur Sicherung des Lebensunterhalts die Anwendung ihrer Heilpraktiken von der Zahlungswilligkeit der Kranken abhängig machten und die Tempel der Heilgottheiten zur Deckung des kostenintensiven Kultbetriebs auf Bezahlung angewiesen waren, konnten die von den Ortsgemeinden unterstützten christlichen Wundercharismatiker ohne finanzielle Gegenleistung Heilung bewirken.

Wunder spielten im Gemeindeleben und der Mission des frühen Christentums eine bedeutsame Rolle. In der Gemeinde wurde das Charisma der Krankenheilung bald institutionalisiert und an das Ältestenamt gebunden. Nach außen trugen Wanderapostel, die ihre Legitimität und die Art ihres Auftretens von den Aussendungsanordnungen Jesu ableiteten, mit ihren unentgeltlichen Dämonenaustreibungen und Krankenheilungen entscheidend zur Anziehungskraft des Christentums bei, gerieten allerdings wegen ihrer Überbetonung pneumatischer Fähigkeiten immer wieder in die Kritik.

Aufgaben:
- Die Frage nach Herkunft und Identität der Gegner des Paulus im 2. Korintherbrief wird kontrovers diskutiert. Informieren Sie sich bei F. Lang, Die Briefe an die Korinther, NTD 7, Göttingen 1994, 357-359, über die unterschiedlichen Lösungsversuche.

- Exorzismen im Namen Jesu sind im Protestantismus allenfalls in charismatischen Unterströmungen noch von Bedeutung. Anders sieht dies im Bereich der Römisch-Katholischen Kirche aus, wo das aus dem Jahre 1614 stammende Handbuch »De Exorcismis« seit 1999 in aktualisierter Form vorliegt. Setzen Sie sich anhand des folgenden Textes mit der Frage auseinander, ob der kirchliche Exorzismus noch zeitgemäß ist.

»Mit Freud gegen den Beelzebub«

Neue Vatikan-Regeln für Exorzisten

Rom – Der Vatikan hat nach 385 Jahren das römische Ritual zur Teufelaustreibung überarbeitet und den Exorzisten strenge Auflagen gemacht. Katholische Priester, die im Auftrag ihres Bischofs als Exorzisten tätig werden, müßten »mit äußerster Vorsicht und Umsicht« vorgehen, heißt es in dem am Dienstag vorgestellten Dokument »De Exorcismis«. Nur so könne Besessenheit von psychischen Störungen unterschieden werden. Im Zweifelsfall sollten sich Geistliche Rat bei Psychiatern holen.

»Es gibt weltweit relativ wenige Menschen, die vom Satan besessen sind«, sagte Kardinal Jorge Arturo Medina Estevez, Präfekt der Kongregation für den Gottesdienst. Das 90seitige Dokument entstand in zehnjähriger Arbeit. Vorausgegangen war unter anderem eine Initiative der deutschen Bischofskonferenz. »Mit Sigmund Freud gegen den Beelzebub«, kommentierten italienische Medien.

Amerikanische Psycho-Schocker wie der Film »Der Exorzist« (1973) haben den Kampf mit dem Satan als tödlichen Horror dargestellt. Viele Menschen verbinden mit dem Wort Exorzismus spektakuläre Gruselszenen. »Im Namen Gottes, Satan, geh zur Hölle«, rief der schwarze Erzbischof Emmanuel Milingo vor Scharen von Einheimischen und Touristen in einer tristen Lagerhalle in Norditalien.

»Anzeichen« für Besessenheit

»Anzeichen« für Besessenheit können nach dem neuen Dokument das Sprechen fremder Sprachen, eine unnatürliche körperliche Kraft oder eine irrationale Aversion gegen Gott sein. Die Teufelsaustreibung selbst besteht aus Gesten wie dem Handauflegen, dem Besprengen mit Weihwasser und dem Sprechen von Gebeten. Am Ende schlägt der Priester ein Kreuz, um die Macht Christi über den Teufel zu zeigen.

> In Deutschland machte 1976 ein spektakulärer Todesfall Schlagzeilen: Eine 23jährige Studentin starb nach mehrmonatiger Teufelsaustreibung an Unterernährung. Zwei Priester und die Eltern des Mädchens mussten sich wegen fahrlässiger Tötung vor Gericht verantworten. Schon damals wurde der Ruf der deutschen Bischofskonferenz nach einer schärferen Fassung der Exorzismus-Bestimmungen laut.
>
> ### Exorzismus-Lizenz nur vom örtlichen Bischof
> Die jetzt vorgelegten Regeln sehen neben einer Zusammenarbeit von Priestern und Ärzten auch das Verbot jeglicher »Vermarktung« vor. Teufelsaustreibungen dürften nicht gefilmt oder von Journalisten beobachtet werden. Der Exorzist dürfe weder vor noch nach der Aktion diese bekanntgeben. Das Gebot der Stunde laute: Diskretion. »Leichtgläubige«, die an Zauberei glaubten, sollten geistlichen Beistand erhalten, nicht aber einer Teufelsaustreibung unterzogen werden.
>
> Die Exorzismus-Lizenz könne nur vom örtlichen Bischof einem Priester gegeben werden, der über Wissen verfüge, barmherzig sei und einen einwandfreien Lebenswandel habe. Der Sprecher der Deutschen Bischofskonferenz, Rudolf Hammerschmidt, sagte, jeder Bischof in Deutschland solle einen Priester als möglichen Exorzisten beauftragen. In der Praxis werde diese Vorschrift aber wohl nicht in jedem Bistum eingehalten. »Mir sind keine jüngeren Fälle von Exorzismen in Deutschland bekannt«, sagte er.[44]

2. Die Wunder von Petrus und Philippus

Lit.: BÖTTRICH, C., Petrus, Leipzig 2001, bes. 173-183. – DOBBELER, A. VON, Der Evangelist Philippus in der Geschichte des Urchristentums, TANZ 30, Tübingen 2000. – KLAUCK, H.-J., Magie und Heidentum in der Apostelgeschichte des Lukas, SBS 167, Stuttgart 1996, 24-42. – KOLLMANN, B., Philippus der Evangelist und die Anfänge der Heidenmission, Bib 81 (2000) 551-565.

Die Wundertraditionen der Apostelgeschichte dienen Lukas zum Erweis eines nahtlosen Übergangs von der Zeit Jesu in die Zeit der Kirche. Bedeutsame Gestalten des Urchristentums erscheinen als Träger der von Jesus seinem Jüngerkreis übereigneten Kraft und Vollmacht. Die wunderbaren Zeichen der Heilszeit, die sich im Wirken der alttestamentlichen Propheten bereits ankündigten und mit dem Auftreten Jesu ihren Höhepunkt erreichten, finden in der Zeit der Kirche ihre Fortsetzung. Diese lukanische Gestaltungstendenz gründet auf der nicht zu bezweifelnden Tatsache, dass die frühchristlichen Apostel und Missionare nach dem Vorbild Jesu Dämonenaustreibungen und Krankenheilungen vollzogen haben. Neben Paulus stechen dabei besonders Petrus und Philippus hervor.

Für Philippus den Evangelisten aus dem Siebenerkreis um Stephanus, nicht zu verwechseln mit dem Apostel Philippus, werden zumindest die Konturen eines bedeutsamen Wundercharismatikers sichtbar. Seine Wirksamkeit war in Übereinstimmung mit der Aussendungstradition durch eine Kombination von Wortverkündigung und Wundertaten, namentlich Dämonenaustreibungen und Gelähmtenheilungen, gekennzeichnet (Apg 8,7). Über diese summarische Notiz hinausgehende Details sind nicht bekannt. Sofern Philippus bei seiner Mission in Samaria tatsächlich auf Simon Magus traf und ihn mit seinen Machttaten in die Schranken wies, wie es Apg 8,9-13 berichtet, begegneten sich zwei vom Typus her ähnliche Wundercharismatiker. Im Anschluss an die Episode mit dem äthiopischen Kämmerer ist von einer geistgewirkten Entrückung die Rede. Der zwischen Jerusalem und Gaza missionierende Philippus findet sich unvermittelt in Azot wieder (Apg 8,39f.). Diese legendarische Tradition ruft die Entrückungen von Elia und Ezechiel wach. Philippus erscheint als prophetisch qualifizierter Pneumatiker, dessen Wirken in Wort und Wunder Ausfluss des Geistes ist.

Petrus verkörpert wie kein anderer die Kontinuität zwischen vorösterlicher und nachösterlicher Wunderpraxis in der Nachfolge Jesu. Als bedeutsamste Gestalt des Zwölferkreises gehörte er zu jenem Personenkreis, der von Jesus selber zu Krankenheilungen wie Dämonenaustreibungen instruiert und ausgesandt worden war (Mt 10,8). Gleichzeitig wissen wir aus Äußerungen des Paulus, dass Petrus sich auch nach Ostern als christlicher Missionar an den Aussendungsanordnungen Jesu orientierte (1Kor 9,5). Damit ist für die Petruswunder der Apostelgeschichte ein klarer historischer Haftpunkt gegeben, auch wenn sie die Tendenz verfolgen, Petrus als legitimen Sachwalter der Wundermacht Jesu zu zeichnen. Es kann kein

Zufall sein, dass sich an der Person des Petrus zahlreiche Wunderüberlieferungen kristallisieren, während dies bei einer von der historischen Bedeutung her vergleichbaren Gestalt wie dem Herrenbruder Jakobus überhaupt nicht der Fall ist.

Das erste Petruswunder, von dem die Apostelgeschichte berichtet, ist die Heilung eines von Geburt an Gelähmten, der vor dem Jerusalemer Tempel um Almosen bettelt (3,1-10). Dem mitbeteiligten Apostel Johannes fällt allenfalls eine Statistenrolle zu. Die charismatische Heilung geschieht durch Rezitation der Formel »Im Namen Jesu Christi des Nazoräers geh umher!« und Handergreifung. Auch wenn die Erzählung in die typische Form antiker Wundergeschichten gegossen ist und mit der Lähmung von Geburt an ein Steigerungsmotiv enthält, dürfte ihr ein tatsächliches Geschehen zugrunde liegen. Heilungen unter Anrufung des Namens Jesu und seiner Kraft sind im frühen Christentum breit bezeugt. Im Falle von Bewegungsstörungen stellt ein auf psychischer Einwirkung beruhender Heilungsprozess keine Seltenheit dar. In dem Summarium Apg 5,12-16 wird Petrus nicht ohne Grund aus der Schar der Wunder wirkenden Apostel der Urgemeinde hervorgehoben, auch wenn er von Lukas unter Rückgriff auf das volkstümliche Motiv des heilenden Schattens in den Farben des antiken Wunderglaubens gezeichnet wird. Bei dem Petruswunder Apg 9,32-35, wiederum eine Gelähmtenheilung, handelt es sich um eine alte Lokaltradition aus der Gemeinde von Lydda. Der gelähmte Äneas von Petrus mittels des Befehlswortes »Äneas, Christus heilt dich. Steh auf und mache dir selbst dein Bett!« von seinem Leiden befreit. Der Name Äneas deutet auf geschichtliche Erinnerung hin. Wie bei dem Bettler in Jerusalem lag wohl eine psychogene Lähmung vor, die durch charismatische Ausstrahlung des Wundertäters geheilt wurde.

Das dritte Petruswunder der Apostelgeschichte (9,36-43) spielt in der knapp 20 km von Lydda entfernten Hafenstadt Joppe, dem heutigen Jaffa. Auch dort existiert bei Ankunft des Petrus bereits eine Gemeinde, aus der Petrus eine Jüngerin namens Tabitha vom Tode erweckt haben soll. Der Bericht ist hochgradig von den alttestamentlichen Erzählungen 1Kön 17,17-24 und 2Kön 4,30-37, in geringerem Maße auch von der Jairusgeschichte geprägt. Es spricht einiges dafür, dass eine alte Gemeindetradition aus Joppe, die von der Heilung einer Christin namens Tabitha durch Petrus handelte, im Nachhinein zu einer Totenerweckung ausgestaltet wurde.

Ausdruck des urchristlichen Glaubens an göttliche Bewahrung in Notsituationen sind die legendarischen Befreiungswunder in Apg 5,17-26 und 12,1-11, denen als geschichtlicher Haftpunkt vorübergehende Gefängnisaufenthalte des Petrus in den Anfängen der Urgemeinde und in der Zeit von Agrippa I. (41-44 n. Chr.) zugrunde liegen dürften. Ins Unermessliche gesteigert wird die Wunderpraxis des Apostels dann in den apokryphen Petrusakten aus dem späten 2. Jh. n. Chr. Dort vollbringt Petrus nicht nur unterschiedlichste Heilungswunder, sondern imponiert den Römern auch dadurch, dass er einen Hund zum Reden bringt, einen Säugling mit Männerstimme sprechen lässt und einen geräucherten Fisch wieder zum Leben erweckt. Den Höhepunkt der Petrusakten markiert das durch massive Schauwunder des Apostels gekennzeichnete Duell mit Simon Magus, der bei seinem spektakulären Flugwunder in Rom von Petrus durch Gebet zum Absturz gebracht wird.

Bedeutsame Gestalten aus der Frühzeit der Kirche begegnen in der Apostelgeschichte des Lukas als Träger der von Jesus übereigneten Vollmacht zu Dämonenaustreibungen und Krankenheilungen. In hervorgehobener Weise steht Petrus für Kontinuität zwischen vorösterlicher und nachösterlicher Wunderpraxis in der Nachfolge Jesu.

Aufgabe:
- Auffälligerweise werden in den Evangelien keine Strafwunder an Menschen berichtet, wie sie in der Umwelt des Neuen Testamentes vielfach überliefert sind. Die Apostelgeschichte des Lukas und vor allem die apokryphen Apostelakten geben diese Zurückhaltung auf. Unterziehen Sie diese Entwicklung auf der Grundlage von Apg 13,8-12 und der nachfolgenden Wundererzählung aus den Petrusakten einer ethischen Reflexion.

Dieser [Simon] stand nun an einem hohen Ort und als er Petrus erblickt hatte, begann er zu reden: »Petrus, jetzt vor allem, da ich vor diesen allen, die es sehen, emporsteige, sage ich dir: Wenn dein Gott mächtig ist, er den die Juden getötet haben ... , so möge er zeigen, daß sein Glaube von Gott kommt; möge sich dabei zei-

> gen, ob er Gottes würdig ist. Denn ich steige empor und will mich diesem ganzen Volke erweisen, wer ich bin.« Und siehe, er wurde in die Höhe gehoben, und alle sahen ihn sich über ganz Rom und über seine Tempel und seine Hügel erheben. Die Gläubigen [aber] blickten auf Petrus. Und Petrus sah das Unglaubliche des Schauspiels und schrie zu dem Herrn Jesus Christus: »Wenn du diesen tun läßt, was er unternommen hat, so werden jetzt alle, die an dich gläubig geworden sind, angefochten werden, und es werden die Zeichen und Wunder, die du ihnen durch mich gegeben hast, unglaubwürdig sein. Erzeige, Herr, schnell deine Gnade und [bewirke], daß er entkräftet von oben herabfällt, aber nicht sterbe, sondern unschädlich gemacht werde und den Schenkel an drei Stellen breche!« Und er fiel von oben herab und brach den Schenkel an drei Stellen. Da warfen sie Steine auf ihn und gingen jeder nach Hause, schenkten im übrigen alle dem Petrus ihr Vertrauen.[45]

3. Paulus als Wundertäter

Lit.: ALKIER, S., Wunder und Wirklichkeit in den Briefen des Apostels Paulus, WUNT 134, Tübingen 2001. – HEININGER, B., Im Dunstkreis der Magie: Paulus als Wundertäter nach der Apostelgeschichte, in: Becker, E.-M./Pilhofer, P. (Hg.), Biographie und Persönlichkeit des Paulus, WUNT 187, Tübingen 2005, 271-291. – JERVELL, J., Die Zeichen des Apostels, SUNT 4 (1979) 54-75. – KOLLMANN, B., Paulus als Wundertäter, in: Schnelle, U./Söding, T. (Hg.), Paulinische Christologie. FS Hans Hübner, Göttingen 2000, 76-96. – LIETAERT PEERBOLTE, B.J., Paul the Miracle Worker, in: Labahn, M./Lietaert Peerbolte, B.J. (Hg.), Wonders Never Cease, LNTS 288, London/New York 2006, 180-199. – SCHREIBER, S., Paulus als Wundertäter, BZNW 79, Berlin/New York 1996.

Bei Paulus stehen wir vor dem Phänomen, dass er selber sich in seinen Briefen große Zurückhaltung hinsichtlich seiner Wundertaten auferlegt, während in der Apostelgeschichte des Lukas die Nachrichten über ihn als Wundertäter nur so sprudeln. Insgesamt sieben Pauluswunder werden mehr oder weniger ausführlich erzählt, an vier weiteren Stellen ist summarisch von einer Wunderwirksamkeit des Paulus die Rede.

Während die Summarien (Apg 14,3; 15,12; 19,11-12; 28,9) weitgehend von Lukas verantwortet werden, beruhen die Wundererzählungen überwiegend auf vorlukanischer Überlieferung. Allerdings wirken vier dieser Erzählungen, nämlich das Strafwunder auf Zypern (Apg 13,9-12), das Befreiungswunder in Philippi (16,25-40), die Totenerweckung in Troas (20,7-12) und das Bewahrungswunder auf Malta (28,3-6), legendarisch und dürften kaum dazu geeignet sein, die Wundertätigkeit des Paulus in glaubwürdiger Weise zu erhellen. Anders sieht dies mit den verbleibenden drei Pauluswundern der Apostelgeschichte aus.

Dem Heilungswunder, das Lukas im Kontext des Aufenthalts von Barnabas und Paulus in Lystra überliefert (Apg 14,8-18), liegt bei aller Angleichung an Apg 3,1-10 doch eine zuverlässige Tradition zugrunde. Ein seit seiner Geburt an den Füßen gelähmter Mann wird aufgrund seines Glaubens von Paulus mit den Worten »Stell dich aufrecht auf deine Füße!« geheilt und kann erstmals in seinem Leben gehen. Lokalkolorit wird der Erzählung durch die ausführliche Akklamation verliehen. Als Reaktion auf die Gelähmtenheilung beginnt die Volksmenge, den Aposteln in lykaonischer Sprache, die für die Gegend um Lystra bis in das 6. Jh. n. Chr. nachweisbar ist, als Göttern in Menschengestalt zu huldigen. Barnabas wird dabei der Name des Gottvaters Zeus beigelegt, während Paulus als der Götterbote Hermes Verehrung genießt. Zeus und Hermes sind für die Umgebung Lystras inschriftlich bezeugt. Im Hintergrund der Wunderakklamation steht wahrscheinlich die aus Phrygien stammende Sage, wie Zeus und Hermes (römisch Jupiter und Merkur) in Menschengestalt unerkannt über die Erde wandeln und nur bei dem alten Ehepaar Philemon und Baucis Aufnahme finden, wofür jene dann reichlich belohnt, die anderen hingegen gestraft werden (Ovid, Met. VIII,620-725). Die Bewohner Lystras wollten offensichtlich nach der Gelähmtenheilung den Fehler ihrer Vorfahren vermeiden, die Zeus und Hermes zu ihrem eigenen Schaden nicht erkannt hatten. Die göttliche Verehrung von Barnabas deutet allerdings darauf hin, dass dieser an dem Heilungswunder von Lystra mitbeteiligt war und vielleicht sogar die Hauptrolle spielte.

Beim Gründungsaufenthalt in der römischen Kolonie Philippi gerät Paulus wegen einer Dämonenaustreibung in Konflikt mit den Behörden (Apg 16,16-18). Konkret geht es darum, dass er aus einer Sklavin einen Wahrsagegeist vertreibt, auf diese Weise ihren beiden Herren erheblichen finanziellen Schaden zufügt und sich vor Gericht wieder findet. Der in der Sklavin sesshafte Geist wird Python genannt, was die Erinnerung an das der gleichnamigen Gottheit geweihte Heiligtum von Delphi wachruft, wo eine als Pythia bezeichnete Seherin die an das Orakel gerichteten Fragen beantwortete. Der Dämonenaustreibungsbericht wurde von Lukas zwar umfassend redigiert, beruht aber im Kern auf einer geschichtlich glaubwürdigen Lokaltradition aus Philippi. Der aus dem Wunder resultierenden Anklageerhebung ist entnehmbar, dass man in der römischen Kolonie Philippi die paulinische Missionspredigt als Angriff auf die römische Lebensweise und Infragestellung der römischen Identität der Stadt betrachtete. Dass dieser Anklagepunkt vorzüglich zu einer römischen Militärkolonie wie Philippi passt und die Titulaturen der Beamten mit großer Präzision wiedergegeben werden, untermauert die Glaubwürdigkeit der gesamten Szene Apg 16,16-24.

Ähnlich hoch ist der geschichtliche Wert der in Apg 28,7-9 überlieferten Krankenheilung auf Malta. Paulus befreit den Vater von Publius, dem »Ersten der Insel«, durch Gebet und Handauflegung von Fieber und Ruhr. Dass der Titel »Erster der Melitäer« auch inschriftlich bezeugt ist, verleiht der Erzählung Lokalkolorit und historische Plausibilität. Die Handauflegung macht die personale Zuwendung des Wundercharismatikers erfahrbar und übermittelt dessen Heilkraft, während das Gebet sich an Gott als Herrn über das Leben wendet und ihn um Heilung anruft. Da Paulus die göttliche Urheberschaft seiner Wunder betont in den Vordergrund rückt (2Kor 12,12), kommt der Heilgestus von Apg 28,8 ohne weiteres für ihn in Betracht. In jedem Falle ist die im dortigen Gebet implizierte Vorstellung, dass der Wundercharismatiker nicht in eigener Vollmacht, sondern als Werkzeug Gottes Heilung bewirkt, mit dem paulinischen Wunderverständnis kongruent. Auch wenn Lukas damit ein in Grundzügen glaubwürdiges Bild von Paulus als Wundertäter zeichnet, dürfte er allerdings Umfang wie Bedeutung der paulinischen Wunderwirksamkeit zu hoch bewerten und neigt zu ihrer Verherrlichung. Für ein angemessenes theologisches Verständnis der Pauluswunder sind wir an die paulinischen Selbstzeugnisse verwiesen.

Nähert man sich denn vom Paulusbild der Apostelgeschichte her den Briefen des Apostels, so mutet es überraschend an, dass dort Wunder für seine Missionstätigkeit eine auffallend geringe Rolle spielen und er nur ganz vereinzelt auf sie zu sprechen kommt. Die mit Abstand bedeutsamste Äußerung zum Thema findet sich 2Kor 12,11-13, dem Schlussteil der sogenannten Narrenrede. Paulus betont, gegenüber den seinen Apostolat bestreitenden »Superaposteln« in nichts zurückzustehen, da die »Zeichen des Apostels« in Form von Zeichen, Wundern und Machttaten während seiner Anwesenheit in Korinth der Gemeinde keineswegs vorenthalten worden seien. Dabei ist primär an Krankenheilungen und Dämonenaustreibungen zu denken. Dass die Apostelgeschichte keine Pauluswunder aus Korinth überliefert, legt aber einen eher unspektakulären Charakter des dortigen paulinischen Wunderwirkens nahe. Indem Paulus in Anlehnung an traditionellen Sprachgebrauch von seinen Machttaten als »Zeichen und Wundern« spricht, hebt er hervor, dass kein geringerer als Gott selber mit seinem endzeitlichen Handeln am Werk ist, wie es auch durch das *Passivum Divinum* »wurden bewirkt« zum Ausdruck kommt. Ergänzend ist davon die Rede, dass die Apostelzeichen »in aller Geduld« geschahen. Damit spielt Paulus auf das allen Widrigkeiten zum Trotz erfolgende Standhalten bis zur Heilsvollendung, nicht zuletzt das geduldige Ausharren im Leid an und gibt zu erkennen, dass seine Machttaten in Korinth von allerlei Bedrängnissen begleitet waren. Dabei ist im Kontext des Leidenskatalogs 11,23-29 und der Krankheitsschilderung 12,7-10 an die mit dem Aposteldienst verbundenen Widerfahrnisse des Paulus im Allgemeinen, an seine Krankheit im Besonderen zu denken. Der Vollzug der Apostelzeichen »in aller Geduld« zeigt ebenso wie der gesamte Kontext von 2Kor 12,11-13, dass für die Wunder des Paulus die Kreuzestheologie den Bezugsrahmen darstellt. In seiner Schwäche bleibt er als Wundercharismatiker auf die Schöpfermacht Gottes als in ihm wirkender fremder Kraft angewiesen.

Auf einer Linie mit dem Wunderverständnis der Korintherkorrespondenz liegen die paulinischen Äußerungen von Röm 15,18-19. Dort sieht sich Paulus zur Darlegung seines Apostolats veranlasst, um die Gemeinde von Rom zur Unterstützung für die geplante Spanienmission zu gewinnen. Auf diesem Hintergrund gewinnen die Wunder für die Selbstdarstellung als Apostel der Völker programmatische Bedeutung. Die Heiden wurden nicht nur durch das Wort, sondern auch »durch die Tat, in der Kraft von Zeichen und Wundern, in der Kraft des Geistes« zum Glaubensgehorsam geführt. Wie in 2Kor 12,12 bedient sich Paulus der traditionellen Wendung »Zeichen und Wunder«, um die Erfahrung der heilvollen Gegenwart Gottes in seinen Machttaten zum Ausdruck zu bringen und daraus seine apostolische Autorität abzuleiten. Urheber des Wundergeschehens ist der in Paulus wirksame Christus, gleichzeitig wird es als Kraftäußerung des Geistes verstanden. Die Zeichen und Wunder gelten, nicht zuletzt situationsbedingt, als fester Bestandteil des paulinischen Apostolats. Bereits die Kürze des Hinweises auf die Wunder zeigt aber, dass ihnen dabei keine zentrale Stellung zukommt. Wie aus der Abfolge »in Wort und Tat« hervorgeht, sind die Wunder der Verkündigung untergeordnet. Sie stellen Begleiterscheinungen der Missionspredigt dar, bekräftigen das Wort und tragen zu seiner Glaubwürdigkeit bei, ohne unabhängig davon eigenständige Bedeutung zu erlangen. Zudem liegt der Akzent auf der Wirksamkeit Christi und des Geistes, als deren Werkzeug sich Paulus mit seinen Wundertaten betrachtet.

Insgesamt zeigt sich, dass Paulus Wunder zu den selbstverständlichen Begleiterscheinungen seines Apostelwirkens rechnet, er ihnen aber keine hervorgehobene Bedeutung beimisst und sich nicht ohne Not auf sie beruft. Wenn Paulus an anderer Stelle, nämlich in 1Kor 12 und Gal 3,5 Heilungen wie Machttaten in der Kirche als geistgewirkte Gnadengaben Gottes betrachtet, sie mit anderen Charismen auf eine Stufe stellt und gleichzeitig das Gemeindewohl als übergeordnetes Ziel im Auge hat, steckt er damit einen theologischen Rahmen ab, der auch für seine eigene Wundertätigkeit verbindlich ist. Dieses unverwechselbare Profil des Paulus als Wundertäter ist untrennbar mit dem Gepräge seines Apostolats und seiner Christologie verbunden. Wenn Menschen durch die Verkündigung des Gekreuzigten zum Glauben kommen, stellt dies alle anderen Wunder in den Schatten. Paulus hat zweifellos charismatische Wunderheilungen vollbracht. Seine Briefe zeugen aber im Unterschied zur Apostelgeschichte davon, dass er solchen Wundern einen ungleich geringeren Stellenwert beigemessen hat, als dies bei anderen Aposteln der Fall war. Der uneingeschränkt im Zentrum stehende Verkündigungsauftrag drängt die Wunder an die Peripherie und lässt sie zu theologischen Randphänomenen werden.

Paulus hat zwar wie andere Apostel Wunder gewirkt, ihnen aber für sein Auftreten und Selbstverständnis eine nur untergeordnete Bedeutung beigemessen. Dieses unverwechselbare Profil ist eng mit der besonderen Prägung seines Apostolats und seiner Christologie verbunden. Paulus erweist sich als der erste bedeutsame Wunderkritiker des frühen Christentums.

Aufgabe:
- Je nachdem, wie man den historischen Wert der Pauluswunder in der Apostelgeschichte veranschlagt, fällt die Beurteilung von Paulus als Wundertäter sehr unterschiedlich aus. Lesen Sie dazu den Forschungsüberblick von F. Neirynck, The Miracle Stories in the Acts of the Apostles, in: J. Kremer (Hg.), Les Actes des Apôtres, BEThL 48, Leuven 1979, 169-213, bes. 172-205, und bilden Sie sich ein eigenes Urteil.

VI. Kritik am Wunder bei den Evangelisten

1. Markus

Lit.: KERTELGE, K., Die Wunder Jesu im Markusevangelium, StANT 23, München 1970. – KOCH, D.-A., Die Bedeutung der Wundererzählungen für die Christologie des Markusevangeliums, BZNW 42, Berlin/New York 1975. – KOLLMANN, B., Jesu Schweigegebote an die Dämonen, ZNW 82 (1991) 267-273. – SCHENKE, L., Die Wundererzählungen des Markusevangeliums, SBB, Stuttgart 1974. – SMITH, J.Z., Good News is no News: Aretalogy and Gospel, in: ders., Map is not Territory, Chicago ³1993, 172-189. – WEEDEN, T.H., Mark – Traditions in Conflict, Philadelphia 1971.

Ein Entwurf der Geschichte Jesu, wie er von den Evangelisten in unterschiedlicher Form in Angriff genommen wird, konnte an den Wundern nicht vorübergehen, musste sich aber ihrer Missverständlichkeit bewusst sein. Sie bergen die Gefahr in sich, Jesus unreflektiert in die Schar der bedeutsamen antiken Thaumaturgen einzuordnen und den Blick auf seine wirkliche Bedeutung zu verbauen. Eine der großen theologischen Leistungen aller vier Evangelisten besteht darin, dass sie an den Wundern als unverzichtbarem Bestandteil des Wirkens Jesu festhalten, ohne sie kritiklos der volkstümlichen Wundersucht zu überlassen. Bedeutsam ist dabei die Beobachtung, dass die Evangelien zumindest in gewissem Umfang als »reverse aretalogies« (J.Z. Smith) in Analogie zu antiken Biographien eine doppelte Zielsetzung verfolgen. Sie wollen den Wundertäter nach außen vor dem Verdacht zwielichtigen Magiertums schützen und suchen nach innen einer missverständlichen Reduktion seines Wirkens auf die thaumaturgische Befähigung vorzubeugen. Die Art, in der die vorgegebenen Wunderüberlieferungen gekürzt, erweitert, ausgelassen oder umgestellt werden, lässt ein beachtliches Maß an theologischer Reflexion erkennen. Nicht zuletzt auch die hochgradig von der redaktionellen Hand der Evangelisten geprägten Sammelberichte über Jesu Wirken liefern einen wichtigen Schlüssel zur neutestamentlichen Wunderhermeneutik.

Bei Markus ist eine grundsätzlich positive, gleichzeitig aber auch kritische Betrachtung der Wunder Jesu erkennbar. Dies zeigt sich an der Einordnung von Wundern in den Aufriss des Lebens Jesu, an interpretativen Eingriffen in die Wunderüberlieferungen und an weitgehend von Markus formulierten Summarien mit Wunderthematik. Dass Wunder für das markinische Jesusbild von großer Bedeutung sind, zeigt der breite Raum, den sie im Evangelium beanspruchen. Markus nimmt eine verhältnismäßig hohe Zahl von Wundergeschichten auf und weitet das von den Einzelüberlieferungen vermittelte Bild in Summarien aus (1,32-39; 3,7-12; 6,53-56). Er erweckt so den Eindruck, dass Jesu Weg durch Galiläa von Wundertaten unterschiedlichster Art gesäumt war und diese einen bedeutsamen Faktor im Wirken Jesu ausmachten. Die zuweilen vertretene Auffassung, Markus gebe die Wunderüberlieferung nur mit der Absicht wieder, sie auf diese Weise umso entschiedener bekämpfen zu können, geht daher am Kern der Sache vorbei.

Als Markus mit seiner Darstellung des Lebens Jesu die literarische Gattung des Evangeliums schuf, vereinigte er Einzeltraditionen, thematische Sammlungen und die Passionsüberlieferung zu einem geschlossenen Ganzen, das durch lockere geographische und chronologische Fäden zusammengehalten wird. Er stand dabei vor der anspruchsvollen Aufgabe, als erster überhaupt eine schlüssige Verhältnisbestimmung zwischen Wort und Tat im Wirken Jesu treffen zu müssen. Die vormarkinisch so gut wie nicht in den Blick genommene Frage nach der Beziehung, in der Wundertaten einerseits, Lehre und Verkündigung andererseits bei Jesus standen, hat Markus dahingehend beantwortet, dass die Wunder der Beglaubigung des Wortes dienten und ihm damit untergeordnet sind. Dies lässt sich zunächst an der kompositorischen Gestaltung des Markusevangeliums nachweisen. Auch wenn das öffentliche Wirken des markinischen Jesus mit Wundertaten einsetzt (1,21-45), gehen dem die Verkündigung des Evangeliums und die vom vollmächtigen Wort geprägten Jüngerberufungen voran (1,14-20). Der große Wunderzyklus Mk 4,35-5,43 ist den Streitgesprächen in Mk 2,1-3,6 und den Gleichnissen von Mk 4,1-34 kompositorisch nachgeordnet und rückt damit ihnen gegenüber in das zweite Glied. Redaktionelle Eingriffe in die Wunderüberlieferung bestätigen, dass Markus an einer Einschränkung der Wunder bei gleichzeitiger Aufwertung von Jesu Lehre und Verkündigung gelegen ist. In der als erster öffentlicher Tat Jesu für die markinische Christologie besonders aussagekräftigen Dämonenaustreibung Mk 1,21-28 stellt Markus dem Wunder das Motiv des vollmächtigen, die Schriftgelehrten übertreffenden Lehrers Jesus voran und verstärkt dies am Schluss durch die ebenfalls redaktionelle Formulierung von der neuen Lehre in Vollmacht. Das Wunder wird auf diese Weise durch Lehraussagen gerahmt und seiner eigenständigen Bedeutung beraubt, indem es vom Wort umschlossen ist und als Beweismittel für die Vollmacht Jesu erscheint. Auch an anderen Stellen findet sich das Motiv des lehrenden Jesus dem Wunder vorangestellt (2,2; 6,34) oder das Wunder dem Wort nachgeordnet (1,39; 6,2). Dies heißt allerdings nicht, dass Markus Wundern uneingeschränkt kritisch gegenüberstände oder sie für die markinische Christologie gar bedeutungslos wären. Im Gegenteil, als Krafttaten und Ausdruck der von Gott erteilten Vollmacht sind sie integraler Bestandteil von Jesu Wirken im Markusevangelium.

Besonders hohen Stellenwert genießen für Markus die Dämonenaustreibungen und Krankenheilungen Jesu. Nur sie werden in den Summarien als für Jesu Auftreten besonders charakteristische Ereignisse betont hervorgehoben. Die Dämonenaustreibungen betrachtet Markus in Übereinstimmung mit seiner Tradition als Offenbarungsereignisse, in denen Jesu göttliches Wesen sichtbar zu Tage tritt. Markus knüpft bewusst an die Christologie seiner Wundertradition (1,24; 5,7) an, indem er in Summarien das Wissen der Dämonen um die Würde Jesu betont hervorhebt (1,34) und den Dämonen christologische Gottessohnbekenntnisse in den Mund legt (3,11). Dieser positive Offenbarungscharakter wird allerdings durch die von Markus verantworteten Schweigegebote an die Dämonen (1,25.34; 3,12) eingeschränkt. Es handelt sich um ein theologisches Konstrukt im Dienste der sogenannten Messiasgeheimnistheorie, das die Herrlichkeitschristologie der Wunderüberlieferung von der Kreuzeschristologie der Passionsüberlieferung her relativiert. Dass Jesus sich durch Wundertaten als Gottessohn erweist, bleibt für Markus gebrochene, ergänzungsbedürftige Offenbarung. Erst durch Kreuzestod und Auferstehung wird Jesu Gottessohnschaft in eigentlicher Tiefe begründet (9,9; 15,39). Aus diesem Grunde lässt Markus die im

Wunder nach außen drängende Offenbarung des Wesens Jesu vom Geheimnis umgeben sein und belegt die Dämonen mit Schweigegeboten. Sie wissen um die Gottessohnschaft Jesu, dürfen diese aber noch nicht publik machen, da sie sich erst von Kreuz und Auferstehung her vollgültig erschließen wird.

Diese Spannung zwischen gleichermaßen zustimmender wie kritischer Haltung zur Wunderchristologie spiegelt sich auch im widersprüchlichen Nebeneinander von Geheimhaltungsabsicht und öffentlicher Verbreitung. Markus hat in einigen Wundergeschichten Geheimhaltungsgebote an Geheilte vorgefunden (1,44; 5,19.43; 7,36a; 8,26), die er einerseits in den Dienst seiner Messiasgeheimnistheorie stellte, andererseits teilweise durch Verbreitungsnotizen neutralisierte (1,45; 5,20; 7,36b). Die Wunder dringen trotz wiederholter Verbote an die Öffentlichkeit, die durch sie bewirkte Offenbarung Jesu lässt sich nicht stoppen. Das auferlegte Schweigen stellt, auch wenn es von vornherein nicht einhaltbar erscheint und mehrfach durchbrochen wird, für die Leserinnen und Leser des Markusevangeliums eine Schranke dar, die einer direkten Erkenntnis des Wesens Jesu aus seinen Wundern den Weg versperrt.

Mit ihrer unmittelbaren Verschränkung von Wunder und Passion fällt die Bartimäusgeschichte Mk 10,46-52 aus dem Rahmen, die von Markus in einen kreuzestheologisch gefärbten Kontext eingeordnet und um den Nachfolgegedanken bereichert wird. Der Machterweis Jesu tritt zugunsten beispielhafter Leidensnachfolge in den Hintergrund. Indem der von Blindheit geheilte Bartimäus seinen sehenden Zeitgenossen zum Paradigma einer rundum gelungenen Jesusbeziehung wird, ist zugleich der Weg für ein symbolisches Verständnis des Wunders gebahnt. Auch die Heilung Mk 8,22-26 gewinnt durch die Vorschaltung der Jüngerszene 8,14-21 eine metaphorische Qualität. Den von geistlicher Blindheit geschlagenen Jüngern (8,18) vermag nur ein Wunder, wie es dem Blinden von Bethsaida widerfuhr, die Augen zu öffnen.

Mit deutlicher Distanz begegnet Markus den Naturwundern Jesu. Auch sie sind ihm wegen als Erweise der Epiphanie wichtig, werden aber in den Summarien nicht verstärkt und in redaktionellen Formulierungen durchweg mit dem Motiv des Jüngerunverständnisses verbunden. In der Erzählung von der

Sturmstillung wirft Markus den Jüngern Versagen vor (4,40), das Wunder bleibt ihrem Verständnis verschlossen. Auch die Seewandelerzählung bereichert er um den Gedanken des Jüngerunverständnisses (6,52). Das Entsetzen der Jünger über den Seewandel gilt als Ausdruck ihres Nichtverstehens und ihrer Herzensverhärtung. Die Offenbarung Jesu als Retter und Gottessohn geschieht direkt vor ihren Augen, ohne dass sie dies in ihrer wirklichen Bedeutung erkennen würden. Die im wunderbaren Seewandel manifeste Epiphanie wird nicht zurückgenommen, durch das Unverständnis der Jünger aber ihrer Eindeutigkeit beraubt. Markus stellt klar, dass die Offenbarung von Jesu göttlichem Wesen im Naturwunder nicht in das sachgerechte Verstehen seiner Person führt. Die Speisung der 5000 wird Mk 6,52 in einem Rückverweis ausdrücklich in diese Korrespondenz von Epiphaniemanifestation und Jüngerunverständnis einbezogen. Damit erfolgt ein Brückenschlag zu Mk 8,14-21, wo die Jünger sich dem Vorwurf ausgesetzt sehen, in ihrer geistlichen Blindheit und Taubheit den Sinn der Speisungsgeschichten nicht verstanden zu haben. Die Naturwunder werden durch das Unverständnis, mit dem Markus sie belegt, zwar nicht radikal abgewertet, jedoch energisch in ihre Schranken verwiesen. Noch weniger als Dämonenaustreibungen und Krankenheilungen vermögen sie klare christologische Erkenntnis zu vermitteln, wie sie sich erst vom Ende der Geschichte Jesu her erschließt.

Die Evangelien halten an Wundern als unentbehrlichem Bestandteil des Wirkens Jesu fest, ohne sie kritiklos der volkstümlichen Wundersucht preiszugeben. Markus ordnet das Wunder der Lehre unter. Dämonenaustreibungen sind ihm als Manifestationen der Gottessohnschaft Jesu wichtig, werden aber durch Schweigegebote im Rahmen der Messiasgeheimnistheorie relativiert. Es handelt sich um gebrochene, erst vom Kreuz her vollgültige Offenbarung. Die Naturwunder weist Markus noch deutlicher in die Schranken, indem er sie mit dem Unverständnis der Jünger belegt.

Aufgabe:
- Machen Sie sich in Mk 3,7-12 und 8,14-21 mit den Schweigegeboten an Dämonen und dem Jüngerunverständnis als wichtigen Bausteinen der markinischen Messiasgeheimnistheorie ver-

traut. Vertiefen Sie dies durch Lektüre von J. Gnilka, Das Evangelium nach Markus. Bd. I, EKK II/1, Zürich u.a. 1978, 167-170.

2. Matthäus

Lit.: BÖCHER, O., Matthäus und die Magie, in: Schenke, L. (Hg.), Studien zum Matthäusevangelium (FS W. Pesch), SBS, 1988, 11-24. – BURGER, C., Jesu Taten nach Matthäus 8 und 9, ZThK 70 (1973) 272-287. – DULING, D.C., The Therapeutic Son of David, NTS 24 (1978) 392-410. – GIESEN, H., Jesu Krankenheilungen im Verständnis des Matthäusevangeliums, in: Schenke, L. (Hg.), Studien zum Matthäusevangelium (FS W. Pesch), SBS, 1988, 81-106. – HELD, H.J., Matthäus als Interpret der Wundergeschichten, in: Bornkamm, G. u.a., Überlieferung und Auslegung im Matthäusevangelium, WMANT 1, Neukirchen-Vluyn 1968, 155-287. – HULL, J.M., Hellenistic Magic and the Synoptic Tradition, SBT II,28, London 1974, 116-141. – LUZ, U., Die Wundergeschichten von Mt 8-9, in: Hawthorne, G.F./Betz, O. (Hg.), Tradition and Interpretation in the New Testament (FS E.E. Ellis), Grand Rapids/Tübingen 1987, 149-165. – SCHNACKENBURG, R., »Siehe da mein Knecht, den ich erwählt habe...« (Mt 12,18), in: Oberlinner, L./ Fiedler, P., Salz der Erde – Licht der Welt (FS A. Vögtle), Stuttgart 1991, 203-222. – TRUNK, D., Der messianische Heiler, HBSt 3, Freiburg 1994.

Noch entschiedener als Markus hat Matthäus die Wunder Jesu als Begleiterscheinungen des Wortes verstanden, wie sich bereits an der Komposition seines Evangeliums zeigt. Während Markus im Anschluss an die ersten Jüngerberufungen Jesu sogleich mit Wundern einsetzt, ist dies bei Matthäus anders. Er hat die Mehrzahl der ihm überlieferten Wundergeschichten zu einem großen Wunderzyklus (Mt 8-9) vereinigt, dem er die Bergpredigt (Mt 5-7) vorangehen lässt. Die als Rahmung dienenden Summarien Mt 4,23-25 und 9,35 bringen die der Gesamtkomposition Mt 5-9 zugrunde liegende Unterordnung des Wunders gegenüber der Lehre programmatisch zum Ausdruck. Erst nachdem Jesus in der großen Rede der Bergpredigt in aller Ausführlichkeit als »Messias des Wortes« vorgestellt wurde, begegnet er in dem Wunderzyklus Mt 8-9 auch als »Messias der Tat«. Die bei Markus in den Beginn des öffentlichen Wirkens fallende Aussätzigenheilung Mt 8,1-4 stellt das erste ausführlich geschilderte Wunder Jesu im Matthäusevangelium dar, vorher war lediglich summarisch von Heilungen und Dämonenaustreibungen die Rede. Auch bei der matthäischen Bearbeitung zahlreicher Wundergeschichten selbst ergibt sich ein Übergewicht des Wortes gegenüber dem Wunder, denn es zählt zu den Eigenarten des Matthäus, erzählende oder beschreibende Partien in seinen Vorlagen zu kürzen und dafür das Gespräch in den Vordergrund zu rücken.

Früher wurde mit großer Selbstverständlichkeit davon ausgegangen, dass der Wunderzyklus Mt 8-9 rein christologisch bestimmt sei, also allein etwas über das Wesen Christi aussagen wolle. Dies lässt sich in solcher Einseitigkeit nicht mehr aufrechterhalten, da in Mt 8-9 auch Probleme von Jüngerschaft und Nachfolge verhandelt werden. Das heimliche Thema des Wunderzyklus ist nicht die Christologie, sondern die Ekklesiologie. Matthäus schildert das Auftreten Jesu als Wundertäter in einer Weise, dass darin Wesen und Aufgabe der Kirche im Voraus abgebildet sind. Seine Bearbeitung der markinischen Sturmstillungsgeschichte macht dies deutlich.

Matthäus beginnt in 8,18 mit freier Wiedergabe von Mk 4,35, um sogleich zwei Nachfolgeszenen aus der Spruchquelle Q in den markinischen Erzählfaden einzuschalten (Mt 8,18-22) und damit das nachfolgende Wunder gezielt unter das Leitmotiv der Nachfolge zu stellen. Die Bearbeitung der Sturmstillung selbst verstärkt diese Transparenz des Wunders auf das Wesen von Jüngerschaft und Kirche. Bereits die Einleitung ist höchst aussagekräftig. Im Gegensatz zu Mk 4,36 »Und sie ließen das Volk gehen und nahmen ihn mit, wie er im Boot war« lautet sie Mt 8,23 »Und er stieg in das Boot und seine Jünger *folgten* ihm«. Damit wird vollends klar, dass es weniger um das Wunder als vielmehr um Nachfolge geht. Während Mk 4,37 von einem Windwirbel (*lailaps*) spricht, verwendet Mt 8,24 das für einen Seesturm ungewöhnliche Wort »Beben« (*seismos*), das häufig als Bezeichnung apokalyptischer Schrecknisse begegnet (Mk 13,8; Apk 6,12). Damit gewinnt der Seesturm übertragene Bedeutung. Die im Boot befindlichen Jünger werden zum Sinnbild der matthäischen Gemeinde auf ihrer Fahrt durch die Furcht erregenden Beben des Lebens. Dieser ekklesiologische Bezug wird dadurch unterstrichen, dass Matthäus den Hilferuf der Jünger »Meister, fragst du nichts danach, dass wir umkommen?« (Mk 4,38) zu einem Gebet umformuliert hat, bei dem anstelle von »Meister« der gottesdienstliche Ruf »Kyrie« begegnet: »Herr (*kyrie*) hilf, wir kommen um« (Mt 8,25). Bevor Jesus sich der Sturmstillung widmet, tadelt er zunächst den Kleinglauben der Jünger. Durch die Auslassung des magischen Verstummungsbefehls Jesu an die Meeresgewalten (Mk 4,39) tritt das Wunder weiter in den Hintergrund.

Unter dem Strich wird die Sturmstillung durch die matthäischen Veränderungen von einer Wundergeschichte zu einem Paradigma der Nachfolge, in dem sich Grunderfahrungen christlichen Glaubens widerspiegeln. Jüngerschaft und Christsein sind mit Gefahren verbunden, führen in Furcht erregende Beben und in die Auseinandersetzung mit vernichtenden Gewalten. Doch dabei bleibt die Gemeinde nicht auf sich gestellt und hat keine Veranlassung, in Kleinglauben zu verfallen, denn der Herr steht den Seinen bei und wird ihnen auf ihr Gebet hin aus der Bedrängnis helfen. Die Sturmstillung wird zum zeitlosen Ausdruck einer echten Glaubenserfahrung, wie sie in der Nachfolge Jesu immer wieder gemacht werden kann.

Auch andere Wundererzählungen öffnen den Blick auf die Kirche. In Jesu Zuwendung gegenüber dem Hauptmann von Kapernaum (Mt 8,5-13) sieht die matthäische Gemeinde ihre Praxis der Heidenmission vorabgebildet, in der gefährlichen Fahrt der Jünger ans heidnische Ufer (8,23-34) vermag sie ihren eigenen Weg von Israel zu den Heiden wiederzuerkennen. Wenn bei der Heilung des Gelähmten die von Jesus ausgeübte Vollmacht der Sündenvergebung auf die Menschen übertragen wird (Mt 9,8), sind erneut ekklesiologische Interessen wirksam. Es geht um die Ermächtigung der Gemeinde zur Sündenvergebung (18,15-18), an deren Ursprung hier erinnert wird. Indem Mt 8-9 davon erzählt, wie das heilende Handeln des Messias eine Spaltung in Israel und damit verbunden das Entstehen einer Jüngergemeinde hervorruft, stellt der Wunderzyklus in seiner Gesamtheit eine Art Gründungslegende der christlichen Kirche dar.

Diese ekklesiologische Einfärbung der Wunder in Mt 8-9 bedeutet allerdings nicht, dass Matthäus kein christologisches Interesse an ihnen hätte. Im Gegenteil, Jesu Heilungswunder machen als Ausdruck seines Erbarmens gegenüber Menschen in Israel einen unentbehrlichen Bestandteil der matthäischen Jesusgeschichte aus. Beide Funktionen Jesu, das Lehren und das Heilen, sind dem Evangelisten wichtig. Allein Matthäus spricht davon, dass Jesus sämtliche Krankheiten in Israel geheilt habe (4,23; 8,16), und verstärkt diesen Eindruck einer allumfassenden Wunderheilungstätigkeit Jesu durch zusätzliche Summarien (Mt 14,14; 15,29-31; 19,1), wobei nur er das

Wunderwirken Jesu bis in die Passionswoche hinein reichen lässt (21,14). In einzelnen Erzählungen steigert Matthäus das wunderhafte Element, indem er gegenüber Markus die Anzahl der Geheilten verdoppelt (8,28-24; 20,29-34) oder den Notfall dramatisiert (9,18). Während Matthäus an den für die markinische Wunderchristologie konstitutiven Epiphanien Jesu als Gottessohn nur geringes Interesse zeigt (Mt 8,29), steht für ihn die Offenbarung Jesu als Davidssohn und Gottesknecht im Zentrum der Wunderüberlieferung. Bereits in der Überschrift des Evangeliums wird Jesus programmatisch nicht als Gottessohn wie bei Markus, sondern als messianischer Davidssohn (Mt 1,1) vorgestellt. Die vormatthäisch nur in der Bartimäusgeschichte belegte Vorstellung, dass Jesus sich speziell durch Wunderheilungen als Davidssohn erweist, rückt betont in den Vordergrund und wird ausgeweitet (Mt 9,27; 15,22; 20,30-31; 21,15). Gegenüber der Hoffnung Israels auf einen Davidssohn, der als kriegerischer königlicher Messias wirkt (PsSal 17), beinhaltet dies eine Korrektur. Matthäus zeichnet ein Bild vom Davidssohn als friedvollem Herrscher, der seine Regentschaft durch das Erbarmen mit den Leidenden begründet. Israels Messias ist in Wahrheit der heilende Davidssohn, der den Kranken hilft und die Gemeinde begleitet.

Indem Matthäus durch Schriftzitate die Heilungswunder Jesu als Erfüllung deuterojesajanischer Gottesknechtsverheißungen interpretiert, schiebt er einer Fehldeutung der Wunder Jesu vollends den Riegel vor (Mt 8,17; 12,18-21). Er zeichnet den vollmächtigen Wundertäter Jesus mit den Farben des leidenden Gottesknechtes (Jes 42,1-4; 53,4), um die Herrlichkeitschristologie der Wunderüberlieferung zu relativieren und ein Missverständnis der Messianität Jesu auszuschließen. Ähnlich wie in der von Matthäus nicht übernommenen Messiasgeheimnistheorie des Markus wird das Wunder auf diese Weise vom Kreuz her in die Schranken gewiesen. Die Heilungen Jesu sind Ausdruck seines Erbarmens und seiner Niedrigkeit. In all seiner Vollmacht ist der Wundertäter Jesus doch der demütige Gottesknecht, wie er in der Prophetie des Deuterojesaja verheißen wird.

Dass Matthäus das von seiner Wunderüberlieferung vermittelte Jesusbild einer grundlegenden Revision und Neuinterpretation unterzieht, zeigt sich schließlich auch an der Zurückdrängung dämonischer und magischer Motive. Matthäus lässt eine deutliche Zurückhaltung gegenüber dem Geisterglauben erkennen. Er kann von Krankheit sprechen (Mt 4,23), wo bei Markus noch von Besessenheit die Rede war (Mk 1,39), und unterschlägt in allen eigenständig formulierten Sammelberichten (Mt 14,14; 15,29-31; 19,1; 21,14) die Dämonenaustreibungen. Solche Wunderpraktiken, die Parallelen in den Zauberpapyri haben oder magisch missverstanden werden könnten, hat er nahezu vollständig aus der Jesusüberlieferung getilgt.

Von den markinischen Dämonenaustreibungen wird Mk 1,23-28 völlig übergangen. Der matthäischen Bearbeitung der Gerasenererzählung fielen das Ausfahrwort und die Dämonenbefragung aus Mk 5,8-9 zum Opfer (Mt 8,28-34). Die Heilung des epileptischen Knaben vollzieht sich im Gegensatz zu Mk 9,14-29 ohne Ausfahrwort und Rückkehrverbot an den Dämon (Mt 17,14-21). Die Heilung des Blinden von Bethsaida durch Speichel (Mk 8,22-26) übergeht Matthäus völlig, den verwandten Bericht Mk 7,31-37 wandelt er in einen Sammelbericht von der Heilung vieler Kranker (Mt 15,29-31) um, ohne dass dabei Wundertechniken Jesu erwähnt würden. Bei der Erweckung der Jairustochter sind die Absonderung des Publikums und das wunderwirksame Wort »Talitha kum« gestrichen worden (Mt 9,18-26). Die Sturmstillung geschieht anders als in Mk 4,39 ohne magischen Schweigebefehl an die Naturgewalten (8,23-27).

Matthäus vollzieht damit eine zwar nicht vollständige, aber doch weit reichende Entdämonisierung und Entmagisierung der Wunder Jesu, die eine doppelte Zielsetzung verfolgt. Von außen sah sich Matthäus wohl bereits der später im Talmud und bei Kelsos greifbaren jüdischen Polemik ausgesetzt, Jesus habe seine Wunder durch betrügerische Magie bewirkt. Innerkirchlich wurde die matthäische Gemeinde durch Charismatiker, die sich mit ihrer Überbetonung von Wunderheilungen auf das Vorbild Jesu beriefen (7,15-23), in ihrer Einheit gefährdet. Die Wunderkritik des Matthäus schlägt zwei Fliegen mit einer Klappe. Durch die Eliminierung magischer Züge und nachahmungsfähiger Techniken aus den Wundergeschichten wird nach innen den umstrittenen Wundercharismatikern ihre christologische Legitimationsbasis entzogen und zugleich nach außen Jesus vor dem Verdacht in Schutz genommen, sich zwielichtiger magischer Praktiken bedient zu haben.

Matthäus ordnet bei der Komposition seines Evangeliums den »Messias der Tat« dem »Messias des Wortes« unter. Durch die matthäische Bearbeitung der Wundergeschichten kommt es zu einer weit gehenden Entdämonisierung und Entmagisierung der Jesusüberlieferung. Gleichzeitig zeichnet Matthäus Jesus mit seinen Wundern als Davidssohn und Gottesknecht, um einer Fehldeutung der Messianität Jesu vorzubeugen. Einzelne Wundergeschichten des Matthäusevangeliums wollen ungleich eher über die Situation der Kirche als über das Wesen Jesu Auskunft geben.

Aufgaben:
- Verschaffen Sie sich unter Zuhilfenahme einer Synopse einen Überblick, aus welchen unterschiedlichen Materialien Matthäus den Wunderzyklus Mt 8-9 geschaffen hat.
- Arbeiten Sie anhand eines Vergleichs von Mt 9,1-8 mit Mk 2,1-12 Charakteristika des matthäischen Wunderverständnisses heraus. Hilfestellung bieten Matthäuskommentare, beispielsweise J. Gnilka, Das Matthäusevangelium. Bd. I, HThK I/1, Freiburg 1986, 324-328, oder U. Luz, Das Evangelium nach Matthäus. Bd. II, EKK I/2, Zürich u.a. 1990, 35-40.

3. Lukas

Lit.: ACHTEMEIER, P.J., The Lucan Perspective on the Miracles of Jesus, JBL 94 (1975) 547-562. – BUSSE, U., Die Wunder des Propheten Jesus, FzB 24, Würzburg 1977. – GARRETT, S.R., The Demise of the Devil, Minneapolis 1989. – KIRCHSCHLÄGER, W., Jesu exorzistisches Wirken aus der Sicht des Lukas, ÖBS 3, Klosterneuburg 1981.

Das gesteigerte Interesse des Lukas an den Wundern zeigt sich bereits daran, in welchem Maße er unser diesbezügliches Bild von Jesus bereichert hat. Das Lukasevangelium enthält fünf Erzählungen (Lk 5,1-11; 7,11-17; 13,10-17; 14,1-6; 17,11-19) und ein Summarium (8,1-3) mit Wunderthematik, die ohne Parallele in den anderen Evangelien sind. Lukas hat offensichtlich seinem Evangelium alles ihm aus Sonderguttradition zugängliche Wundermaterial einverleibt. Einzelne dieser Erzählungen, etwa Lk 14,1-6 oder 17,11-19, könnten sogar erst von ihm selber geschaffen worden sein. Hinzu kommen formelhafte Zusammenfassungen des Wunderwirkens Jesu in der Apostelgeschichte (Apg 2,22; 10,38). Wenn umgekehrt vier markinische Wundergeschichten (Mk 6,45-52; 7,31-37; 8,1-10.22-26) im Lukasevangelium fehlen, deutet dies nicht zwangsläufig auf bewusste Unterdrückung der Überlieferung hin, da die besagten Erzählungen zur sogenannten lukanischen Lücke zählen. Das mit diesem Begriff bezeichnete Fehlen von Mk 6,45-8,26 bei Lukas erklärt sich möglicherweise dadurch, dass ihm ein unvollständiges oder beschädigtes Exemplar des Markusevangeliums vorlag.

Lukas übernimmt die markinische Wunderkonzeption, der zufolge in Wundern das göttliche Wesen Jesu sichtbar zu Tage tritt (Lk 4,34.41; 8,28). Auch hinsichtlich der Schweigegebote an Dämonen und Geheilte schließt sich Lukas treuer als Matthäus an Markus an, wobei er allerdings die Tragweite der markinischen Messiasgeheimnistheorie nicht mehr voll durchschaut zu haben scheint. Eigenständige Akzente setzt Lukas dahingehend, dass er die Wunder zu einer dem Wort gleichberechtigten Größe im Wirken Jesu aufwertet und der Konzeption von Jesus als endzeitlichem Wunderpropheten hervorgehobene Bedeutung einräumt.

Der erste Teil des öffentlichen Wirkens Jesu beginnt mit der »Antrittspredigt« in Nazareth, die dem Evangelisten Lukas als Urbild und Schlüssel des gesamten Auftretens Jesu gilt. Lukas hat diese Perikope, die bei Markus erst an späterer Stelle begegnet (Mk 6,1-6), bewusst vorweggenommen und zu einer dramatischen Szene ausgestaltet, die Jesus nicht nur als Verkündiger (vgl. Mk 1,15), sondern auch als Wundertäter mit prophetischen Zügen porträtiert. Unter Rückgriff auf Jes 61,1-2 legt der lukanische Jesus das Programm für sein künftiges Wirken vor. Über den Verkündigungsauftrag hinaus gilt seine Sendung den Blinden und von Dämonen Geschlagenen. Als endzeitlicher Prophet erfüllt er mit seinen Heilungswundern die biblische Verheißung des Jesajabuches. Da der Prophet in der Heimat nichts gilt, wird Jesus in Analogie zu Elia und Elisa sein Wunderwirken auf den Bereich außerhalb Israels ausdehnen (4,25-27).

Die in der markinischen Wunderüberlieferung nur in der Heilung des Aussätzigen (Mk 1,40-45) und den Speisungswundern (6,30-44; 8,1-10) greifbare Vorstellung von Jesus als einem

Wunderpropheten, der die Taten Elias und Elisas überbietet, ist auch für die Sonderguttraditionen Lk 7,11-17 und 17,11-19 charakteristisch und gewinnt durch redaktionelle Notizen zusätzlich an Gewicht. Jesus war für Lukas »ein Prophet, mächtig in Taten und Worten vor Gott und allem Volk« (24,19), in den Wundern des großen Propheten Jesus »hat Gott sein Volk heimgesucht« (7,16). Die wunderbaren Zeichen der Heilszeit, die sich im Wirken der alttestamentlichen Propheten bereits ankündigten, erreichten mit dem Auftreten Jesu ihren Höhepunkt und ihre Erfüllung.

Im Kontrast zu Markus und Matthäus, die das Wunder dem Wort eindeutig unterordnen, balanciert Lukas beide Größen im Wirken Jesu kunstvoll aus. Einerseits kann er ohne Hinweis auf die Wunder allein die Verkündigung als entscheidenden Sendungsauftrag Jesu betrachten (Lk 4,43). Andererseits ordnet er mehrfach die Wunder dem Wort vor (Lk 24,19; Apg 1,1) und richtet in kompendienhaften Zusammenfassungen der Wirksamkeit Jesu das Augenmerk allein auf die Wunder (Apg 2,22; 10,38). Indem Lukas in der Bearbeitung von Mk 1,27 die Reaktion des Volkes nicht mehr auf die Lehre, sondern die Dämonenaustreibung bezieht, lässt er Wort und Wunder zu gleichberechtigten Beweisen für Jesu Vollmacht werden (Lk 4,32.36). Die besagte Formel vom »Propheten, mächtig in Taten und Worten« (24,19) bringt dies anschaulich auf den Punkt.

Die Bearbeitung der Wundergeschichten ist vereinzelt durch eine christologische Verdichtung gekennzeichnet, indem Lukas seine Darstellung auf die Person Jesu richtet und die Jünger in den Hintergrund treten lässt (Lk 4,38-39; 9,37-42). Im Hinblick auf die Korrektur magischer Züge im vorgegebenen Jesusbild ist keine derart konsequente Linie erkennbar, wie sie sich bei Matthäus zeigt. Einerseits reduziert Lukas das magische Element, indem er bei der Sturmstillung den Schweigebefehl und bei der Erweckung der Jairustochter das auf griechische Ohren wie ein fremdsprachiges Zauberwort wirkende »Talitha kum« streicht. Andererseits wird die Heilung Mk 1,29-31 von Lukas durch Personifizierung des Fiebers zur Dämonenaustreibung ausgestaltet und das magische Element gesteigert (Lk 4,39).

Wie kein anderer Evangelist hebt Lukas hervor, dass Nachfolge und Glaube auf das Engste mit den Wundertaten Jesu verbunden sind. Den ersten Jüngerberufungen Lk 5,1-11 geht im Gegensatz zu Mk 1,16-20 der wunderbare Fischfang voraus. In Abweichung vom markinischen Erzählfaden hat Jesus im Lukasevangelium auch zuvor bereits Dämonenaustreibungen und Krankenheilungen bewirkt (Lk 4,31-41). Durch die Auslassung von Mk 2,13 ist die Nachfolge des Levi (Lk 5,27-32) ebenfalls nicht mehr durch die Lehre Jesu, sondern nun durch die vorangehende Gelähmtenheilung motiviert. Nur Lukas berichtet davon, dass Maria Magdalena und andere Frauen in die Nachfolge eintraten, nachdem Jesus sie von Besessenheit oder Krankheit geheilt hatte (8,1-3). Der lukanische Jesus beruft seine Jüngerinnen und Jünger nicht allein durch die Macht des Wortes, sondern auch in der Kraft der Wunder.

Bei Lukas gewinnt die Vorstellung von Jesus als endzeitlichem Wunderpropheten, der seine Vollmacht gleichermaßen durch Taten wie Worte erweist, hervorgehobene Bedeutung. Das in den Wundern Jesu präsente Heil reicht über das Volk Israel hinaus. Wie kein anderer Evangelist hebt Lukas hervor, dass Nachfolge und Glaube entscheidend auf den Wundern Jesu beruhen.

Aufgabe:
- Versuchen Sie die nachfolgende Aussage von Ulrich Busse zu verifizieren, indem Sie Lk 4,16-30 mit der Vorlage Mk 6,1-6 vergleichen und sich den unterschiedlichen Ort dieser Tradition im jeweiligen Evangelium klar machen. Konsultieren Sie ergänzend einen Lukas-Kommentar, beispielsweise W. Eckey, Das Lukasevangelium Bd. I, Neukirchen-Vluyn ²2006, 219-231.

Bei Lukas erfüllt Jesus als letzter eschatologischer Prophet und Menschensohn die biblische Verheißung Jes 61,1f./58,6 an den Armen, Geknechteten und Sündern in Israel, indem er geistgerüstet als heilsgeschichtliches Werkzeug Gottes jene wohltätig heilt, befreit und zum messianischen Banquet lädt.[46]

4. Johannes

Lit.: BECKER, J., Wunder und Christologie, in: Suhl, A. (Hg.), Der Wunderbegriff im Neuen Testament, WdF 295, Darmstadt 1980, 435-463. –

BITTNER, W.J., Jesu Zeichen im Johannesevangelium, WUNT II/26, Tübingen 1987. – LABAHN, M., Jesus als Lebensspender, BZNW 98, Berlin/New York 1999. – DERS., Offenbarung in Zeichen und Wort, WUNT II/117, Tübingen 2000. – LIPS, H. VON, Anthropologie und Wunder im Johannesevangelium, EvTh 50 (1990) 296-311. – SCHNELLE, U., Antidoketische Christologie im Johannesevangelium, FRLANT 144, Göttingen 1987. – WELCK, C., Erzählte »Zeichen«, WUNT II/69, Tübingen 1994.

Beim Blick auf die Wunder Jesu im Johannesevangelium ist zunächst am augenfälligsten, dass die für die synoptische Tradition zentralen, bei Matthäus allerdings bereits deutlich in den Hintergrund getretenen Dämonenaustreibungen nunmehr völlig fehlen. Es entzieht sich unserer Kenntnis, ob Johannes die Synoptiker kannte, in welchem Umfang ihm Wundertradition zur Verfügung stand und inwieweit er eine gezielte Auswahl daraus treffen konnte. Dennoch deutet alles auf eine bewusste Korrektur der Überlieferung hin, wobei sich über die Gründe nur Mutmaßungen anstellen lassen. Der im Umfeld der johanneischen Gemeinde von jüdischer Seite gegen Jesus erhobene Vorwurf der Besessenheit (Joh 7,20; 8,48-52; 10,20) hängt maßgeblich mit den Dämonenaustreibungen zusammen (Mk 3,22) und kann Johannes dazu bewogen haben, sie bei seiner Darstellung des Lebens Jesu völlig zu übergehen. Dass die im Weichen der Dämonen sichtbare Gottesherrschaft im vierten Evangelium als Gegenstand der Verkündigung Jesu keine Rolle spielt, wird Johannes den Verzicht auf Exorzismen erleichtert haben. Zudem verträgt sich Besessenheit als ein Zustand, in dem der Mensch gänzlich von einer dämonischen Macht bestimmt wird und seiner selbst nicht mehr Herr ist, schlecht mit der johanneischen Anthropologie, die eine eigenverantwortliche Entscheidung des Menschen für oder gegen Jesus voraussetzt.

Johannes berichtet von nur sieben Wundern Jesu. Im Einzelnen handelt es sich um das Weinwunder von Kana (2,1-11), die Heilung eines Beamtensohnes in Kapernaum (4,46-54), die Heilung eines Gelähmten (Joh 5,1-9), die Speisung der 5000 (6,1-15), den Seewandel Jesu (6,16-21), die Heilung eines Blinden (9,1-7) und die Auferweckung des Lazarus (11,1-44). Die Gelähmten- und die Blindenheilung sind in Jerusalem lokalisiert, während die anderen Evangelien – abgesehen von

Mt 21,14 – nichts über eine dortige Wunderwirksamkeit Jesu wissen. Mit Ausnahme von 2,1-11 besitzen alle johanneischen Wunder mehr oder weniger direkte Parallelen bei den Synoptikern. Im Vergleich zu diesen Parallelen ist bei Johannes das wunderhafte Element massiv gesteigert, indem beispielsweise eine Fernheilung über die Distanz von Kana nach Kapernaum vollbracht oder ein bereits im Verwesungszustand befindlicher Leichnam zum Leben erweckt wird. Zudem tritt das Motiv einer echten Notlage zurück, womit die Souveränität des aus eigenen Stücken die Initiative ergreifenden Wundertäters betont in den Vordergrund rückt und die Nutznießer des Wunders geradezu in Statistenrollen gedrängt werden.

Die Diskussion um das johanneische Wunderverständnis ist entscheidend durch die von Rudolf Bultmann etablierte und von Jürgen Becker zugespitzte Auffassung geprägt, der Evangelist habe auf eine Sammlung von Wundergeschichten zurückgegriffen, um deren positive Sicht des Wunders kritisch umzubiegen. Wegen der für diese Quelle typischen Titulierung der Wunder als Zeichen (*semeia*) spricht man von der Zeichen- oder Semeiaquelle.

Bei der Zeichenquelle handelt es sich um eine hypothetische Größe, deren tatsächliche Existenz nicht gesichert ist und deren Umfangsbestimmung ganz unterschiedlich ausfällt. Als Minimum werden ihr alle sieben Wundergeschichten des Johannesevangeliums und Joh 20,30f. als ursprünglicher Abschluss zugerechnet. Andere gehen von einem erheblich größeren Umfang aus und stellen sich die Zeichenquelle als eine Art »Halbevangelium« vor. Die Notiz Joh 20,30f. kann gut Abschluss der Zeichenquelle gewesen sein, während sie sich als zusammenfassende Charakteristik des mehr als Zeichen enthaltenden gesamten Evangeliums nur bedingt eignet. Für die Existenz der Semeiaquelle spricht ferner die in Spannung zu Joh 2,23 stehende und daher vermutlich nicht vom Evangelisten stammende Nummerierung der Wunder in 2,11 und 4,54. Ob dieser Zeichenquelle aber über Joh 2,1-11 (Weinwunder von Kana) und 4,46-54 (Heilung eines Beamtensohnes) hinaus auch die fünf übrigen Wundergeschichten des Johannesevangeliums zuzurechnen sind, ist schon schwieriger zu beantworten, da diese mehrheitlich bereits vorjohanneisch zum Ausgangspunkt lehrhafter Abhandlungen gemacht wurden, was der Evangelist dann fortführt. Viele Exegeten bestreiten die Existenz einer Semeiaquelle inzwischen völlig und gehen davon aus, dass Johannes die Wundergeschichten als Einzeltraditionen vorgefunden hat oder teilweise sogar einer Kenntnis der synoptischen Tradition verdankt. Die in Spannung zu Joh 2,23 stehende umstrittene Wunderzählung in 4,54 wird dann nicht als Indiz für die Verarbeitung einer Quelle aufgefasst, sondern auf den Evangelisten zurückgeführt und so erklärt, dass Joh 4,46-54 das zweite *erzählte* Zeichen oder das zweite Wunder *in Kana* sei.

Die Befürworter einer Seimeiaquelle grenzen das Wunderverständnis des Johannes in aller Regel scharf von dem seiner Quelle ab. Diese habe, wie Joh 20,30f. als ihr ursprünglicher Abschluss zu erkennen gebe, das Darstellungsziel verfolgt, unter Verweis auf die Wunder Glaube an Jesus als Messias und Gottessohn zu wecken. Vom Evangelisten selber werde das Wunder nur insoweit zugestanden, als es zum traditionellen Jesusbild hinzugehöre, Aufmerksamkeit errege und damit viele Menschen zum Anfang des Glaubens führe. Wirklicher Glaube hingegen komme für Johannes aus dem Hören des Wortes und bedürfe der Wunder nicht, die deshalb vom Missverständnis umgeben seien oder Bilder für etwas Tieferes darstellten. Man geht also davon aus, dass Johannes die Wunder aus Verpflichtung gegenüber der Tradition und als Zugeständnis an seine noch in Vorstufen wirklichen Glaubens verharrenden Leserinnen und Leser in das Evangelium aufnahm, um sich desto entschiedener vom Wunderglauben absetzen zu können. Auch wenn vieles daran richtig ist, greift diese Sehweise entschieden zu kurz und neigt unausgesprochen dazu, neuzeitliche Wunderkritik in das theologische Denken des Evangelisten zurückzuprojizieren. Entsprechend werden in neueren Publikationen die Wunder zunehmend als integraler Bestandteil des vierten Evangeliums wahrgenommen und auch in ihrer positiven Funktion gewürdigt.

Wesentliche Mittel johanneischer Wunderinterpretation sind die kompositorische Anordnung der Wundergeschichten, interpretative Eingriffe in die Texte und die vertiefende Deutung durch nachträglich entworfene Offenbarungsreden Jesu. Johannes teilt grundsätzlich die Überzeugung seiner Tradition, dass den Wundern Jesu eine wichtige christologische Zeugnisfunktion zukommt. Intention der Wunder ist die Enthüllung von Jesu wahrem Wesen. Als Zeichen oder Werke machen sie nicht nur Jesu Herrlichkeit offenbar (11,4.40) und erweisen seine göttliche Sendung (5,36), sondern rufen auch Glauben hervor

(2,11; 4,53) und gewinnen Heilsbedeutung. Selbst wenn man, wie es nicht selten geschieht, sämtliche den Wundern Jesu positiv gegenüberstehenden Aussagen des Johannesevangeliums auf die vorjohanneische Tradition und nicht den Evangelisten selber zurückführen wollte, zeigte bereits die Übernahme dieser Aussagen, dass Johannes den Wundern nicht mit Ablehnung begegnet. Gerade Joh 20,30f. als mutmaßlicher Schluss der Semeiaquelle ist nicht einfach ein widerwillig mitgeschlepptes Traditionsrelikt, sondern spiegelt auch das Wunderverständnis des Evangelisten wider und stellt, indem formelhaft der Abfassungszweck des Evangeliums benannt wird, eine wichtige Verstehenshilfe für die Leserinnen und Leser dar. Die Wunder demonstrieren die Hoheit Jesu, lassen seine himmlische Herrlichkeit sichtbar werden und wecken Glauben.

Eigenständige Offenbarungsfunktion misst Johannes den Wundern in Joh 2,1-11, 4,46-54 und 6,16-21 bei. Im Weinwunder von Kana, das als erstes Zeichen Jesu im Johannesevangelium paradigmatische Bedeutung hat, und beim Seewandel wird die im Wunder manifeste Epiphanie der Herrlichkeit Jesu unkommentiert stehen gelassen und damit offenkundig uneingeschränkt geteilt. In den Fernheilungsbericht Joh 4,46-54 dagegen hat der Evangelist den kritischen Vorwurf »Wenn ihr nicht Zeichen und Wunder seht, so glaubt ihr nicht« (4,48) als versteckte Rezeptionsanweisung eingefügt und gibt damit zu erkennen, dass er einen allein auf dem Schauen von Wundern gründenden Glauben für ergänzungsbedürftig hält. Dies kommt auch an anderen Stellen zum Ausdruck. In Joh 3,1-13 wird eine Überbewertung der Zeichen Jesu durch die Notwendigkeit einer Neugeburt aus dem Geist relativiert, Joh 20,29 ordnet den Glauben der nicht Sehenden dem Schauen von Zeichen über. Die qualitativ höher stehende Form ist der auf dem Hören des Wortes basierende Glaube, ohne dass der Wunderglaube damit gänzlich preisgegeben würde.

Andere Wunder Jesu sind, darin allerdings von seinen Worten nicht unterschieden, dem Missverständnis ausgeliefert und bedürfen der Interpretation. Indem sie Anlass für streitgesprächartige Auseinandersetzungen geben und als Ausgangsbasis umfassender Redekompositionen dienen, werden sie einer vertiefenden Interpretation durch das Wort unterzogen, die bereits vorjohanneisch einsetzte und vom Evangelisten zielgerichtet fortgeführt wird.

Die Wunderberichte in Joh 5 und 9 waren bereits vorjohanneisch, vielleicht vom Verfasser der Semeiaquelle, zu Sabbatkonflikten ausgeweitet worden. Johannes selber zeigt an der Sabbatthematik kein Interesse, sondern wählt die Wunder zum Ausgangspunkt von Offenbarungsreden, in denen die Aufrichtung des Gelähmten symbolisch für die Erlangung ewigen Lebens steht (Joh 5,19-30) und die Heilung des Blindgeborenen auf das Sehen Gottes gedeutet wird (9,39-41). Die Brotrede macht auf einen unter der Oberfläche verborgenen tieferen Sinn des Speisungswunders als Gewährung unvergänglichen Lebensbrotes aufmerksam und erreicht in der Identifikation des Lebensbrotes mit dem Abendmahl ihren Höhepunkt (6,22-58). Die durch Dialogszenen interpretativ erschlossene Erweckung des Lazarus ist dem Evangelisten ein Sinnbild für die Auferstehung zu ewigem Leben (11,25-26).

Die grundlegende Bedeutung der Wundertaten bleibt unangetastet, doch wird ihnen mittels einer Offenbarungsrede Jesu tieferer Sinn eingehaucht. Das Wort erschließt interpretativ eine symbolträchtige Tiefendimension des Wunders, das gleichsam doppelbödig erscheint.

Wunder treten im Johannesevangelium quantitativ in den Hintergrund, Dämonenaustreibungen Jesu fehlen vollständig. Johannes nimmt von den Wundern nichts zurück und misst ihnen eine wichtige christologische Zeugnisfunktion zu. Er hält jedoch einen Glauben, der allein auf dem Schauen von Wundern gründet, für ergänzungsbedürftig. Die Mehrzahl der Wunder Jesu wird durch Offenbarungsreden in ihrem tieferen Sinn erschlossen, wobei ein übertragenes Wunderverständnis dominiert.

Aufgabe:
- Die Neubewertung des johanneischen Wunderverständnisses lässt sich anschaulich an den Positionen von Günter Klein einerseits, Michael Labahn andererseits nachvollziehen. Vergleichen Sie beide Textausschnitte miteinander und arbeiten Sie heraus, welche Heilsbedeutung den Wundern jeweils beigemessen wird.

Ganz ähnlich wie Markus baut also auch Johannes in die Wundergeschichten eine Bremse ein, und er zieht sie sogar noch stärker an als jener. Aber auch er führt seine Mirakelkritik nicht aus dem vordergründigen Interesse an einem aufgeklärten Weltbild durch. Auch ihm – wie allen bisher betrachteten neutestamentlichen Schriftstellern – ist es völlig gleichgültig, ob jemand prinzipiell Mirakel für möglich oder unmöglich hält. Was ihn letztlich dazu treibt, die Leser nachdrücklich vor dem Mirakelglauben zu warnen, kommt unübertrefflich klar in dem Wort Jesu an den mirakelgläubigen Jünger Thomas zum Ausdruck, der an Jesu Auferstehung nur glauben will, wenn man ihm sichtbare Beweise vorlegt: »Selig sind diejenigen, die nicht sehen und doch glauben!« (20,29). Auch Johannes geht es also bei seiner Mirakelkritik ausschließlich darum, den Menschen den Blick für das wahre Wunder zu öffnen, auf das allein alles ankommt: Das Wunder des Glaubens, der die Sündenvergebung empfängt. Noch einmal sei darauf hingewiesen, daß für das Mirakel diese Ausschaltung aus dem Glaubensvollzug schlechterdings den Todesstoß bedeutet, der sich schließlich auch auf der Ebene des Weltbildes auswirken muß. Das Aufkommen des modernen mirakelfreien Weltbildes ist letztlich in der theologischen Entwertung des Mirakels durch das Neue Testament angebahnt.[47]

Den unterschiedlichen Wunderüberlieferungen des joh. Kreises ist gemeinsam, daß sie Jesus als den Wundermann bekennen, der aufgrund seines Wunderhandelns zu einer diesem Handeln sachgemäßen Haltung gegenüber seiner Person nötigt; diese Haltung hat für den einzelnen eine soteriologische Bedeutung. Dies gilt auch für den Evangelisten, der allerdings im Unterschied zur Überlieferung die Krisis-Situation, die durch das Kommen Jesu sich im Kosmos ereignet, auch auf die Wunder ausdehnt. Die vollführten Zeichen wollen als Antwort einen Glauben freisetzen, der im Zeichen das soteriologische Ziel der Sendung Jesu erkennt; wer durch das Sehen des Wunders zu solchem Glauben geführt wird, hat Anteil an dem Leben, das der Offenbarer ist und im Wunder für den einzelnen aktualisiert hat. Die joh. Wunder haben insofern einen soteriologischen Charakter, den sie allerdings mit dem gesamten Auftreten Jesu teilen: Führt den einzelnen die Konfrontation mit dem vollmächtig Redenden und dem vollmächtig Handelnden zum Glauben, so hat er oder sie das Leben, das es zukünftig zu bewähren gilt.[48]

VII. Neuere Konzeptionen der Wunderhermeneutik

1. Existenziale Wunderhermeneutik

Lit.: BULTMANN, R., Zur Frage des Wunders, in: ders., Glauben und Verstehen Bd. I, Tübingen 1933, 214-228. – DERS., Predigt zu Lk 5,1-11, in: ders., Marburger Predigten, Tübingen 1956, 138-147. – DERS., Neues Testament und Mythologie, in: Bartsch, H.-W. (Hg.), Kerygma und Mythos, [4]1960, 15-48. – KLEIN, G., Wunderglaube und Neues Testament, in: ders., Ärgernisse, München 1970, 13-57. – OEMING, M., Biblische Hermeneutik, Darmstadt 1998, 163-174. – SCHMITHALS, W., Wunder und Glaube, BSt 59, Neukirchen-Vluyn 1970. – DERS., Das Evangelium nach Markus Bd. I-II, ÖTK 2,1-2, Gütersloh/Würzburg 1979.

Hermeneutik hat es mit sachgemäßem Schriftverständnis und gegenwartsbezogener Schriftauslegung zu tun. Die biblischen Texte sind in einer Lebenswelt entstanden, die uns fremd ist, und einem Weltbild verpflichtet, das sich grundlegend von dem der Neuzeit unterscheidet. Die historisch-kritische Rekonstruktion der geschichtlichen Ursprünge der biblischen Tradition, die den Blick auf den Ursprungssinn eines Textes öffnet, hat diese Kluft zwischen damals und heute in ganzer Tiefe sichtbar werden lassen. Als Konsequenz ergibt sich die Notwendigkeit, die Botschaft der Bibel in die veränderten Gegebenheiten unserer Zeit hinein zu übersetzen und Bezüge zur Situation des heutigen Menschen herzustellen. Unausgesprochene Voraussetzung ist, dass die distanzierte Betrachtung biblischer Traditionen als historischer Phänomene entschieden zu kurz greift, ihnen vielmehr eine weit über ihren ursprünglichen geschichtlichen Ort hinausweisende Aktualität zu Eigen ist, die immer wieder neu erschlossen werden will. Hermeneutik umfasst die Durchführung und methodische Reflexion solch einer Übertragung von biblischen Aussagen in die Gegenwart.

Die von der Philosophie Heideggers beeinflusste existenziale Hermeneutik Rudolf Bultmanns (1884-1976) war nach dem Zweiten Weltkrieg lange Zeit vorherrschend, hat allerdings in den letzten Jahrzehnten an Bedeutung eingebüßt. Sie geht von der Prämisse aus, dass man von Gott nicht unter Ausklammerung der eigenen Existenz reden kann. Theologie ist in Form theologischer Anthropologie zu betreiben, die von Gott bestimmte Existenz des Menschen ihr eigentliches Thema. Der existenzialen Interpretation biblischer Traditionen liegt die feste Überzeugung zugrunde, dass sich in ihnen die existenziellen Grundstrukturen menschlichen Daseins wie Glück, Sorge oder Angst niedergeschlagen haben und die Texte auf sie hin befragt werden können. Die von der Bibel angebotenen Daseinsmöglichkeiten gilt es zu erkennen und im Glauben zu ergreifen. Allerdings liegen sie nicht offen zutage, sondern sind in die Form mythologischer Vorstellungen gekleidet, welche das wirkliche Heilsgeschehen verhüllen. Zu diesen Mythen zählen auch die Wunder. Das Programm der Entmythologisierung verfolgt dementsprechend das Ziel, das Weltbild der Antike als für den modernen Menschen nicht annehmbares Glaubenshindernis zu überwinden und den dahinter liegenden Kern der Texte freizulegen. Es geht um die Möglichkeit christlichen Glaubens unter den Bedingungen des von den Naturwissenschaften geprägten neuzeitlichen Daseinsverständnisses. Um der Redlichkeit des Glaubens willen soll dem Menschen für seine Religion keine Bejahung eines Weltbildes abverlangt werden, das er in seinem sonstigen Leben verneint. Die Wunder gelten als zeitbedingte, aus dem mythischen Weltbild der Antike erwachsene Entfaltungen der Glaubensbotschaft. Diese selber ist in ihrer zutiefst existenziellen Bedeutsamkeit zeitlos gültig.

Die biblischen Überlieferungen thematisieren demnach die gleichen menschlichen Grundfragen, die auch den modernen Leser bewegen. Es besteht eine grundsätzliche Gleichheit von damaliger und heutiger Existenz. Die Wunder an sich dagegen stellen keinen Glaubensgegenstand dar und dürfen nicht in den Rang objektiver Heilstatsachen erhoben werden. Vielmehr gilt es, hinter die mythologischen Vorstellungen zum Anspruch des Kerygmas, der in den Wundern verborgenen Glaubensbotschaft vorzudringen. Deren Kern ist das Ärgernis vom Kreuz. Es hält dem Menschen, der sein Leben aus eigenem Willen und aus eigener Kraft glaubt gestalten zu können, seine Erlösungsbedürftigkeit vor Augen und stellt ihn in seiner alten Existenz radikal in Frage. Glaube bedeutet Preisgabe der menschlichen Selbstherrlichkeit im Angesicht des Kreuzes. Die Wunder sind damit austauschbare Bilder für etwas viel Größeres. An Wunder zu glauben heißt aus der Sicht existenzialer Hermeneutik nicht, sie für wahr zu halten, sondern an Gott als den Befreier vom Tod zu glauben und für die wunderbare Begegnung mit ihm bereit zu sein, die dem Leben eine völlige Wende gibt.

Der Bultmann-Schüler Walter Schmithals hat in seiner Kommentierung des Markusevangeliums eine eindrucksvolle existenzial-kerygmatische Interpretation der Wundergeschichten vorgelegt. Er reklamiert für das Markusevangelium eine Grundschrift und stellt gleichzeitig eine mündliche Überlieferungsgeschichte oder gar historische Haftpunkte der Wundererzählungen kategorisch in Abrede. Diese seien vielmehr das Werk eines genialen Theologen, der als Verfasser der Grundschrift das von paulinischer Theologie geprägte Christusbekenntnis seiner Gemeinde in die Form von Erzählungen gebracht habe. Die Sabbatheilung Mk 3,1-6 etwa verkündige im paulinischen Sinne die Freiheit des Menschen vom Gesetz, dem Exorzismus Mk 5,1-20 liege Röm 7,24 »Ich elender Mensch! Wer wird mich erlösen von dem Leibe dieses Todes? Ich danke Gott durch Jesus Christus unseren Herrn« zugrunde, wobei der besessene Gerasener als Musterbeispiel des verzweifelten, gottverlassenen Sünders erscheint. Jede einzelne der markinischen Wundergeschichten gilt hier als eine »Dogmatik in nuce«, indem von einer narrativen Entfaltung paulinischer Glaubensaussagen ausgegangen wird. Die Wunder sind demnach keine Ereignisse der Vergangenheit, sondern zeitbedingte Entfaltungen des zeitlosen Kerygmas. Sie sprechen davon, wie der verlorene Mensch immer wieder durch die Begegnung mit Christus in seiner alten Daseinsweise in Frage gestellt, in die Eigentlichkeit der Existenz geführt und in unbedingtem Gottvertrauen durch alle Lebensnöte hindurch bewahrt wird. Die Prämissen von Schmithals sind mehr als fraglich – eine Grundschrift des Markusevangeliums lässt sich nicht nachweisen und das hohe Alter der Wunderüberlieferung schlecht in Abrede stellen. Dennoch leistet er einen wichtigen Beitrag gegenwartsbezogenen Verstehens von Wundergeschichten. Die Wunder selbst gelten allerdings als austauschbare Träger existenzieller Botschaften und werden zum entbehrlichen Verpackungsmaterial theologischer Aussagen degradiert.

Existenziale Wunderhermeneutik betrachtet die Wunder als Träger einer Glaubensbotschaft, die das Existenzverständnis des Menschen radikal in Frage stellt und ihm eine neue Daseinsmöglichkeit erschließt. Das Wunder selbst stellt dabei weder eine Heilstatsache noch einen Glaubensgegenstand dar, sondern ist fromme Dichtung und Bild für etwas Größeres. Durch Entmythologisierung wird das vom Wunder transportierte Kerygma freigelegt.

Aufgabe:
- Setzen sie sich anhand folgender Predigt von Antonius H.J. Gunneweg zu Mk 4,35-41 mit existenzialer Wunderhermeneutik auseinander.

Mit Jesus unterwegs, hin zum anderen Ufer auf stürmischer See. Und unterwegs das Wunder der Sturmstillung. Ein sogenanntes Naturwunder, wovon die Evangelisten zu erzählen wissen; Wunder, des Glaubens liebstes Kind, des Glaubens ärgstes Ärgernis – oder gar Hindernis des Glaubens. Deshalb seit eh und je Gegenstand verschiedenster Erklärungen: Was geschah wirklich auf dem Meer? So fragte man und antwortete: Vielleicht legte sich der Sturm so plötzlich, wie er gekommen war, und später beflügelte dies die fromme Phantasie. Oder die ersten Jünger waren schlichte, etwas naive Fischer und darum auch auf kindliche Art wundergläubig. Oder eben: man soll die Wunder doch nicht wegerklären, denn sie zeigen ja, daß es Jesus nicht nur um das Seelenheil ging, sondern um das Wohl, das Wohlergehen auch im materiellen Sinn. Insofern motivieren sie uns, uns in seiner Nachfolge ebenfalls um das Wohl zu kümmern. Aber wozu soll uns das Wunder der Sturmstillung denn motivieren? Sollen wir etwa Deiche bauen? Braucht man dazu wirklich die Wundergeschichte von Mk 4,35ff? – Wenden wir uns nun ihrem Sinn zu!

Menschen sind unterwegs, ob mit oder ohne Jesus, aber zweifelsohne unterwegs, von einem Ufer zum anderen, von Altersstufe zu Altersstufe, von der kindlichen Geborgenheit hin zu den ersten Schritten, den eigenen Schritten ins Freie, in die Selbständigkeit und zur vollen Reife mit der Erfahrung von Gut und Böse. Und nach der Reife kommt der Herbst des Lebens – dann – wie die Blätter zur Erde fallen, so der Mensch: Erde zu Erde, Staub zu Staub: auch das führt zum anderen Ufer. Der Mensch unterwegs zu anderen Ufern – in wechselnder Gestimmtheit; freudig der Zukunft entgegen: »Zu neuen Ufern lockt ein neuer Tag!« Oder: »Verweile doch, du bist so schön!« Aber es gibt kein Verweilen, denn die Zeit steht niemals still: »Ach, wir wurden dort entlassen, wo wir meinten, erst begrüßt zu sein.«

Diese Geschichte meint uns. Auch uns blieben und bleiben die Stürme nicht erspart. Es gibt keinen Lebensweg ohne die »Stürme des Lebens«; Stürme, die das Schiff aus dem ursprünglich geplanten und gewollten Kurs wegdrängen, es auf Ufer werfen, die im selbst erdachten Lebensplan gar nicht bedacht waren. Wer unter uns sitzt heute hier in der Kirche, der nicht irgendwie ans andere Ufer geworfen wurde – und schon wieder im Aufbruch ist, wer weiß, wohin? Beängstigend sind die Stürme, beängstigend aber auch die Windstille der Besinnung, da wir uns fragen: wohin gehe ich, gehen wir, die Völker, die Menschheit, die Geschichte, die doch – auch sie – immer wieder an Ufern landet, die nicht gewollt waren. Was heißt, ans andere Ufer – was ist das andere Ufer?

Ja, davon berichtet die Erzählung – von uns, von dem Schiff, aus dem keiner aussteigen kann, und von unserer Angst im Sturm, oder auch in der Windstille, der verdrängten Angst vor dem Nichts, dem Versinken ins Bodenlose, dem Verderben. Davon spricht die Erzählung und allerdings auch und vor allem von Ihm. Von Ihm war in unserer Betrachtung bisher noch nicht die Rede. Auch sonst ist auf unserer Fahrt von Ufer zu Ufer selten oder nie von Ihm die Rede. Wir sind allein unterwegs, so meinen wir, allein mit unserer Angst. Die Erzählung scheint ja recht zu haben: In der größten Not schläft Er! Wie unbegreiflich, ja, Panik auslösend ist es, wenn der schlafende Heiland sich in göttlicher Unbekümmertheit zurückzieht: »Kümmert es dich nicht, daß wir verderben, ins Bodenlose versinken?«

Und dann das Wunder, das nicht zu erklären ist, daß er nicht in Erhörung eines Gebets – es war ja kein Gebet! – sondern in Antwort auf den Vorwurf, den Sturm verstummen läßt: »Und es ward eine große Stille.« Er erhebt sich, ergreift das Wort, Er spricht sein Wort. Und die Situation verwandelt sich total, verwandelt uns total: Nun sind die vorwurfsvoll Fragenden die Gefragten geworden: »Wie seid ihr so ängstlich? Wie daß ihr keinen Glauben habt?« Habt ihr nie gehört von den großen Taten Gottes, der aus dem Tohuwabohu der Urflut den Kosmos des Lebensraumes hervorrief, der da Wunder tut? Gehört schon, aber alles wieder vergessen? »Meister kümmert es dich nicht, daß wir verderben?« »Wie daß ihr keinen Glauben habt!« Und es ward eine große Stille.

Und sie fürchteten sich und sprachen: »Wer ist der? Denn Wind und Meer sind ihm gehorsam.« Die Angst vor dem Verderben hat sich verwandelt in die Furcht, die rechte Gottesfurcht, die Gottes Wunder annimmt, ohne Erklärung. Damit endet diese Geschichte, die uns meint, uns, deren Geschichte noch nicht am Ende ist. Aber vielleicht erinnern wir uns jetzt an manche Stürme und Ängste in

> unserem Leben, die sich dann doch in eine große wundervolle Stille verwandelten und erkennen im Nachhinein: Er war es, der seine Wunder tat, Wind und Wellen waren Ihm gehorsam. Es mag sein, daß jemand das jetzt sagt und hinzufügen muß: Und ich erkannte nicht, daß Er es war.
> Sicher ist aber, daß uns ein letzter Sturm und eine letzte Angst noch bevorstehen. Ob Er dann auch ein Wunder tut, oder das Schiff untergeht und uns in die Tiefe reißt? – Wer dann weiß: Jesus ist bei uns und mit uns im selben Schiff, auch wenn der Sturm sich nicht legt und das Schiff untergeht, der darf auch wissen: Am letzten, völlig unbekannten Ufer – jenseits – wird Er da und bei uns sein – am unbekannten Ufer als der längst Bekannte und Vertraute, der sich uns längst offenbarte, und auch heute unter uns ist und sich in seiner ganzen Güte offenbart im Wort des Evangeliums. Amen.[49]

2. Biblische Theologie

Lit.: BETZ, O., The Concept of the So-Called »Divine Man« in Mark's Christology, in: ders., Jesus. Der Messias Israels, WUNT 42, Tübingen 1987, 273-284. – BETZ, O./GRIMM, W., Wesen und Wirklichkeit der Wunder Jesu, ANTI 2, Frankfurt a. M. u.a. 1977. – GLÖCKNER, R., Neutestamentliche Wundergeschichten und das Lob der Wundertaten Gottes in den Psalmen, WSAMA.T 13, Mainz 1983. – KITTEL, G., Der Name über alle Namen I-II, BTS 2-3, Göttingen ²1993/²1996. – STUHLMACHER, P., Vom Verstehen des Neuen Testaments, GNT 6, Göttingen ²1986. – DERS., Biblische Theologie des Neuen Testaments Bd. I, Göttingen 1992. – DERS., Wie treibt man Biblische Theologie?, BThSt 24, Neukirchen-Vluyn 1995.

Einer der wichtigeren neueren hermeneutischen Ansätze ist das Programm einer Biblischen Theologie. Es verfolgt das Ziel, eine Altes und Neues Testament übergreifende und zugleich zusammenfassende Theologie der Bibel zu entwerfen, wie sie bis zum Aufkommen der neuzeitlichen Bibelwissenschaft eine selbstverständliche Voraussetzung der Bibelauslegung war. Unter dem Eindruck der historischen Kritik zerbrach dann die Einheit von Altem und Neuen Testament, indem die individuelle geschichtliche Bedingtheit der einzelnen biblischen Schriften erkannt wurde und sich eine jeweils eigenständige, in zunehmenden Maße getrennte Wege gehende Theologie des Alten Testaments und Theologie des Neuen Testaments herausbildeten. Das Konzept einer Biblischen Theologie sucht dieser Entwicklung entgegenzusteuern. Speziell die Theologie des Neuen Testaments soll, so die programmatische Forderung, als eine vom Alten Testament herkommende und zu ihm hinführende Theologie entworfen und als Teilgebiet einer beide Testamente gemeinsam betrachtenden Theologie begriffen werden, die gleichzeitig zur dogmatischen Stellungnahme anleitet. Das hermeneutische Interesse richtet sich damit auf einen Brückenschlag von den biblischen Texten zur kirchlichen Glaubens- und Lebenserfahrung. Biblische Theologie dürfe sich nicht in historisch-kritischer Textbetrachtung erschöpfen, sondern müsse für den Offenbarungsanspruch des Evangeliums offen sein, wie er sich im Raum der Kirche als Vollzug gemeinschaftlicher Glaubensexistenz durchsetzt.

Die Wunder Jesu werden im Rahmen dieser Konzeption in einen weiten, die gesamte Bibel umspannenden heilsgeschichtlichen Zusammenhang eingeordnet und vor dem Hintergrund der messianischen Erwartungen Israels betrachtet. Sie gelten als Bestandteil des Weges Gottes zu den Menschen, der mit der Schöpfung beginnt, die gesamte Erwählungsgeschichte Israels durchläuft, im Christusgeschehen seinen Höhepunkt erreicht und schließlich auf das kommende Reich Gottes hinführen wird. Im Hinblick auf Sachkritik an der Jesusüberlieferung wird ein Treueverhältnis eingefordert, das der Exeget seinen Texten schulde. Bei der Betrachtung der Wundergeschichten, insbesondere was ihren Traditionshintergrund angeht, wird dem Alten Testament gegenüber dem hellenistischen Bereich absolute Priorität eingeräumt. Eine wichtige Rolle spielt der Verweis darauf, dass Jesus und alle bedeutsamen neutestamentlichen Autoren geborene Juden waren, womit eine Traditionskontinuität zwischen den beiden Testamenten gesichert und das Frühjudentum als entscheidender Bezugsrahmen für das Verständnis der neutestamentlichen Glaubensbotschaft erwiesen sei.

Die Vorgehensweise von Exegeten, die dem Programm der Biblischen Theologie verpflichtet sind oder ihr zumindest nahe stehen, ist von dem Bemühen gekennzeichnet, eine weit gehende oder gar vollständige Verwurzelung der neutestamentlichen Wunderüberlieferung in alttestamentlicher Tradition plausibel zu machen. Die Wunder Jesu werden in den größeren Zusammenhang der alttestamentlichen Heilsgeschichte eingebunden und als Fortsetzung der Geschichte Gottes mit seinem Volk verstanden. Sie seien als Erfüllung alttestamentlicher Heilsprophetie Zeugnisse eines messianischen Selbstbewusstseins Jesu und spiegelten die Erfahrung, dass in seinem Wirken Gottes heilschaffende Gerechtigkeit neu auf den Plan trat. Widerpart ist die Religionsgeschichtliche Schule, die für die Mehrzahl der Wundergeschichten eine hellenistische Prägung angenommen hatte und den Wundertäter Jesus in den Farben des »göttlichen Menschen« (*theios anēr*) der griechisch-römischen Welt gezeichnet sah. Otto Betz macht in seiner kritischen Auseinandersetzung mit der These vom göttlichen Menschen auf eine Reihe alttestamentlicher Bezüge in Mk 4,35-41 und 5,1-20 aufmerksam. Er zieht daraus den Schluss, dass das Alte Testament und dessen Auslegungstraditionen die neutestamentlichen Wundergeschichten bei weitem besser erhellten, als dies der hellenistische Bereich tun könne. Sein Schüler Werner Grimm interpretiert sämtliche Wundergeschichten der Evangelien auf einem alttestamentlichen Traditionshintergrund, ohne dass eine wirkliche Wahrnehmung hellenistischer Parallelen erkennbar wäre. Angesichts der behaupteten, in vielen Fällen reichlich konstruierten Bezüge zwischen den Wundern Jesu und unterschiedlichster alttestamentlicher Tradition sieht er keinerlei Notwendigkeit, eine detaillierte Bestandsaufnahme der hellenistischen Wundertradition vorzunehmen, die er unter diesem Gesichtspunkt für irrelevant hält. Auch Richard Glöckner vermutet, dass die neutestamentlichen Wundergeschichten ungleich stärker von alttestamentlicher Frömmigkeit geprägt sind, als dass sich in ihnen hellenistische Religiosität zu Wort meldet. Er macht für vier Wunderberichte, nämlich die Sturmstillung Mk 4,35-41, die Heilung des besessenen Geraseners Mk 5,1-20, die Heilung der verkrümmten Frau am Sabbat Lk 13,10-17 und die Heilung von zehn Aussätzigen Lk 17,11-19, auf eine Reihe von Motivberührungen mit den alttestamentlichen Psalmen aufmerksam.

»Zur theologisch-christologischen Deutung der Wundertaten Jesu greifen die Wundergeschichten immer wieder Anschauungen, Bilder und Motive auf, die vom Psalter her als Gemeingut jüdischer und frühchristlicher Frömmigkeit gelten können. Dadurch werden die Zeichen der Hoheit und Vollmacht Jesu in den größeren Zusammenhang der alttestamentlichen Heilsgeschichte eingebunden, in der die Offenbarung der Allmacht Gottes zugleich Ausdruck seines Erbarmens und seines Willens zur Erlösung ist; in der alles Sprechen von Gottes Wundertaten zugleich betend-anbetendes Bekenntnis sein will. Jesus handelt nicht als ein Heros, der irgendwie Macht demonstriert. In seinen Wundertaten wird erfahrbar, daß Gott voller Mitleid die Not der Menschen sieht und ihr Rufen um Hilfe hört. Die Geschichte Gottes mit dem Volk Israel wird fortgesetzt und findet neue, konkrete Anhaltspunkte und Inhalte.«[50]

Mit diesen Beobachtungen verbindet sich die Hoffnung, die neutestamentliche Wunderüberlieferung als Ganze wieder näher an ein genuin biblisches Entstehungsmilieu heranzubringen, sie vom Verdacht zu befreien, Ausfluss hellenistischer Religionspropaganda zu sein, und ihre Glaubwürdigkeit zu stützen. Wunderhermeneutik im Rahmen Biblischer Theologie setzt damit ein legitimes Gegengewicht zu einer einseitigen Ableitung der Wunderüberlieferung aus hellenistischer Tradition, bettet Jesus mit seinen Wundern in ein jüdisches Milieu ein und hilft, diese als Erfüllung alttestamentlicher Verheißungen zu verstehen. Sie muss sich aber den Vorwurf gefallen lassen, das Alte Testament auf Kosten der griechisch-römischen Parallelen als Traditionshintergrund deutlich überzubewerten und damit den Einfluss hellenistischer Religiosität auf den neutestamentlichen Wunderglauben unzureichend wahrzunehmen.

Das Programm einer Biblischen Theologie verfolgt das Ziel, eine Konzeption zu entwerfen, die beide Testamente umgreift und zugleich zusammenfasst. Die Wunder Jesu werden dabei gezielt vor einem alttestamentlich-jüdischen Traditionshintergrund interpretiert und in einen weiten, die gesamte Bibel umfassenden heilsgeschichtlichen Zusammenhang eingeordnet.

Aufgabe:
- Georg Strecker plädiert entschieden für eine »Theologie des Neuen Testaments« anstelle einer »Biblischen Theologie«. Setzen Sie sich mit den Gründen dafür auseinander und überlegen Sie, inwieweit sie für die neutestamentlichen Wundergeschichten und deren Glaubensbotschaft zutreffen.

Das im urchristlichen Kerygma bezeugte Christusereignis ist der entscheidende Ausgangspunkt der theologischen Konzeption der neutestamentlichen Schriftsteller. Es ist dem Schema einer ›Biblischen Theologie‹ nicht unterzuordnen. Es sprengt die Sacheinheit von Altem Testament und Neuen Testament, da es trotz vorhandener Kontinuität zur alttestamentlichen Überlieferung zu dieser literaturgeschichtlich wie auch theologisch in einem diskontinuierlichen Verhältnis steht. Es ist nicht Garant der Integrität des biblischen Kanons, da seine Sachaussage nicht nur in Diastase zum Alten Testament steht, sondern auch im Neuen Testament unterschiedlich ausgelegt worden ist. Und es ist nicht die selbstverständliche Voraussetzung der Einheit von biblischer und dogmatischer Theologie. Vielmehr stellt das neutestamentliche Kerygma der dogmatischen Theologie die Aufgabe, die Einheit der Theologie in Vergangenheit und Gegenwart der Kirche zu erfragen und zu entfalten. Wird in Gegenüberstellung zur religiösen und profanen Literatur des Hellenismus wie auch im Vergleich mit dem alttestamentlich-jüdischen Schrifttum die Eigenart der neutestamentlichen Christusbotschaft erkannt, so besagt dies als Folge der konsequenten Historisierung, wie sie durch die liberale Religionsgeschichtliche Schule erschlossen wurde, und zugleich unter Anwendung der Ergebnisse der dialektischen Theologie, daß die Aufgabe lauten muß: ›Theologie des Neuen Testaments‹.[51]

3. Feministische Wunderhermeneutik / Gender Studies

Lit.: KOLLMANN, B., Frauenrollen und Frauenleiden in antiken Heilungswundern. Einblicke aus der Gender-Perspektive, in: Heininger, B./Lindner, R., (Hg.), Krankheit und Heilung, Berlin 2006, 45-62. – KORTE, A.-M. (Hg.), Women and Miracle Stories, SHR 88, Leiden 2001. – METTERNICH, U., »Sie sagte ihm die ganze Wahrheit«, Mainz 2000. – MOLTMANN-WENDEL, E., Frauen um Jesus, Gütersloh 2009. – MULACK, C., Jesus der Gesalbte der Frauen, Stuttgart 1987. – OEMING, M., Biblische Hermeneutik, Darmstadt 1998, 129-139. – SCHOTTROFF, L./SCHROER, S./WACKER, M.-T., Feministische Exegese, Darmstadt 1995. – SCHOTTROFF, L./WACKER, M.-T. (Hg.), Kompendium Feministische Bibelauslegung, Gütersloh 1998. – SCHÜSSLER FIORENZA, E., Zu Ihrem Gedächtnis, München 1988. – STRUBE, S.A., »Wegen dieses Wortes ...«, Münster u.a. 2000. – WAINWRIGHT, E., Women Healing/Healing Women. The Genderisation of Healing in Early Christianity, London 2006.

Die Notwendigkeit feministischer Exegese ergibt sich aus einer erdrückenden Dominanz androzentrischer Bibelwissenschaft, die zu Recht als ergänzungs- und korrekturbedürftig betrachtet wird. Dabei geht es im Wesentlichen um eine historische Rekonstruktion der weithin vergessenen, im Überlieferungsprozess verdrängten oder heruntergespielten Bedeutung der Frau in der Jesusbewegung und im frühen Christentum. Darüber hinaus macht sich feministische Exegese die kritische Prüfung frauenfeindlicher Bibelauslegungstraditionen zur Aufgabe, bemüht sich um eine eigenständige Bibelhermeneutik mit Gleichberechtigung der Geschlechter und ist an der Wiederentdeckung oder Entwicklung spezifisch weiblicher Formen von Spiritualität interessiert. Innerhalb der kaum überschaubaren Bandbreite feministischer Exegese lassen sich mit M. Oeming drei unterschiedlich radikale Ansätze unterscheiden, nämlich einmal eine historisch-kritische Erforschung von Frauengestalten in der Bibel, dann eine »Hermeneutik des Verdachts«, die aus der Frauenperspektive Misstrauen gegenüber der von Männern bestimmten Überlieferung der biblischen Texte entgegenbringt, und schließlich eine »Hermeneutik der Verurteilung«, die mit weiten Teilen des frauenfeindlichen, von patriarchalen Denkstrukturen bestimmten Bibeltextes bricht.

Der Fokus feministischer Wunderhermeneutik richtet sich naturgemäß auf jene Traditionen, in denen Frauen das Objekt der Heilung sind. Dabei wird nicht nur die Nähe Jesu zu Frauen herausgestellt, sondern das Augenmerk auch auf die im Heilungswunder gegebene ganzheitliche Wiederherstellung der Frau gerichtet, in der die weibliche Körperlichkeit angenommen und in ihren schöpfungsgemäßen Zustand zurückversetzt wird. Vereinzelt glaubt man darüber hinaus, aus der Begegnung des Wunderheilers Jesus mit Frauen Rückschlüsse auf eine weiblich-matriarchalische Prägung seines religiösen Denkens ziehen zu können.

Der in ihrem Wert lange unterschätzten Tradition Lk 8,1-3 ist entnehmbar, dass Jesus vermögende Frauen, namentlich Maria Magdalena, Johanna und Susanna, von Krankheit heilte, sie gleichzeitig zu aktivem Handeln befreite und damit einen emanzipatorischen Anstoß zur Gleichberechtigung der Geschlechter gab. Für damaliges Empfinden stellte die Praxis Jesu, Frauen gleichberechtigt in die Nachfolge und damit auch in den Dienst der Verkündigung und Heilung zu berufen, einen

Verstoß gegen alle gesellschaftlichen Konventionen dar. Dies gilt auch für die Bereitschaft der betreffenden Frauen, dem Ruf Jesu Folge zu leisten und sich einer Gruppierung anzuschließen, deren Auftreten durch Wanderradikalismus geprägt ist. Während Maria Magdalena Jesus bis nach Jerusalem nachfolgte, dürfte Johanna, deren Ehemann Chusa als Verwalter im Dienst des Herodes Antipas stand, eher den über das Land verteilten ortsfesten Sympathisanten zuzurechnen sein. In der Jesusbewegung spielten in ihrer Körperlichkeit heil gewordene Frauen wie die namentlich genannten Jüngerinnen aus Lk 8,1-3 eine ungleich größere Rolle, als eine androzentrische Bibelwissenschaft sie ihnen lange einzuräumen gewillt war. Ob sie sogar eine »galiläische Frauengruppe« mit ausgeprägtem weiblichem Bewusstsein und eigenständigen religiösen Vorstellungen bildeten (L. Schottroff), sei dahingestellt.

In der Wundergeschichte Mk 5,25-34 lässt Jesus nicht nur Heilung zuteil werden, sondern hebt auch die soziale wie kultische Stigmatisierung der Frau auf und verhilft ihr zur Wiedereingliederung in die Gesellschaft. Die blutflüssige Frau leidet an einer chronischen Menstruationsblutung. Die alttestamentlichen Menstruationsgesetze haben weitreichende Auswirkungen auf die Gestaltung der sozialen und sexuellen Beziehungen. Im Horizont der Rechtsvorschriften von Lev 15,19-30 befindet sich die Frau in einem Zustand permanenter Unreinheit. Zudem ist als soziale Folge ihrer Krankheit eine Disqualifizierung im patriarchalen Gesellschaftsgefüge anzunehmen. Da sie wegen ihres Leidens als Gebärerin untauglich ist, gleicht ihre Situation der einer unfruchtbaren Frau. Mit der heimlichen Berührung des Gewandes Jesu liegt eine Grenzüberschreitung vor, auch wenn fraglich bleibt, ob nach zeitgenössischem jüdischem Verständnis die bloße Berührung durch eine menstruierende Frau verunreinigende Wirkung hat. Von Jesus wird das Verhalten der Frau nicht getadelt, sondern uneingeschränkt positiv als Ausdruck ihres Glaubens öffentlich gemacht.

In dem Wunderbericht Lk 13,10-17 können Frauen ihre eigene Geschichte vom Frauwerden wieder finden. Wenn die heilungsbedürftige Person aufgrund ihrer Lähmung seit achtzehn Jahren gekrümmt ist und sich nicht aufzurichten vermag, lässt sich dies sinnbildlich als spezifische Frauenerfahrung begreifen, die durch das Wunder transzendiert wird. Die Heilung symbolisiert den Weg der Frau, aus der Rolle des gekrümmten Opfers herauszuwachsen und sich aus Unterdrückungsstrukturen zu befreien. Sich aufrichten heißt eigenständig werden und dies gegen alle Widerstände behaupten. Der die Heilung kritisierende Synagogenvorsteher kann als Repräsentant für jene gesellschaftlichen und kirchlichen Mächte gesehen werden, welche die Frau nach wie vor an den Rand zu drängen suchen. In der Wundergeschichte werden sie in ihre Schranken verwiesen.

Das Normenwunder Mk 7,24-30 verdient deshalb besonderes Interesse, weil es das einzige neutestamentliche Streitgespräch darstellt, in dem Jesus die Argumentation nicht souverän beherrscht, sondern sich eines Besseren belehren lassen muss – und das von einer Frau. Das gegen die Einbeziehung von Heiden in das Heil gerichtete Jesuswort Mk 7,27 ruft den Widerspruch der Syrophönizerin hervor. Sie greift die Bildsprache des Wortes auf, wendet sie ins Positive und ringt Jesus damit die Heilung ihres Kindes ab. Von Seiten feministischer Theologie wird die Begebenheit im Sinne einer grundlegenden Öffnung Jesu gegenüber weiblicher Religiosität und Ethik interpretiert (C. Mulack). Nationalismus und Mannesstolz als die beiden Eckpfeiler des Patriarchats seien Jesus als Kind seiner Zeit mit in die Wiege gelegt worden und spiegelten sich Mk 7,24-30 in der zunächst verweigerten Heilung wider. Im Verlauf des daraus resultierenden Streitgesprächs habe er sich von einem patriarchalen zu einem matriarchalen, die Bedürftigkeit des Menschen zum obersten Maßstab erhebenden Denken bekehren lassen. Jesu späteres entschiedenes Auftreten gegen jede Form der Menschenverachtung wurzle als Lernfortschritt in der Begegnung mit der Syrophönizerin. Auch wenn dies wohl zu weit geht, ist Mk 7,24-30 ein weiteres wichtiges Beispiel dafür, wie berechtigt die Forderung nach einer Aufarbeitung der tragenden Rolle von Frauen in der Jesusüberlieferung ist.

Eng mit feministischer Hermeneutik verflochten ist die Betrachtung von Wundergeschichten aus der Gender-Perspektive. Wundergeschichten sind nachhaltig von gesellschaftlich bedingten Geschlechterdifferenzen geprägt, die danach rufen, wahrgenommen und offengelegt zu werden. Vor allem die Rolle der Frau hat dabei lange Zeit keine hinreichende Beachtung gefunden. Dementsprechend richtet eine Wunderanalyse aus der Gender-Perspektive das Hauptaugenmerk auf Frauenpositionen, Frauenaktivitäten und Frauenhoffnungen, die sich in den biblischen wie außerbiblischen Texten widerspiegeln. Es geht um eine Erhellung dessen, in welchen Funktionen weibliche Handlungsträger in antiken Heilungswundern auftreten und wie mit geschlechtsspezifischen Aspekten von Krankheit umgegangen wird. Dabei legt sich als hermeneutische Prämisse die nicht speziell auf die antike Tradition bezogene Vermutung von A.-M. Korte nahe, dass volkstümliche Wundergeschichten in höherem Maße für Frauenfragen und Frauenanliegen offen sind als andere Formen der religiösen Überlieferung.

Eine Analyse antiker Heilungswunder aus der Gender-Perspektive führt zu wichtigen Einsichten. Zunächst einmal fällt auf, dass aus der antiken Wunderüberlieferung keine renommierten Wunderheilerinnen bekannt sind. Die volkstümliche Kräuter- und Hausmedizin lag zwar in hohem Maße in der Hand von Frauen; doch der Bereich der institutionellen oder charismatischen Wunderheilung stellte eine Männerdomäne dar, von der Frauen aus Gründen gesellschaftlich konstruierter Rollenmuster weitgehend ausgeschlossen blieben.

Zudem wird deutlich, dass Wunder, in denen die Heilung von Frauen geschildert wird, zahlenmäßig deutlich unterrepräsentiert sind und es schwerer hatten, sich im Überlieferungsprozess zu behaupten. Sie mussten biographische Interessen abdecken, von besonders spektakulären Ereignissen handeln oder die Heilung spezifischer Frauenkrankheiten zum Inhalt haben, um die Aufmerksamkeit der Tradenten zu erregen. Normalerweise wurden bei geschlechtsneutralen Krankheiten wie Blindheit, Lähmung oder Besessenheit von den Erzählern offenbar männerbezogene Heilungswunder favorisiert.

Indes zeigt sich, dass Frauen, wenn sie in Wundergeschichten als Familienangehörige oder Bittstellerinnen fungieren, dies meist in exponierter Stellung tun. Mit der Witwe von Sarepta (1Kön 17), der Schunemiterin (2Kön 4), der Syrophönizerin (Mk 7) oder der Jüngerin Marta (Joh 11) begegnen uns bedeutsame Frauengestalten, die den großen Wundertätern der Bibel selbstbewusst gegenübertreten, es argumentativ mit ihnen aufnehmen und Träger wichtiger theologischer Aussagen sind. Ungefiltert vom Androzentrismus transportieren diese Texte ein Frauenbild, das mit seiner Aufweichung traditioneller Rollenmuster zumindest in Ansätzen zu einem die Geschlechtergrenzen überwindenden »degendering« beiträgt. Nicht zuletzt hier bewahrheitet sich die Vermutung, dass die volkstümliche Wunderüberlieferung in besonderer Weise frauenfreundliche Traditionen bewahrt hat, die sich gegenüber konventionellen Rollenzuweisungen und daraus resultierenden Machtstrukturen in Kirche und Gesellschaft als subversiv erweisen können.

Feministische Wunderhermeneutik versteht sich als kritische Gegeninstanz zur vorherrschenden androzentrischen Bibelauslegung und richtet den Fokus auf jene Traditionen, in denen Frauen das Objekt der Heilung sind. Dabei werden die Nähe Jesu zu Frauen, die wichtige Funktion geheilter Jüngerinnen in der Jesusbewegung und die im Heilungswunder bewirkte ganzheitliche Wiederherstellung weiblicher Körperlichkeit in ihrer emanzipatorischen Dimension gewürdigt. Wunderbetrachtung aus der Gender-Perspektive geht den gesellschaftlich bedingten Geschlechterdifferenzen in der Wunderüberlieferung nach, die danach rufen, wahrgenommen und offengelegt zu werden.

Aufgaben:
- Vergleichen Sie die nachfolgende, von feministischer Theologie beeinflusste Auslegung der Wundergeschichte Mk 7,24-30 durch Franz Alt mit der Auslegung des Textes in einem Markus-Kommentar, z.B. J. Gnilka, Das Evangelium nach Markus. Bd. I, EKK II/1, Zürich u.a. 1978, 289-295. Worin liegt der Erkenntnisgewinn feministisch geprägter Wunderhermeneutik, inwieweit wird sie dem Text gerecht?

Jesus hatte noch nicht begriffen, was Nächstenliebe ist. Er dachte am Anfang gar nicht daran, dieser Ausländerin auch nur zu antworten. Jesus scheint hier noch ganz gefangen in Sexismus und Nationalismus ... Die Frau hat ihm einen Spiegel vorgehalten, indem sie sein Bild der Verachtung aufgegriffen hatte. Jesus lernt so, sein eigenes Verhalten als »hündisch« zu begreifen. Er sieht seinen Schatten, seinen männlichen Stolz, seine noch nicht inte-

> grierte Anima. Er beginnt auf das Weibliche in sich zu hören, und
> darum kann das Wunder der Heilung und der inneren Wandlung
> geschehen. Jesus hat von der nichtjüdischen Frau viel gelernt. In
> der Begegnung mit Frauen können Männer das Wesen ihrer eige-
> nen Seele erleben ... Jesus war nicht von Anfang an vollkommen;
> er entwickelt sich aber ganzheitlich, zu einem ganzen Mann, weil
> er bereit war, aus Fehlern zu lernen – auch von Frauen. Jesu Lern-
> bereitschaft gegenüber Frauen ist deshalb so neu und überra-
> schend, weil Männer zu seiner Zeit noch gar keine psychische Be-
> ziehung zum Weiblichen hatten. Von Frauen hat Jesus gelernt, daß
> vor allem die Schwachen geschützt werden müssen – eine weib-
> lich-mütterliche Erkenntnis. Die Starken können sich selber hel-
> fen. Jesus stellt die Werteskala des Patriarchats auf den Kopf:
> Nicht die Nationalität und nicht das Geschlecht zählen, sondern
> allein die Hilfsbedürftigkeit und die Schwachheit. Jesus hat durch
> die Hartnäckigkeit der Mutter, deren Tochter von einem »bösen
> Geist sehr geplagt« wird, viel gelernt.[52]

- Darüber, wie die Unterstützung der Jesusbewegung durch die von Jesus geheilte Johanna (Lk 8,3) ausgesehen haben könnte und welche Konflikte dies mit ihrem Ehemann Chusa herauf- beschworen haben mag, gibt die unterhaltsame narrative Exegese von G. Theißen, Der Schatten des Galiläers, Gütersloh [13]1993, 167-180, Auskunft. Lesen Sie diesen Text.

4. Sozialgeschichtliche Auslegung von Wundererzählungen

Lit.: KOLLMANN, B., Jesus und die Christen als Wundertäter, FRLANT 170, Göttingen 1996, 362-375. – SCHMELLER, T., Sozialgeschichtliche Auslegung, in: Meiser, M. u.a. (Hg.), Proseminar II, Stuttgart 2000, 276-285. – SCHNELLE, U., Einführung in die neutestamentliche Exegese, UTB 1253, Göttingen [5]2000, 186-189. – THEISSEN, G., Urchristliche Wundergeschichten, StNT 8, Gütersloh [5]1987, 244-256.283-297. – DERS., Lokalkolorit und Zeitgeschichte in den Evangelien, NTOA 8, Freiburg/Göttingen 1989, 62-85.

Um die neutestamentlichen Wundergeschichten und die Welt ihrer Tradenten in voller Tiefe zu verstehen, bedarf es auch einer angemessenen Berücksichtigung der hinter den Texten stehenden oder von ihnen widergespiegelten sozialen Wirklichkeit. Die dafür entwickelte sozialgeschichtliche Methode, die sich als ergänzende Bereicherung der historisch-kritischen Exegese versteht, ist durch eine Integration soziologischer, ökonomischer und kulturwissenschaftlicher Fragestellungen in die Bibelwissenschaft gekennzeichnet. Sozialgeschichtliche Exegese ist damit grundsätzlich eher vergangenheitsorientiert, arbeitet aber auch die gegenwartsbezogene Bedeutung der Wundergeschichten als Hoffnungsbilder der kleinen Leute heraus. Dies schließt eine handlungsorientierte Hermeneutik mit ein, die sich von der sozialgeschichtlichen Analyse biblischer Texte Impulse für eine verantwortliche Gestaltung unserer Wirklichkeit erhofft. Das Hauptaugenmerk bisheriger sozialgeschichtlicher Erforschung des Neuen Testament gilt einer Soziologie der Jesusbewegung, der Sozialstruktur der paulinischen Gemeinden und umfassender den gesellschaftlichen Verhältnissen in der mediterranen Welt der Zeitenwende. Auch an ausgewählten Wundergeschichten wird deutlich, wie sozialgeschichtliche Auslegung die Lebensverhältnisse hinter den Texten an das Tageslicht bringt.

Von der blutflüssigen Frau Mk 5,25-34 heißt es »und sie hatte viel erlitten von vielen Ärzten und all ihr Gut dafür aufgewandt, und es hatte ihr nichts geholfen, sondern war noch schlimmer mit ihr geworden« (5,26). Eine sozialgeschichtliche Analyse dieser Notiz zeigt zunächst, dass der Wunderglaube und die Inanspruchnahme von Wundercharismatikern grundsätzlich eher ein Unterschichtphänomen darstellt. Solange die blutflüssige Frau über Geld verfügte, suchte sie bei Ärzten Hilfe. Erst als sie auf diese Weise ihr gesamtes Vermögen verloren hat, wendet sie sich an Jesus. Mit dem Topos vom Ärzteversagen wird der Überzeugung Ausdruck verliehen, dass das immer wieder unter Legitimationsdruck stehende Wundercharismatikertum der gesellschaftlich anerkannten Heilkunst überlegen ist und keine finanziellen Interessen verfolgt.

Zwar gab es in neutestamentlicher Zeit in Teilen des Imperium Romanum eine kommunale Krankenfürsorge mit öffentlichen Ärzten. Die sozial Unterprivilegierten zugängliche Heilkunst war aber weder flächendeckend noch gesetzlich institutionalisiert, sondern beruhte auf einem freiwilligen, oftmals zeitlich befristeten Entgegenkommen des Arztes. Antike Quellen heben das nicht am Gewinn orientierte Wirken von Ärzten als Besonderheit hervor. In aller Regel war bei ärztlichem Eingreifen Vorauszahlung üblich, wobei die Behandlung an den finanziellen Möglichkeiten der erkrankten Person scheitern konnte. Das Begleichen der Arztrechnung führte des Öfteren in den finanziellen Ruin. Wer sich dann, wie es bei der blutflüssigen Frau der Fall war, keinen eigentlichen Arzt mehr leisten konnte oder das Vertrauen in die wissenschaftliche Heilkunst verloren hatte, wandte sich entweder an kultische Heilstätten oder an Wundercharismatiker. Beides war allerdings ebenfalls nicht umsonst. Für den Asklepioskult sind kostenpflichtige Voropfer bezeugt, die eigentliche Bezahlung schloss sich binnen Jahresfrist an. Am Asklepiosheiligtum von Pergamon wurden nur solche Personen zum Heilungsbetrieb zugelassen, die durch Benennung von Bürgen eine spätere Begleichung der Rechnung gewährleisteten. Auch Wundercharismatiker boten ihre überwiegend magischen Praktiken nicht kostenlos dar, sondern waren zur Bestreitung ihres Lebensunterhaltes zwingend auf Entlohnung angewiesen. Diesbezüglich wich das Christentum mit seinen unentgeltlichen Heilungen (Mt 10,8) grundlegend von den Gepflogenheiten in der religiösen Umwelt ab. Die vor allem in den apokryphen Apostelgeschichten breit bezeugte Glaubensaussage von Jesus als umsonst heilendem Arzt bringt dies zum Ausdruck. Von Ort zu Ort ziehende christliche Wundercharismatiker hatten in der Tradition der Aussendungsrede Anspruch auf Gemeindeunterhalt und konnten deshalb bei ihren Wunderheilungen auf Entlohnung verzichten. Die Kirchenväter werden nicht müde, diesen Sachverhalt als wichtigen Grund für die große Anziehungskraft des Christentums hervorzuheben.

Mk 5,25-34 zeigt, in welchem Maße Krankheit in der Antike vor allem auch ein wirtschaftliches Problem darstellte und wo diesbezüglich ein Charakteristikum christlicher Praxis lag. Die Wundergeschichte vermittelt die Hoffnung, in der Not von Jesus als dem umsonst heilenden Arzt der kleinen Leute nicht im Stich gelassen zu werden, und gibt damit zeitlos gültige Impulse für das christliche Handeln in der Welt.

Für Mk 7,24-30 hat Gerd Theißen plausibel gemacht, dass sich in der moralisch anstößigen Zurückweisung der syrophönizischen Frau durch Jesus soziokulturelle und wirtschaftliche Konflikte widerspiegeln, wie sie sich im tyrisch-galiläischen Grenzgebiet zwischen Juden und Heiden aufgestaut hatten. Die Episode spielt in der Gegend um Tyros in dem zur römischen Provinz Syrien gehörigen Phönizien. Die Syrophönizerin, die um Heilung ihres Kindes nachsucht, ist durch die Zusatzbezeichnung »Griechin« als hellenisierte Einheimische und damit als Angehörige der sozialen Oberschicht gekennzeichnet. Eine

Analyse der ökonomischen Verhältnisse zeigt, dass die reiche Stadt Tyros immer wieder im galiläischen Hinterland Getreide aufkaufte. Im Falle von Versorgungskrisen zog die ärmere galiläische Landbevölkerung den Kürzeren, da sie sich im Verteilungskampf um Nahrungsmittel der städtischen Kaufkraft geschlagen geben und dem Export heimischer Agrarerzeugnisse nach Tyros tatenlos zuschauen musste. Das anstößige und vom Bildgehalt her nicht ohne weiteres verständliche Jesuswort Mk 7,27 könnte, so Theißen, ursprünglich den Sinn haben »Lasst zuerst die armen Leute im jüdischen Hinterland satt werden. Denn es ist nicht gut, das Brot der armen Leute zu nehmen und es den reichen Heiden in den Städten hinzuwerfen.« Die syrophönizische Frau kehrt dieses traditionelle jüdische Ressentiment gegenüber der heidnischen Stadtbevölkerung ins Positive und erreicht die Heilung ihrer Tochter. Der sozialgeschichtliche Zugang zu neutestamentlichen Wundererzählungen erweist sich auch hier als Bereicherung und kann zu einem besseren Textverständnis beitragen.

Hinsichtlich der soziologischen Verortung der Wundergeschichten in ihren Trägergruppen rechnet die sozialgeschichtliche Betrachtungsweise mit einer gewissen Schichtgebundenheit. Auch wenn sich der Wunderglaube quer durch alle Gesellschafts- und Bildungsschichten zieht, sieht sie Wundererzählungen ursprünglich eher in unteren sozialen Schichten beheimatet. Sie wirkten als Hoffnungsgeschichten der kleinen Leute symbolisch der Not entgegen, ließen die Zuversicht den Sieg über die Resignation davontragen und spornten dazu an, im alltäglichen Leben die Negativität des Daseins auch durch praktische Handlungen zu überwinden. Indem sie Einspruch gegen die realen Verhältnisse erheben, auf die Überwindung von Not drängen und für eine alternative soziale Praxis werben, könnten Wundergeschichten Handlungsmöglichkeiten für die Gestaltung und Veränderung unserer Lebenswirklichkeit erschließen. Im Wunder zeigt sich demnach der Entwurf einer alternativen Lebenswelt, der nach Verwirklichung ruft.

Mit Hilfe sozialgeschichtlicher Analyse, die durch eine Integration soziologischer, ökonomischer und kulturwissenschaftlicher Fragestellungen in die Bibelwissenschaft gekennzeichnet ist, lässt sich die hinter den neutestamentlichen Wundererzählungen stehende Lebenswirklichkeit erhellen. Sie sind in hohem Maße gegenwartsbezogene Hoffnungsgeschichten der kleinen Leute, die weit über ihren geschichtlichen Ort hinaus Zuversicht geben und die Überwindung von Leid einklagen.

Aufgabe:
- Wie kaum ein anderer hat Gerd Theißen mit seinem Verständnis der Wundergeschichten als Hoffnungsgeschichten der kleinen Leute die Wunderhermeneutik und Wunderdidaktik befruchtet. Analysieren Sie folgenden Text und arbeiten Sie die Differenzen zur kerygmatisch-existenzialen Wunderhermeneutik heraus, nicht zuletzt im Blick auf die unterschiedliche Wertung mythischen Denkens.

> Mythische Sprache ist eine spezifische Weise, Wirklichkeit zu transformieren, zu assimilieren und bewohnbar zu machen. Auch die Wundergeschichten sind so zu verstehen: In ihnen wird die traumatische Erfahrung menschlicher Aussichtslosigkeit verarbeitet. Grenzsituationen menschlichen Leids werden hier in eine Sprache transformiert, in der es keine radikale Aussichtslosigkeit mehr gibt: in die Sprache des Wunderglaubens. Den Anstoß zu dieser Bewältigung menschlicher Grenzsituationen gaben Heilungen und Exorzismen Jesu sowie die Ostervisionen. Ohne sie kann man jene Geschichten kaum verstehen, in denen die mythische Phantasie urchristlicher Gruppen immer wieder den Stein der Todesangst von sich wälzte. Erschließt uns aber diese mythische Sprache auch heute noch erfahrbare Wirklichkeit? Sie sagt: Der Glaube bestreitet eher alle bisherige Erfahrung, eh daß er menschlichem Leid das Recht abspricht, beseitigt und gelindert zu werden. Der Wunderglaube ist ein unbedingter Protest gegen konkretes menschliches Leid, gegen das Leid der Kranken, Verstümmelten, Isolierten, und dieser Protest kann uns heute ganz unmittelbar ansprechen. Die Exegese geht freilich meist andere Wege. Sie versteht die Wundergeschichten als Glaubensgeschichten. Ihr Skopus ziele auf Innerliches, auf den Glauben an Jesus. Die krasse Leibhaftigkeit der Wunder wird durch Hinweis auf religionsgeschichtliche Parallelen als weniger wichtig abgetan. Eine solche Exegese kann sich nicht auf die synoptischen Texte selbst stützen, wohl aber auf ihre Auslegungsgeschichte. Schon bald wurden die Wundergeschichten spiritualisiert. Das beginnt im Neuen Testament. Die Texte erhalten sekundär einen Sinnzuwachs, der auch im Unterricht besprochen werden sollte. Den ur-

> sprünglichen Sinn der Wundergeschichten trifft man so jedoch nicht.[53]

5. Psychologische Interpretation der Wunder

Lit.: BERG, H.K., Ein Wort wie Feuer, München/Stuttgart 1991, 139-168. – DREWERMANN, E., Tiefenpsychologie und Exegese Bd. II, Olten [3]1992, 43-309. – DERS., Das Markusevangelium Bd. I-II, Olten 1987. – DERS., Das Matthäusevangelium Bd. I-III, Olten [4]1990. – FREY, J., Eugen Drewermann und die biblische Exegese, WUNT II/71, Tübingen 1995. – KASSEL, M., Sei, der du werden sollst, München [2]1988. – LÜDEMANN, G., Texte und Träume, BenshH 71, Göttingen 1992.

Neutestamentliche Wundergeschichten sind für eine psychologische Befragung auf die in ihnen verborgenen Gefühle, Hoffnungen und Sehnsüchte offen. Dies macht zunächst einmal um einer geschichtlichen Erhellung der Wunderpraxis Jesu willen Sinn. Beim Bemühen um ein angemessenes Verständnis der Krankheitsbilder und Heilungsvorgänge im Neuen Testament liegt es nahe, Einsichten der Psychologie zur Kenntnis zu nehmen und interpretativ nutzbar zu machen. Das Erkenntnisinteresse psychologischer Bibelinterpretation ist aber auch hermeneutischer Natur, indem es auf einen Brückenschlag von den biblischen Texten zur Befindlichkeit des modernen Menschen abzielt. Die in den Tiefenschichten der Wundererzählungen abgelagerten menschlichen Grunderfahrungen werden in unser Leben hineingeholt und können Selbsterfahrung bewirken.

Die bedeutsamen tiefenpsychologischen Interpretationsmodelle der Heilungswunder von Maria Kassel und Eugen Drewermann sind dem Denken von Carl Gustav Jung verpflichtet. Dieser rechnet mit einer angeborenen Tiefenschicht der Psyche, die eine in jedem Menschen vorhandene Grundlage überpersönlicher Art darstellt und daher das kollektive Unbewusste genannt wird. In die Tiefenschicht der Seele haben sich dem zufolge bestimmte Urbilder, Archetypen, eingeprägt, die sich in eher rational bestimmte männliche, als Animus bezeichnete und in eher emotional bestimmte weibliche, als Anima bezeichnete Elemente unterteilen. Nicht nur eine Disharmonie zwischen Animus und Anima, sondern vor allem auch die sogenannten Schatten, vom Ich an sich selbst nicht akzeptierte und daher verdrängte Persönlichkeitsanteile, ließen die Seele krank werden. Heilung geschieht in einem als Individuation bezeichneten allmählichen Prozess der Selbstwerdung. Ein intensives Hören auf das kollektive Unbewusste erweise sich dabei von unschätzbarem Wert, da dort die grundlegenden Möglichkeiten der Krisenbewältigung verborgen seien, wie sie von der Menschheit in ihrer Frühgeschichte erlernt wurden. Am Ende des Selbstwerdungsprozesses steht ein ganzheitliches Ich, das seine angstvoll zurückgewiesenen Persönlichkeitsanteile integriert und seine psychischen Gegensätze in ein harmonisches Gleichgewicht gebracht hat.

Von diesen Voraussetzungen her ist tiefenpsychologische Exegese davon überzeugt, dass unter der Oberfläche der biblischen Wundergeschichten eine von der menschlichen Grunderfahrung heilen, integrierten Lebens geprägte Tiefenstruktur verborgen ist. So begreift Maria Kassel Mk 5,1-20 als Erzählung von einer Individuation in einem bestimmten Stadium. Bei dem besessenen Gerasener sei die Steuerung seiner Energien durch das Bewusstsein außer Kraft gesetzt, sie hätten sich verselbstständigt und wirkten zerstörerisch. Von der Begegnung mit Jesus gehe die Initialzündung zu einem Individuationsprozess aus. Jesu therapeutische Kompetenz beruhe dabei nicht auf erlerntem Verhalten, sondern auf der Ausstrahlung seiner ganzheitlichen Person, die bei Kranken Integrationskräfte mobilisiert habe.

»Angestoßen durch ein Ereignis auf der Objektebene, durch die Begegnung mit Jesus, taucht auf der Subjektebene in der zerfallenen Psyche des Besessenen im Bilde Jesu, des ungeteilten Menschen, ein Archetypus der Ganzheit auf und gibt dem schon fast Zugrundegegangenen die Kraft, über die Mächte der eigenen Tiefe Herr zu werden – er sitzt dann bekleidet, ruhig und vernünftig da (5,15); das Bewußtsein hat seine steuernde Funktion wieder übernommen.«[54]

Allerdings wird dies nur als ein Zwischenstadium auf dem Weg zur Heilung betrachtet. Die ins Meer stürzende Schweineherde stehe für die Triebsphäre und sei ein geballtes Symbol dafür, dass angstbesetzte Teile der Persönlichkeit immer noch abgespalten und in die tiefsten Schichten des Unterbewussten verdrängt würden. In einem Prozess fortschreitender Bewusstwerdung müsse der Gerasener auch diese Elemente an die Oberfläche holen, als Schatten akzeptieren und in sein Ich integrieren. Solche Textauslegung bleibt nicht auf der abstrakten theoretischen Ebene stehen, sondern zielt darauf ab, tiefenpsychologische Zugänge zur biblischen Tradition einzuüben und den dort unter der Oberfläche verborgenen Schatz heilsamer Krisenbewältigung zu heben. Über das biblische Medium erfolgt ein Anstoß zu Selbsterfahrung und Identitätsfindung, indem die Tiefendimension der Texte mit dem eigenen psychischen Tiefenerleben in Verbindung gebracht wird.

Der bedeutsamste Entwurf psychologischer Wunderauslegung stammt von Eugen Drewermann. Er vereinigt ebenfalls historische und hermeneutische Aspekte in sich, indem er einerseits den geschichtlichen Jesus als Schamanen zeichnet, andererseits das der Wunderüberlieferung zeitlos innewohnende Heilungspotenzial in den Mittelpunkt rückt. Der historisch-kritischen Bibelexegese wird Erstarrung und eine unangemessene Distanz zu den Texten vorgeworfen. Nicht den geschichtlichen Entstehungsbedingungen, sondern der menschlichen Seite der Wundergeschichten gebühre das Augenmerk, um darin über alle Grenzen von Raum und Zeit hinweg sich selber und anderen näherzukommen. Dem weithin verabsolutierten wissenschaftlich-rationalen Zugang zu biblischen Wundern setzt Drewermann programmatisch die Forderung entgegen, auch die von Gefühlen wie Bildern bestimmte Tiefendimension der Texte wahrzunehmen und außerhalb des westlichen Kulturkreises anzutreffende Wunderphänomene vergleichend einzubeziehen. Wunder seien als Taten und Tatsachen des Gefühls und Affekts, nicht des Verstandes zu sehen. Während die historisch-kritische Bibelwissenschaft als ein verspäteter Bastard des Rationalismus und Säkularismus von einer Peinlichkeit in die andere stolpere, könne ein einziger Blick auf die Schamanen oder Medizinmänner primitiver Stammeskulturen zeigen, wie die biblischen Heilungswunder zu verstehen seien und vor allem welche zeitlos gültige Wirkmacht einer unverfälschten Form von Religiosität innewohne.

Unter Rückgriff auf das Denken der Naturvölker entwickelt Drewermann ein Bild von Krankheit als Ausdruck seelischer Disharmonie, das er in den biblischen Texten widergespiegelt und gleichzeitig auf die heutige Situation hin transparent sieht. Weit davon entfernt, ein nur körperliches Geschehen zu sein, basiert Krankheit für ihn auf einer gestörten Beziehung zu den Mächten der unsichtbaren, jenseitigen Welt des Unbewussten. Der kranke Körper ist das Spiegelbild der ihrer Mitte verlustig gewordenen Seele. Krank wird jemand, der den Kontakt zur Welt der Träume verloren hat, dem das Vertrauen, an die Größe seines eigenen Wesens und Lebensweges zu glauben, abhanden gekommen ist und der sich schuldig fühlt. Gesundheit meint, in der Mitte der Welt und in der Verbundenheit mit allem Geschaffenen zu leben. Von solchen gedanklichen Voraussetzungen her werden sämtliche Krankheitsbilder der neutestamentlichen Wunderüberlieferungen für psychogen erklärt. Der Körper reagiere mit Aussatz, Fieber, Lähmung oder Blindheit auf die Krankheit der Seele. Werde die Seele in Einklang mit sich selbst und der Ordnung des Kosmos gebracht, ziehe dies eine ganzheitliche, den Körper mit einschließende Gesundung nach sich. Solche sich in den Schichten des Unbewussten abspielende Heilung geschehe damals wie heute in der Begegnung mit Jesus, der eine die Krankheit überwindende Macht des Vertrauens ausstrahle.

Im Rahmen dieser Gesamtkonzeption gelingt es Drewermann in beeindruckender Weise, dass sich die heutigen Adressaten der neutestamentlichen Wundergeschichten mit dem, was ihnen auf der Seele brennt, in den Texten wieder finden und Hoffnung auf Heilung aus ihnen gewinnen können. Demnach leiden Menschen unserer Zeit, auch wenn die körperlichen Auswirkungen weniger gravierend sein mögen, an ähnlicher Zerrissenheit der Seele, wie dies bei den Hilfsbedürftigen der Wunderberichte der Fall ist, und können gleichermaßen in der vertrauensvollen Begegnung mit Jesus Rettung erfahren.

In Mk 2,1-12 etwa werde im Grunde »die Heilung von einer Krankheit berichtet, die wir alle kennen, weil wir alle mehr oder minder unter ihr leiden. Freilich handelt es sich um eine recht sonderbare Form von Krankheit. Erlebt wird sie als Gelähmtheit des Körpers, aber ihr Grund liegt eher in einer Unbeweglichkeit der Seele. Empfunden wird sie als Starre des Leibes, aber ihr Ursprung liegt in einer tiefen Angst der Seele vor möglicher Schuld in der Zukunft bzw. in einer tiefen Resignation infolge bereits begangener Fehler der Vergangenheit.«[55]

In solcher neuen Unmittelbarkeit, welche den »garstigen Graben« zwischen Text und Gegenwart überwindet, liegt die große Stärke tiefenpsychologischer Wunderauslegung. Die biblischen Wundergeschichten werden als Texte nahe gebracht, die unmittelbar von den eigenen seelischen Befindlichkeiten handeln und zeitlos gültige Bilder der Hoffnung in sich bergen. Wenn Menschen sich emotional auf eine Kommunikation mit den Tiefendimensionen biblischer Texte einlassen, können heilsame Prozesse der Selbstfindung in Gang kommen. Dabei werden allerdings unter weitgehender Ausblendung der Möglichkeit, dass Krankheit losgelöst von der Psyche auch ein rein körperliches Geschehen sein kann, teilweise phantasievolle Krankengeschichten in die neutestamentlichen Wunderberichte hineingelesen, um diese adressatenorientiert in Szene zu setzen.

Tiefenpsychologische Wunderauslegung dringt durch die Oberfläche einer biblischen Geschichte hindurch, um die auf der darunter liegenden Tiefenebene verborgenen psychischen Konfliktsituationen und Bilder der Hoffnung an das Tageslicht zu befördern. Sie vermag aus den neutestamentlichen Wundergeschichten zeitlos gangbare Wege der Befreiung von Angst, innerer Zerrissenheit und seelischer Erkrankung, hin zu einer stabilen, in ganzheitlicher Harmonie lebenden und dabei auch ihre Schattenseiten bewältigenden Persönlichkeit aufzuzeigen und damit die heilsame Wirkung des Evangeliums zur Geltung zu bringen.

Aufgabe:
- Vergleichen Sie anhand der nachfolgenden Texte die »traditionelle« historisch-kritische Exegese von Mk 1,29-31 (Heilung der Schwiegermutter des Simon Petrus) durch Joachim Gnilka mit der tiefenpsychologischen Auslegung durch Eugen Drewermann. Wo sehen Sie den entscheidenden Gewinn tiefenpsychologischer Interpretation? Inwieweit erscheint Ihnen Drewermanns Umgang mit dem biblischen Text, insbesondere was die Erklärung der Krankheit angeht, als angemessen?

Die Schwiegermutter Simons, die mit ihm zusammenlebt, ist fieberkrank. Diese für uns ziemlich unbestimmte, aber für den antiken Leser die Gefährlichkeit ihres Zustandes zur Genüge andeutende Schilderung der Krankheit wird durch das seltene Verbum »darniederliegen« unterstrichen. Sie ist an das Lager gefesselt. Fieber wurde in der Antike als widernatürliche Hitze definiert ... Die Heilung geschieht durch den bekannten Gestus des Handergreifens und Aufrichtens. Vom Wundertäter strömt die heilende Kraft aus. Allerdings bedient sich Jesus hier keines Wortes und vor allem spricht er kein Gebet, wie in einer ähnlichen Lage der Apostel Paulus, der unter Handauflegung und Gebet den Poplius auf der Insel Malta von Fieber und Krankheit befreit (Apg 28,8), oder Rabbi Chanina ben Dosa, der für einen Fieberkranken um Erbarmen fleht. Jesus heilt aus eigener Kraft.[56]

Was ist das nur für eine merkwürdige Krankheit, die bei dieser Frau ausbricht, bevor Jesus kommt, und die sogleich verschwindet, kaum daß er ihr die Hand auflegt! ... Sie wird in der Tat Grund genug gehabt haben, am Fieber zu erkranken, als sie hörte, Jesus komme in ihr Haus ... Jedenfalls wird sie, wenn diese Leute kommen, nicht den Finger krumm machen; sie wird im Bett liegen und krank sein; sie wird sich weigern, diese Mannschaft pflichtvergessener Bizocchi [= Bettelmönche] zu empfangen; sie wird einfach passiv streiken, willentlich oder unwillentlich. Irgendwo muß Schluß sein, wird sie gedacht haben.

Und mit all dem hätte sie nichts anderes vorgebracht, als was wir alle in Wahrheit wie selbstverständlich, wenn wir uns nicht neu besinnen, zur Grundlage unserer Weltanschauung machen. Ganz entsprechend den Maßstäben des Protestes dieser Frau richten wir normalerweise von früh bis spät unser Leben ein, erziehen wir unsere Kinder, halten wir uns für geradezu beispielhaft und richtig. Selbst wenn wir als Christen davon hören, daß Jesus offensichtlich anders lebte und dachte, werden wir versuchen, irgendwie die Dinge doch nicht so wörtlich zu nehmen und in jedem Falle »die Kirche im Dorf zu lassen«, wie man so sagt.

Allem Anschein nach ist dieses Wunder einer Fieberheilung in der Tat kaum hoch genug zu rühmen. Der Text erzählt nicht, wie es war, als Jesus die Kammer der Schwiegermutter des Petrus betrat und ihr die Hand auflegte; er »richtete sie auf«, heißt es lapidar im Evangelium, so daß das Fieber von ihr wich. Aber könnte es nicht sein, daß das, was wir »normal« nennen, in Wahrheit eine einzige große Krankheit ist, ein völlig wahnsinniges »Fieber«, das wir lediglich erst dann bemerken, wenn wir Menschen begegnen, die wirklich leben? Wäre es nicht denkbar, daß wir erst dann gesunden können, wenn sich eine Hand auf unsere Stirn legt, unter deren Schutz unsere Gedanken zur Ruhe kommen können, und wir merken, daß wir für gewöhnlich ständig auf der Flucht sind, am meisten vor uns selbst? ... Wäre es nicht möglich, wir könnten in der Nähe Jesu die Überzeugung gewinnen, gerade unser »kleines« Leben sei in Wahrheit das Schönste, was Gott sich ausgedacht hat, und es brauche all den Spuk rings um uns her gar nicht zu geben – das Wenige, was wir wirklich zum Glück brauchten, lebe bereits wie von selbst in unserem Herzen und in jeder Regung der Liebe, und es sei einzig vonnöten, diese tieferen Empfindungen unserer Seele unter den Händen Jesu zum Leben zuzulassen?[57]

6. Hermeneutik der Verfremdung

Lit.: BERG, H.K., Biblische Texte verfremdet, München/Stuttgart 1986. – DERS., Ein Wort wie Feuer, München/Stuttgart 1991, 366-385. – BERG, S./BERG, H.K., Himmel auf Erden. Wunder und Gleichnisse, BTV 11, München/Stuttgart 1989. – W. JAEGER, Die Heilung des Blinden in der Kunst, Sigmaringen [2]1979.

Die entscheidend von Sigrid Berg und Horst Klaus Berg ins Bewusstsein gerufene Hermeneutik der Verfremdung setzt eine intensive Bekanntschaft mit dem biblischen Text voraus und zielt darauf ab, fest eingespielte Wahrnehmungsmuster zwischen Text und Hörer aufzubrechen. In den durch übergroße Vertrautheit ausgebrannt wirkenden oder vielen Menschen fremd gewordenen Überlieferungen soll neues Feuer entfacht werden. Im Hintergrund steht die Verfremdungstheorie, der sogenannte V-Effekt, den Bertolt Brecht im Hinblick auf eine Erneuerung des Theaters programmatisch entwickelt hatte.

»Der V-Effekt besteht darin, dass das Ding, das zum Verständnis gebracht, auf welches das Augenmerk gelenkt werden soll, aus einem gewöhnlichen, bekannten, unmittelbar vorliegenden Ding zu einem besonderen, auffälligen, unerwarteten Ding gemacht wird. Das Selbstverständliche wird in gewisser Weise unverständlich gemacht, das geschieht aber nur, um es dann um so verständlicher zu machen. Damit aus dem Bekannten etwas Erkanntes werden kann, muss es aus seiner Unauffälligkeit herauskommen; es muss mit der Gewohnheit gebrochen werden, das betreffende Ding bedürfe keiner Erläuterung. Es wird, wie tausendfach, bescheiden, populär es sein mag, nunmehr zu etwas Ungewöhnlichem gestempelt.«[58]

Die Verfremdung biblischer Texte kann literarisch oder visuell erfolgen. Eine der wichtigsten Techniken literarischer Verfremdung betrifft die Veränderung der sprachlichen Form, indem etwa eine Wundergeschichte zu einem Gedicht umformuliert wird. Auch die Übertragung einer biblischen Tradition in einen neuen zeitlichen oder geographischen Lebenszusammenhang oder die Einführung zusätzlicher Akteure zieht Verfremdung nach sich. Daneben kommen Veränderungen im Umfeld des Bibeltextes in Betracht, indem dieser einen neuen Rahmen erhält oder mit anderen Bibeltexten kombiniert wird. Die visuelle Verfremdung ist ein eigenständiges, überwiegend nur noch recht locker mit dem Bibeltext verbundenes Feld und erfolgt durch Bilder, Skulpturen, Karikaturen oder Montagen.

Die Hermeneutik der Verfremdung vermag entscheidend zur Überbrückung der tiefen Kluft zwischen der historischen Situation des Textes und der Gegenwart der Hörer beizutragen. Sie regt zur Auseinandersetzung an und haucht den durch fatale Gewöhnungseffekte abgeschliffenen und allzu vertraut gewordenen Überlieferungen neues Leben ein. Durch verfremdete Wiedergabe biblischer Tradition wird Staunen und Neugierde geweckt, ein Reflexionsprozess über die eigene Einstellung zum Text in Gang gesetzt und produktiver Widerspruch hervorgerufen. So regt der »Bartimäus« von Rudolf Otto Wiemer zum Nachdenken über das allzu selbstverständlich gewordene Theologumenon vom Kreuzestod Jesu und den Sinn von Leidensnachfolge an.

Bartimäus

Ich bin der, welchen er
sehend machte.

Was sah ich? Am Kreuz
ihn, hingerichtet,

ihn, hilfloser als ich war,
ihn, den Helfer, gequält.

Ich frage: Musste ich meine
Blindheit verlieren, um das
zu sehn?[59]

Erich Fried nimmt den von Jesus zurückgewiesenen Wunsch des geheilten Geraseners (in anderen Bibelhandschriften Gadareners), in die Nachfolge einzutreten, zum Ausgangspunkt seiner Verfremdung von Mk 5,1-20. Aus dem Blickwinkel des Geheilten wird die Erfahrung der scheinbaren Ablehnung beschrieben. In Kontrast zu der beliebten Erklärung, Jesus wolle den von Dämonen befreiten Menschen nicht in neue Abhängigkeit führen, wird das Bild eines lieblosen, selbstherrlichen Thaumaturgen in den Raum gestellt, das zu einer kritischen Reflexion konventioneller Christus-Vorstellungen anregt.

Der geheilte Gadarener

Der verjagt hat aus mir die Legion meiner Teufel
will mich nicht mitnehmen da die Sauhirten ihn verjagen
(»Tu anderswo deine Wunder
nicht auf Kosten unserer Schweine«)

Der mich genug geliebt hat um mich zu retten
liebt er mich nicht genug um mich bei sich zu haben?
Nie hatte ich genug Liebe
Nur in die leeren Höhlen
der Ungeliebtheit in mir
konnten die Teufel sich setzen
(so wie ich meine Zuflucht hatte in leeren Gräbern)

»Gott ist die Liebe« sagt er
doch wen liebt *er*?
Liebt er nur seine Wunder
und die Herrlichkeit die sein Teil ist?
Liebt er die Menschheit und nicht die einzelnen Menschen?
Liebt er nur den Gedanken an seine Liebe?

Oder gelten die Menschen ihm gleich
und hasst er nur ihre Teufel?
Bin ich ihm gleichgültig wie die ertrunkenen Schweine
und wie die Hirten die von den Schweinen leben?

Ist seine Liebe gar nicht wirklich von hier?
Liebt er nur seinen Vater und seinen Auftrag?

> Ich gehe und rufe seine Wunder aus
> wie er mir sagte
> Ich will ihn lieben
> der mich gerettet hat
> Aber wie ist diese Liebe
> die mich alleinlässt?[60]

Nicht minder provokativ erscheint die Konfrontation des hoffnungsvollen Bildes neutestamentlicher Wundergeschichten mit der zuweilen so hoffnungslosen Wirklichkeit. Die Speisung der 5000 vermittelt die Zuversicht, dass bei Jesus alle satt werden. In weiten Teilen der Erde ist dies fernab aller Realität. Lothar Zenetti nimmt diese Spannung auf und bezieht die Versuchungsgeschichte mit ein, wo Jesus sich in der Wüste weigert, auf Drängen des Satans mit der Verwandlung von Steinen in Brot seine Wunderkraft zur Schau zu stellen (Mt 4,4). Die literarische Verfremdung stellt die Selbstverständlichkeit, mit der die Wunder Jesu als Hoffnungsbilder gelten und zugleich Schauwunder als illegitim betrachtet werden, massiv in Frage. Zumindest versteckt ist der Aufruf hörbar, Täter des Wortes zu werden und an die Stelle des scheinbar abwesenden Jesus zu treten.

Gedenkstein in der Sahelzone

> Hier gab es keine Speisung der Fünftausend.
> Keinen mit fünf Broten und zwei Fischen.
> Keine Hand, die segnete und austeilte.
> Keinen, der satt wurde.
> Keinen, der ein Wunder beschrieb.
> Nicht einmal einen, der aus Steinen
> Brot zu machen riet:
> Selbst der Satan blieb aus
> an diesem ganz gewöhnlichen Tag
> unter der gnadenlose Sonne
> der Wüste Sahel.[61]

Neben einer literarischen Umformung von Wundergeschichten in eine ganz andere Sprachgestalt eröffnen auch visuelle Verfremdungen aus dem Bereich der bildenden Kunst neue

Verstehensmöglichkeiten biblischer Texte. Dabei ist zwischen geplanten und ungeplanten Verfremdungen zu unterscheiden. Geplante Verfremdungen entstehen in bewusster Anlehnung an einen Bibeltext und verfolgen das Ziel, dessen Inhalt interpretativ ins Bild zu setzen und unter neuen Blickwinkeln zu beleuchten. Anschauliche Beispiele bieten Darstellungen von Wunderheilungen Jesu in der mittelalterlichen Kunst, wie sie Wolfgang Jaeger in seiner ikonographischen Studie zum Thema Blindenheilung zusammengestellt hat. Daraus ragen die Werke der Reichenauer und der Echternacher Schule hervor, bei denen es sich um Illustrationen des Wunderwirkens Jesu in Evangeliaren, Lektionaren oder Gebetsbüchern handelt.

Eine der stärksten Waffen gegen festgefahrene Denkschablonen ist die visuelle Verfremdung in Form der Karikatur, die gezielt das Mittel der Provokation einsetzt und dabei auch das Risiko einer Verletzung religiöser Gefühle in Kauf nimmt. Ein plastisches Beispiel dafür sind die Cartoons aus Gerhard Haderers »Leben des Jesus« (2002), die ihm insbesondere von Seiten der Römisch-Katholischen und der Griechisch-Orthodoxen Kirche den Vorwurf der Blasphemie eintrugen. Dort wird etwa der Seewandel dahingehend dargestellt, dass Jesus auf einem flachen Stück Holz zum Spaß über den See Genezareth surfte. Auch wenn dies kaum die Intention der neutestamentlichen Erzählung treffen dürfte, eignet sich die provokative Darstellung gut als Aufhänger, um über das biblische Wunderverständnis und verfehlte rationalistische Deutungsmuster in das Gespräch zu kommen.

Daneben gibt es künstlerische Darstellungen, die ungewollt Bezüge zu einer biblischen Überlieferung aufweisen und deren Verständnis erweitern oder vertiefen können. Dies ist beispielsweise bei den Werken »Streichholzhändler I« (1920) und »Streichholzhändler« (1921) von Otto Dix im Blick auf die Bartimäusgeschichte der Fall. Beide Bilder gehören in eine Reihe von Arbeiten, in denen sich Dix ab 1920 mit den Folgen des Ersten Weltkriegs auseinander zu setzen beginnt. Die Personen, denen bei der Mobilmachung der Dank des Vaterlands in Aussicht gestellt wurde, sitzen nun als Kriegsversehrte auf den Straßen. Sie sind Außenseiter der Gesellschaft und suchen mit dem Verkauf belangloser Waren ihre Existenz zu sichern.

Der Streichholzhändler ist durch seine Militärmütze als ehemaliger Soldat gekennzeichnet. Im Krieg hat er nicht nur das Augenlicht, sondern auch Arme und Beine verloren. Nahe dem Rinnstein hockt er auf dem Pflaster des Gehsteigs und preist seine Ware dar. Er zahlt die Zeche für den verlorenen Krieg und verkörpert die hoffnungslose Existenz tausender Straßenverkäufer in den deutschen Nachkriegsstädten, während sich die vornehme Gesellschaft – ein Herr in gestreiften Hosen, eine Dame im Spitzenrock, ein weiterer Herr mit Gamaschen – fluchtartig von ihm abwendet. Als einziger Freund ist ihm ein Hund verblieben. Das Bild stellt die Einsamkeit des Blinden drastisch heraus. Als ungeplante Verfremdung von Mk 10,46-52 lässt es den biblischen Text zu einer Mitgefühlsgeschichte werden, in der Sympathie für den Blinden geweckt und zur Zuwendung ihm gegenüber aufgerufen wird.

Die Hermeneutik der Verfremdung will fest eingespielte Wahrnehmungsmuster zwischen Text und Hörer aufbrechen und vermag zur Überbrückung der tiefen Kluft zwischen der historischen Situation einer Wundergeschichte und der Gegenwart der Hörer beizutragen. Literarische oder visuelle Verfremdungen regen zur Auseinandersetzung an und hauchen den allzu vertraut oder auch fremd gewordenen Wunderüberlieferungen neues Leben ein. Durch verfremdete Wiedergabe biblischer Tradition wird Staunen und Neugierde geweckt, ein Reflexionsprozess über die eigene Einstellung zum Text in Gang gesetzt und produktiver Widerspruch hervorgerufen.

Aufgaben:
- Machen Sie sich bei H.K. Berg, Ein Wort wie Feuer, München/Stuttgart 1991, 366-385, mit verfremdender Bibelauslegung am Beispiel von Mk 5,1-20 vertraut.
- In dem Foto- und Ausstellungsprojekt I.N.R.I von Serge Bramly und Bettina Rheims werden Evangelientraditionen, darunter auch drei Naturwunder (Speisung der 5000, Seewandel Jesu, Hochzeit zu Kana), von Models in einer sinnlichen Ästhetik dargeboten, wie sie aus der Modephotographie oder Lifestylemagazinen bekannt ist. Untersuchen Sie die betreffenden visuellen Verfremdungen (S. Bramly/B. Rheims, I.N.R.I., München 1998) auf ihre provokative Kraft und lesen Sie ergänzend I. Reuter, INRI – eine werbeästhetische Reinszenierung des Christusgeschehens, ZPT 53 (2001) 62-67.

Heilung des blinden Bartimäus aus dem Perikopenbuch Kaiser Heinrichs III. (11. Jh. Entstanden im Kloster Echternach. Staatsbibliothek Bremen)

Otto Dix, Streichholzhändler, 1921
© VG Bild-Kunst, Bonn 2010

7. Rezeptionsästhetik und Wirkungsgeschichtliche Exegese

Lit.: BEE-SCHROEDTER, H., Neutestamentliche Wundergeschichten im Spiegel vergangener und gegenwärtiger Rezeptionen, SBB 39, Stuttgart 1998. – BERG, H.K., Ein Wort wie Feuer, München/Stuttgart 1991, 331-365. – FRANKEMÖLLE, H., Matthäus Kommentar Bd. I-II, Düsseldorf 1994/1997. – FREY, J., Der implizite Leser und die biblischen Texte, ThBeitr 23 (1992) 266-290. – IERSEL, B. VAN, Mark: A Reader Response Commentary, Sheffield 1998.– ISER, W., Der Akt des Lesens, UTB 636, München ^{4}1994. – LUZ, U., Erwägungen zur sachgemäßen Interpretation neutestamentlicher Texte, EvTh 42 (1982) 493-518. – DERS., Wirkungsgeschichtliche Exegese, BThZ 2 (1985) 18-32. – OEMING, M., Biblische Hermeneutik, Darmstadt 1998, 91-102. – WARNING, R., Rezeptionsästhetik, UTB 303, München ^{4}1994.

Wirkungsgeschichtlicher Exegese geht es um die Einbeziehung der Glaubenstradition und Rezeptionsgeschichte in den Prozess der Schriftauslegung. Dies hat unterschiedliche Konnotationen. Hans-Georg Gadamer tritt in seiner philosophischen Hermeneutik für die Entwicklung eines wirkungsgeschichtlichen Bewusstseins ein, das den Menschen in die ihn tragende Wirkungsmacht der Vergangenheit eintreten und den Gegenwartshorizont mit den Horizonten vergangener Zeiten verschmelzen lässt. Das Konzept der Biblischen Theologie fordert eine wirkungsgeschichtlich reflektierte Auslegung biblischer Texte im Lichte der kirchlichen Glaubenslehre und in kritischem Einverständnis mit der von ihnen ausgehenden christlichen Tradition. Entscheidend geschärft wurde das Bewusstsein für die Notwendigkeit wirkungsgeschichtlicher Schriftauslegung allerdings von der Rezeptionsästhetik.

Rezeptionsästhetik, im Amerikanischen meist als »reader response criticism« bezeichnet, ist eine in den 1960er Jahren aufgekommene literaturwissenschaftliche Methode, die in den letzten Jahrzehnten zunehmend Einzug in die Bibelexegese hielt. Sie zählt zu den synchronen Formen der Textauslegung, die vom Endtext als einem organischen Ganzen ausgehen und dessen »Funktionieren« untersuchen, hingegen auf ein diachrones Lesen des Textes verzichten, also an einer Rekonstruktion literarischer Vorstufen und überlieferungsgeschichtlicher Bausteine nicht interessiert sind. Das Aufkommen der Rezeptionsästhetik ist das Ergebnis eines Paradigmenwechsels in der Literaturwissenschaft, indem eine auf das Werk und den Autor zentrierte Betrachtungsweise dadurch abgelöst wird, dass nunmehr die Leserin oder der Leser als entscheidende Größe ins Blickfeld kommt. Es geht um die Interaktion zwischen Werk und Rezipienten. Der Text ist eine unfertige Größe, ein offenes Kunstwerk, das Steuerungssignale enthält und durch den Interpreten zur Vollendung kommt. Man kann ihn als Partitur begreifen, die erst durch den Leser zum Klingen gebracht wird. Unter dem Eindruck der Rezeptionsästhetik haben Bas van Iersel und Hubert Frankemölle Auslegungen des Markus- bzw. Matthäusevangeliums vorgelegt, in denen die biblischen Texte streng aus der Perspektive ihrer ersten Leser interpretiert und die vom Text ausgehenden Signale der Leserlenkung eruiert werden. Bei Frankemölle verbindet sich dies mit einer pragmatischen, handlungsorientierten Texttheorie. Die Wirkabsicht der Wundergeschichten des Matthäusevangeliums auf die Erstadressaten liege im Entwurf einer alternativen Lebenswelt, der traditionelle Verhaltensmuster in Frage stelle und neue Handlungsmöglichkeiten erschließe. Bei der Rezeption gehe es unter Berufung auf das Vorbild Jesu um solidarische, kommunikative Praxis mit ausgegrenzten Menschen.

Wenn der Sinn erst im Akt des Lesens konstituiert wird, lässt ein Text eine Reihe ganz unterschiedlicher Sinnzuschreibungen zu. Die Rezeptionsästhetik lehrt zu begreifen, dass ein Bibeltext keinen objektiven, zeitlos gültigen Sinn aufweist, sondern durch eine prinzipielle Offenheit gekennzeichnet ist, indem er in unterschiedlichen Zeiten und Situationen von unterschiedlichen Lesern in ganz unterschiedlicher Weise interpretiert werden kann. Damit gewinnt die von Bibeltexten hervorgerufene Wirkungsgeschichte an Stellenwert, indem die biblischen Überlieferungen im Spiegel ihrer Aktualisierung betrachtet werden. Die aktive Aneignung eines Werkes erfolgt über die Vermittlung vorausliegender Aneignungen, also unter Berücksichtigung der Rezeptionsgeschichte. Wirkungsgeschichtliche Bibelauslegung geht folglich den Spuren nach, die ein biblischer Text im Laufe von fast zweitausend Jahren in der Kirchen- und Theologiegeschichte, aber auch in der Literatur und der bildenden Kunst hinterlassen hat. Sie basiert auf der Einsicht, dass alle Auslegung biblischer Überlieferungen, sei es bewusst oder unbewusst, immer bereits in einer langen Tradition steht, die den Horizont der eigenen Interpretation entscheidend mitbestimmt. Niemand kann sich von den Auslegungen seiner Vorgänger freimachen, vorurteilsfreie Exegese gibt es nicht. Deshalb ist es unumgänglich, die reiche Auslegungsgeschichte eines biblischen Textes quer durch alle Epochen hindurch wahrzunehmen und bei den eigenen interpretativen Bemühungen um eine Sinngebung einzubringen. Wenn dies geschieht, öffnet sich der Blick auf einen großen Schatz geschichtlicher Erfahrungen, die Menschen früherer Zeiten mit biblischen Texten gemacht haben. Gleichzeitig bewahrt ein wirkungsgeschichtliches Bewusstsein davor, theologisch problematische Auslegungstraditionen unreflektiert in die eigene Schriftinterpretation einfließen zu lassen.

Das Studium der Wirkungsgeschichte zeigt, dass es vielerlei unterschiedliche Möglichkeiten der Interpretation einer biblischen Überlieferung gibt und solche Offenheit in erheblichem Maße bereits im Text selbst angelegt ist. Die Wahrnehmung dieser Vielfalt leitet dazu an, sich der Vorläufigkeit der eigenen Auslegung bewusst zu sein und Toleranz gegenüber anderen Auslegungsmodellen zu üben. Der Blick auf die Wirkungsgeschichte legt eine zeitbedingte Subjektivität aller Auslegung offen, die von der Fixierung auf ein allein gültiges Textverständnis befreit und einer Bevormundung des Interpreten durch die Auslegungstradition gegensteuert. Umgekehrt heißt dies allerdings nicht, dass der biblische Text ein wehrloser Spielball des Auslegers wäre und jeder beliebigen Interpretation ihr Recht zuzugestehen sei. Je weiter sich Auslegungen von der ursprünglichen Intention eines Textes entfernt haben, desto kritischer sind sie auf ihre Rechtmäßigkeit hin zu befragen, zumal wenn eine Auslegung bedenkliche Züge aufweist, indem sie beispielsweise Gewalt legitimiert oder antijüdische Untertöne trägt. Historisch-kritische Rückbesinnung auf die ursprüngliche Aussageabsicht eines Textes stellt deshalb ein wichtiges Korrektiv zur Auslegungsgeschichte dar und hält dieser den Spiegel vor. Sie fungiert als Anwalt des Textes gegenüber willkürlicher Interpretation oder Fehldeutung durch den Interpreten.

Im Hinblick auf die Vielfalt der Auslegungsgeschichte stellen die neutestamentlichen Wundergeschichten selbstverständlich keine Ausnahme dar. Mit großer Freiheit bedienen sich die Ausleger der überlieferten Wundergeschichten, um sie zur Sprache des eigenen Glaubens zu machen und dabei vielfach neue Gedanken in die Texte einzutragen. Einige Charakteristika ziehen sich dabei wie ein roter Faden durch die Auslegungsgeschichte. So dominiert die Tendenz, die Geschichtlichkeit des konkreten Wunderereignisses zugunsten der theologischen Spekulation oder der Moralisierung in den Hintergrund treten zu lassen und das Wunder auf der symbolischen Ebene anzusiedeln. Die Einzelzüge der Wundergeschichten werden in hohem Maße allegorisch ausgedeutet. Die physische Heilung spielt in der Auslegung meist eine gänzlich untergeordnete Rolle, indem die Krankheit in übertragenem Sinne verstanden wird. Die kranke Person ist dabei oftmals der exemplarische Typus des schuldbeladenen Glaubenden, der Hilfe suchend zu Christus kommt und von ihm beschenkt wird. Neben solcher individualistischen Applikation ist die Auslegungsgeschichte vielfältig von Versuchen gekennzeichnet, aus einzelnen Wunderüberlieferungen ekklesiologische Konzeptionen herauszulesen oder heilsgeschichtliche Entwürfe zu entwickeln.

Rezeptionsästhetik sieht den Sinn eines Textes durch den Leser konstituiert und lenkt den Blick auf die Wirkungsgeschichte mit ihren unterschiedlichen Sinnzuschreibungen. Wirkungsgeschichtliche Exegese will die reiche Auslegungsgeschichte eines biblischen Textes quer durch die Zeiten hindurch wahrnehmen, auf ihre Rechtmäßigkeit hin befragen und für die eigene Interpretation fruchtbar machen. Im Hinblick auf die neutestamentlichen Wundergeschichten zeigt sich, dass diese ganz überwiegend allegorisch verstanden worden sind.

Aufgaben:
- Ein wesentlicher wirkungsgeschichtlicher Aspekt der Wundergeschichten ist deren Allegorisierung. Setzen Sie sich mit folgender Interpretation der Blindenheilung Mt 20,29-34 durch Origenes (3. Jh. n. Chr.) auseinander.

Und zuerst wollen wir bedenken, was es bedeutet, daß die Jünger Jesu mit dem Heiland *von Jericho herausgehen* und daß *ihm* ein großer Haufe folgt. Erinnere dich an das, was wir über das Gleichnis im Lukasevangelium, in dem »ein Mensch von Jerusalem nach Jericho hinabging und unter die Räuber fiel« [Lk 10,30] vorgetragen haben, und schau, ob du mit Überlegung sagen kannst, daß vielleicht auch hier Jericho Symbol ist für den irdischen Ort, der gemäß der Schrift gewöhnlich Welt genannt wird. Der »von Jerusalem nach Jericho hinabgehende« Adam (das ist der Mensch) fiel unter die Räuber. Wegen der vielen aber, die in Jericho sind (es war nämlich ein großer Haufe in Jericho) mag unser Jesus zusammen mit den Jüngern, als er dorthin gekommen war, von dort herausgegangen sein in der Absicht (dadurch, daß er nach Jericho hineingegangen war), denen, die folgen wollten, Führung auf dem Wege zu bieten. Die in Jericho verstehen nämlich nicht, aus dem weltlichen Denken herauszugehen, wenn sie nicht sowohl Jesus, als auch seine Jünger von Jericho herausgehen sehen. Wenn sie aber das sehen, dann folgt ihm *ein großer Haufe*. Wer versteht, daß diejenigen, die gemäß dem Logos leben und die Welt und das Irdische verachten wollen, Jesus und seinen Jüngern folgen und in ihren Spuren gehen, wenn sie aus Jericho ausziehen, der kann sehen, was an dieser Stelle gemeint ist. Der große Haufe folgt also Jesus, um hinter ihm herzugehen, sich seiner als Führer zu bedienen und so nach Jerusalem hinaufzugehen...

Sodann steht da, als wollte das Wort zeigen, daß die Blinden jetzt noch nicht Heilung empfangen werden, geschrieben: *Und siehe, zwei Blinde, die am Weg saßen, hörten, daß Jesus vorüberzog und schrien: Erbarme dich unser, Herr, Sohn Davids*. Achte dabei auch auf dieses: *siehe zwei Blinde*, ob nicht das *siehe* einen Hinweis enthält. Wenn wir also dem Hinweis des Wortes auf die zwei Blinden folgen und sie sehen können, werden wir sagen, daß Israel und Juda die vor der Ankunft Jesu *Blinden* waren, aber am Wege saßen dadurch, daß sie ihren Wandel nach dem Gesetz und den Propheten einrichteten. *Blind* waren sie, weil ihnen vor der Ankunft Jesu in ihre Seelen der wahre Logos im Gesetz und in den Propheten nicht sichtbar war, sie schrien aber: *Erbarme dich unser Herr, Sohn Davids!*, weil sie sich bewußt waren, den Sinn (Willen) der Schriften nicht zu sehen, aber sehend werden und die Herrlichkeit in ihnen wissen wollten ...

Zu jenen also *sagte* er: *Was wollt ihr, daß ich euch tun soll?* Ich meine, daß das folgenden Sinn hatte: Gebt an, offenbart, *was ihr wollt*, damit alle, die aus Jericho herausziehen und mir folgen, hören und sehen können, was geschieht! Jene aber antworteten: *Herr, unsere Augen mögen geöffnet werden!* Dieselbe Antwort geben ihm die, welche zwar (da sie von Israel und Juda sind) von vornehmer Abkunft, aber blind sind (durch die Unwissenheit, die ihnen auch bewußt ist) und die auf jene *hörten*, die über den Heiland sprechen, und sagen, sie möchten, daß ihre Augen geöffnet

> werden. Und das sagen hauptsächlich die, welche beim Umgang mit der Hl. Schrift nicht ohne Empfindung dafür sind, daß sie für ihren Sinn blind sind. Diese also sagen: *Erbarme dich unser!* und: *Wir wollen, daß unsere Augen geöffnet werden.* Möchten doch so auch wir, wenn wir wahrnehmen, worin wir blind sind und nichts sehen, am Wege der Schriften selbst sitzen und *hören, daß Jesus vorüberzieht,* und ihn durch unsere Bitte zum Stehenbleiben veranlassen und ihm sagen: *Wir wollen, daß unsere Augen geöffnet werden.* Wenn wir das aus einer Gesinnung heraus sagen, welche danach verlangt, das zu sehen, was Jesus zu sehen gewährt, wenn er die Augen der Seele berührt, wird sich unser Heiland erbarmen und wird als Kraft und Logos und Weisheit und als all das, was über ihn aufgeschrieben ist, unsere Augen berühren, welche [vor der Berührung von] ihm nicht sehen konnten. Und wenn er [sie] berührt hat, wird die Dunkelheit und die Unwissenheit fliehen und wir werden *sogleich* nicht nur wieder sehen, sondern ihm auch folgen; es wirkt ja schon dies, daß wir auf ihn hin sehend werden, dazu mit, daß wir nichts anderes tun als dem nachzufolgen, der uns sehend gemacht hat, damit wir ihm immer folgen und von ihm zu Gott geführt werden und mit unseren durch ihn sehend gewordenen Augen Gott schauen zusammen mit denen, die wegen ihres reinen Herzens selig gepriesen werden. Wir haben also hier die *von Jericho* Herausziehenden und Jesus Nachfolgenden, den zahlreichen Haufen, die nicht Israel noch Juda sind; außerdem die *beiden Blinden, die hörten, daß Jesus vorüberzieht,* und die wußten, daß er der *Sohn Davids* ist, und die ihn im Bewußtsein ihrer Blindheit darum bitten, daß ihre Augen geöffnet würden, nämlich Israel und Juda, wie schon ausgeführt wurde; deren verschlossene und blinde Augen werden durch die Berührung Jesu sehend.[62]

- Neben der Allegorisierung stellt auch die Ethisierung oder Moralisierung einen typischen Zug in der Auslegungsgeschichte neutestamentlicher Wundererzählungen dar. Ein anschauliches Beispiel dafür ist Philipp Jakob Spener (1635-1705) mit seiner Ableitung der »Pflichten der Herrschaften und des Gesindes« aus Mt 8,5-13. Inwieweit handelt es sich um eine legitime Auslegung dieser Wundererzählung?

> Wir koennen also sehen I. die pflichten der herrschafften an dem schoenen bilde des von Christo so sonderlich belobten hauptmanns: an demselben finden wir nun unterschiedliche tugenden / welche sich billich auch bey allen herrschafften finden sollen. 1. Sehen wir seine Gottesfurcht. Er war zwar ein Heyd / und mag

wol ein Roemer gewesen seyn / indessen muß er gleichwol auch den Gott Israelis erkant und geehret haben ... 2. Sehen wir auch an dem hauptmann eine hertzliche demuth. Er spricht zu Christo / oder laesset es ihm vielmehr nach Luc. 7 da die historie umstaendlicher beschrieben ist / sagen / er seye nicht werth / daß der Herr Jesus unter sein dach komme / oder ihn in seinem hauß besuche. Nun auch solche demuth ist eine den herrschafften noethige tugend. Sie muessen zum foerdristen demuethig seyn gegen Gott / daß sie erkennen / wie sie nicht weniger als ihr gesind unter Gott seyen / daß sie auch einen Herrn im himmel haben ... Zu der demuth soll ferner kommen 3. die liebe gegen das gesinde / und also auch auß solcher liebe eine treue sorge vor ihre wolfart / als welche von der liebe nicht getrennet werden kan. Wir sehen an diesem ort eine solche liebe an dem hauptmann / welcher vor seinen knecht also sorget / daß er ihn nicht nur ohne pflege nicht wird haben ligen lassen / sondern auch da vermuthlich artzeneyen und menschl. huelffe / die versucht wird seyn worden / nichts helffen wollte / zu dem Herrn Jesu die aeltisten der stadt in seinem Namen schicket / huelffe vor ihn zu erlangen ... Das 4. und letzte ist / daß auch herrschafften ihr gesind regiren / und zu der arbeit anhalten sollen. Es sagt hier der hauptmann / er spreche zu seinem knecht / was er thun solle / so thue ers auch. Ist also nicht nur allein der herrschafft erlaubt / daß sie ihr gesind zur arbeit anhalten / sondern es gehoeret solches selbs zu ihrer pflicht ...

II. Nun sehen wir auch die pflichten des gesindes / davon mercken wir 1. ein exempel an des hauptmanns knecht / von dem heist es nicht nur Luc. 7/2 er sey ihm sehr wehrt gewesen / darauß zu schliessen / daß er sich also gehalten haben muesse / daß sein herr mit ihm wol zufrieden gewesen / sondern der herr ruehmet außdruecklich seinen gehorsam / wo er seinem knecht sage / thue das / so thuet ers / er unterlasse es nicht nur nicht gar / sondern er aendere auch den befehl nicht / sondern komme ihm mit fleiß nach ... Die pflichten aber selbs bestehen in folgenden stuecken. 1. Solle das gesinde sich der wahren gottseligkeit befleissen / hiezu sind sie nicht nur Gott / sondern auch in gewisser maaß ihren herrschafften verbunden / dann wo auch die gottseligkeit nicht rechtschaffen ist / welche der grund aller wahren tugenden bey allen seyn muß / koennen auch die andere pflichten nicht recht geleistet werden ... Die 2. pflicht ist / daß sie auch die herrschafften lieben muessen / als ihre eltern und vorgesetzte / vor andern ihren nechsten: wo nun auch diese liebe nicht ist / da ists abermal unmoeglich / daß die leistung der uebrigen recht folge / wie sie solle. Auß solcher liebe solle herkommen die treue / daß sie nichts veruntreuen / sondern alle treue erzeigen / auff daß sie die lehre Gottes unsers heylandes zieren in allen stuecken ... 3. Ist das gesinde auch der herrschafft ehrerbietung schuldig / als seinen eltern ... 4. Auß ehr und liebe kommt gehorsam; also sind knechte und maegde / diener und alle untergebene den herren den gehorsam zu leisten schuldig.[63]

Übersicht: Konzeptionen der Wunderhermeneutik

Konzeption/ Vertreter/innen	Historische Beurteilung der Wunder	Hauptanliegen der Wunderdeutung
Supranaturalismus (Augustin, Thomas von Aquin, heutiger Biblizismus)	An Jesu Wundern ist nicht zu zweifeln. Sie haben in der geschilderten Form stattgefunden.	Es geht um den Nachweis, dass Jesus in der Kraft Gottes gegen die Naturordnung Wunder zu vollbringen vermag.
Rationalismus (C.F. Bahrdt, H.E.G. Paulus, C.H. Venturini)	Die Wunder Jesu beruhen auf Tatsachen, die bei Kenntnis der Begleitumstände nichts Übernatürliches, der Vernunft Widersprechendes an sich haben.	Das im Widerspruch zur Naturgesetzlichkeit stehende Wunderhafte wird rationalistisch erklärt, um die Geschichtlichkeit der Wunder zu erweisen.
Mythische Wunderinterpretation (D.F. Strauß)	Die Wunder Jesu sind ungeschichtliche Mythen. Sie wurden ihm unter Rückgriff auf alttestamentliche Wundertexte angedichtet, um seine Messianität zu erweisen.	Die neutestamentlichen Wundergeschichten sollen als Produkt des urchristlichen Messiasglaubens plausibel gemacht und nach ihrem religiösen Gehalt befragt werden.
Religionsgeschichtliche und kerygmatische Wunderdeutung (R. Bultmann, G. Klein, W. Schmithals)	Volkstümliche Wundergeschichten und Wundermotive, ganz überwiegend aus der hellenistischen Welt, wurden unter dem Eindruck des Osterglaubens auf Jesus übertragen. Die Wundererzählungen sind keine Tatsachenberichte, sondern Glaubenszeugnisse und Bilder für etwas ganz Anderes.	Das Wunder wird als Träger einer durch Entmythologisierung freizulegenden Glaubensbotschaft verstanden, die das Existenzverständnis des Menschen radikal in Frage stellt und ihm neue Daseinsmöglichkeiten erschließt.

Redaktionsgeschichtliche Wunderbetrachtung (H.J. Held, L. Schenke, K. Kertelge, D.A. Koch, U. Busse, J. Becker)	Die historische Rückfrage nach den Wundern Jesu wird als zweitrangig betrachtet und meist im Sinne der religionsgeschichtlichen oder kerygmatischen Wunderdeutung beantwortet.	Der Fokus richtet sich auf das Wunderverständnis der Evangelisten. Überwiegend werden dabei die wunderkritischen Tendenzen in den Mittelpunkt gestellt.
Biblische Theologie (P. Stuhlmacher, O. Betz, W. Grimm, R. Glöckner)	Die Wundertraditionen sind nicht Ausfluss hellenistischer Religionspropaganda, sondern wurzeln in alttestamentlicher Tradition und sind tendenziell glaubwürdig.	Die vor alttestamentlichem Hintergrund zu interpretierenden Wunder Jesu werden als Teil der die gesamte Bibel umfassenden Geschichte Gottes mit den Menschen betrachtet und sollen nicht von der Glaubenserfahrung im Raum der Kirche isoliert werden.
Sozialgeschichtliche Betrachtung der Wunder (G. Theißen)	Exorzismen, Therapien und Normenwunder (Sabbatheilungen) gehen auf das geschichtliche Wirken Jesu zurück, während Rettungswunder, Geschenkwunder und Epiphanien Produkte des nachösterlichen Glaubens sind.	Die hinter den Wundererzählungen stehende Lebenswirklichkeit soll erhellt werden. Es handelt sich um zeitlose Hoffnungsgeschichten, die Trost spenden, eine bessere Welt einklagen und Mut zum Handeln geben.
Psychologische Auslegung (M. Kassel, E. Drewermann)	An Wunderheilungen Jesu in der dem Verstand entzogenen Sphäre der Gefühle ist nicht zu zweifeln. Bei den Totenerweckungen liegt hypnoide Starre (Scheintod) vor. Einzelne Naturwunder verdanken sich schamanistischer Kommunikation mit den Elementen.	Im Mittelpunkt steht die Überzeugung, dass die Wundergeschichten zeitlose Wege der Befreiung von Angst und innerer Zerrissenheit, hin zu einer in ganzheitlicher Harmonie lebenden, auch ihre Schattenseiten integrierenden Persönlichkeit eröffnen.
Hermeneutik der Verfremdung (S. Berg, H.K. Berg)	Die Frage nach der Geschichtlichkeit der Wunder liegt nicht im Blickfeld.	Durch verfremdete Wiedergabe von Wundergeschichten wird Neugierde geweckt, ein Reflexionsprozess über die Haltung zum Text in Gang gesetzt und produktiver Widerspruch hervorgerufen.

Feministische Wunderhermeneutik/ Gender-Perspektive (E. Moltmann-Wendel, L. Schottroff, C. Mulack, U. Metternich, A.-M. Korte, E. Wainwright)	Die im Mittelpunkt der Betrachtung stehenden Wundergeschichten mit Beteiligung von Frauen werden in der Regel für historisch glaubwürdig gehalten.	Die ganzheitliche Wiederherstellung weiblicher Körperlichkeit und die Rolle der Frau in der Jesusbewegung sollen in ihrer emanzipatorischen Bedeutung vergegenwärtigt werden. Die Gender-Perspektive richtet den Fokus auf geschlechtsspezifische Rollenmuster in den Wundertraditionen.
Rezeptionsästhetik, Wirkungsgeschichtliche Auslegung (H. Frankemölle, B. van Iersel, U. Luz, H. Bee-Schroedter)	Als synchrone Form der Textauslegung, die vom Endtext als einem organischen Ganzen ausgeht und dessen »Funktionieren« untersucht, ist die Rezeptionsästhetik an einer Rekonstruktion literarischer Vorstufen und einer Reflexion der Historizität nicht interessiert.	Es geht um den Nachweis, dass der Sinn eines Textes und damit auch einer Wundertradition durch die Leserin oder den Leser konstruiert wird. Die reiche Rezeptionsgeschichte soll bei der Interpretation der Wundergeschichten einbezogen werden.
»Dritter Weg« zwischen Historisierung und Metaphorisierung (K. Berger, S. Alkier, B. Dressler)	Die biblischen Wunder sind als »weiche Fakten« einem Verständnis von Wirklichkeit verpflichtet, die anderen Gesetzen als den unsrigen folgt, ohne deshalb irrational zu sein.	Die Wunderfrage soll offen gehalten werden und man will verhindern, dass die biblischen Wundergeschichten von unserem neuzeitlichen Wirklichkeitsverständnis her okkupiert und bewertet werden.
Ethnologische oder kulturanthropologische Perspektive (W. Stegemann, C. Strecker)	Der Fokus liegt auf den im Kern für glaubwürdig gehaltenen Heilungswundern und Exorzismen. Jesus war ein »Volksheiler«, der signifikante Elemente der Weltsicht und Krankheitsvorstellungen (Existenz und Wirkung von Geistern) mit seinen Klienten teilte.	Die biblischen Wundergeschichten dürfen nicht an dem Erfahrungshorizont unserer modernen westlichen Kultur gemessen und als Repräsentanten eines falschen, überholten Weltbildes betrachtet werden.

VIII. Praxisorientierte Zugänge

1. Entwicklungspsychologische Voraussetzungen

Lit.: BEE-SCHROEDTER, H., Neutestamentliche Wundergeschichten im Spiegel vergangener und gegenwärtiger Rezeptionen, SBB 39, Stuttgart 1998. – BÜTTNER, G., »Jesus hilft!«, Stuttgart 2002. – FETZ, R.L./REICH, K.H./VALENTIN, P., Weltbildentwicklung und Schöpfungsverständnis, Stuttgart 2001. - FOWLER, J.W., Stufen des Glaubens, Gütersloh 1991. – HANISCH, H., Wundergeschichten aus der Perspektive von Kindern und Jugendlichen, in: Ritter, W.H./Albrecht, M., Zeichen und Wunder, Göttingen 2007, 130-160. – OSER, F./GMÜNDER, P., Der Mensch. Stufen seiner religiösen Entwicklung, Gütersloh ³1992. – PIAGET, J./INHELDER, B., Die Psychologie des Kindes, Olten 1972. – SCHWEITZER, F., Lebensgeschichte und Religion, Gütersloh ³1994.

Für eine reflektierte und auf ihre Adressaten ausgerichtete Wunderdidaktik ergibt sich die Notwendigkeit, wissenschaftliche Einsichten zum Stand der religiösen Entwicklung und zu den kognitiven Rezeptionsmöglichkeiten biblischer Überlieferungen in den unterschiedlichen Altersstufen genau zur Kenntnis zu nehmen. Pionierarbeit auf diesem Gebiet leistete Jean Piaget (1896-1980) als Begründer der kognitiven Psychologie, der die Entwicklung der menschlichen Erkenntnisstrukturen im Kindesalter in den Mittelpunkt seiner Untersuchungen stellte, dabei religiöse Aspekte allerdings nur am Rande streifte. Andere Forscher bauten darauf auf und wandten sich gezielt Fragen der religiösen Entwicklung zu.

James W. Fowler zufolge durchläuft der Mensch in seinem Leben mit fortschreitender Entwicklung unterschiedliche Stufen des Glaubens. Fritz Oser und Paul Gmünder haben zu zeigen gesucht, dass sich das religiöse Urteil des Menschen in einem bis zu sechs Stufen umfassenden Prozess entwickelt, die nacheinander in aufsteigender Reihenfolge durchschritten werden. Diese Stufentheorien zeigen, in welchen altersabhängigen Denkmustern menschliche Religiosität sich darstellen und artikulieren kann. Für eine Klärung der Frage, wie Menschen unterschiedlicher Altersgruppen biblische Wundergeschichten verstehen und welche religionspädagogischen Folgerungen daraus abzuleiten sind, haben sie sich als ausgesprochen hilfreich erwiesen. Sie vermitteln einen Einblick in das jeweils erreichte Entwicklungsniveau der Heranwachsenden, bewahren den Unterricht vor intellektueller Überforderung und geben Impulse für die Entwicklungsförderung. Im Blick auf die religionspädagogische Praxis ist der Sachverhalt bedeutsam, dass die kognitive und religiöse Entwicklung im Kindes- und Jugendalter wichtige Einschnitte erfährt, und zwar nicht zuletzt an der Schwelle von der Primarstufe zur Sekundarstufe.

Nach den Erkenntnissen Piagets wird im frühen Grundschulalter die präoperative Periode mit ihrem magisch-numinosen Denken überwunden. Das Verstehen des Kindes ist nun durch ein konkret-operationales Vorgehen gekennzeichnet, das zu kognitiven Konstruktionen führt, dabei aber auf direkte Anschauung angewiesen und zu abstraktem Denken noch nicht in der Lage ist. Symbole oder Metaphern können als solche noch nicht erfasst werden. Fowler sieht in seinem Modell die frühe Kindheit durch einen intuitiv-projektiven Glauben gekennzeichnet, der stark von der eigenen Phantasie bestimmt wird und ohne Unterscheidung zwischen Symbol und Wirklichkeit die Welt der Bilder, Geschichten und Märchen real auffasst. Dies bezeichnet Fowler als Stufe eins seines Modells. Abgelöst wird dieses Entwicklungsstadium auf der zweiten Stufe Fowlers von einem mythisch-wortgetreuen Glauben, der dem im frühen Grundschulalter erreichten konkret-operationalen Verstehen nach Piaget entspricht. Kinder orientieren sich an mythischen Vorstellungen und nehmen diese eindimensional im wörtlichen Sinne auf, ohne sie bereits als Symbole mit Hinweischarakter und übertragener Bedeutung in Betracht ziehen zu können. Für das Wunderverständnis hat dies zur Folge, dass die kindliche Vorstellungskraft trotz erster Integration wissenschaftlicher Elemente in das Denken der Vordergründigkeit und Konkretheit des Wundergeschehens verhaftet bleibt.

Dieses Bild wird durch die Beobachtungen von Oser/Gmünder abgerundet und bestätigt. Auf ihrer ersten Entwicklungsstufe, der sie zwei Drittel der acht- bis neunjährigen Kinder zurechnen, herrscht ein an absoluter Heteronomie orientiertes Gottesbild vor. Gott wird als eine unmittelbar in die Welt eingreifende höhere Macht gedacht, der sich der Mensch völlig ausgeliefert fühlt. Das Kind nimmt an, dass alles von äußeren Kräften geleitet und gesteuert ist. Auf der zweiten Entwick-

Alters-stufe	Form der Logik (nach Piaget)	Aspekte des Glaubens	Wunderver-ständnis
Vor-schul-alter	Präopera-tionales Stadium	Intuitiv-projektiver Glaube (Fowler).	Reales, magisch-numinoses Wun-derverständnis.
Grund-schul-alter	Konkret-operationales Stadium	Mythisch-wortgetreuer Glaube (Fowler). An absoluter Heterono-mie orientiertes Gottes-bild. Glaube an die All-macht Gottes ohne Wahrnehmung eigener Handlungsmöglichkei-ten oder mit Überzeu-gung der Beeinfluss-barkeit Gottes durch Gebete, Versprechen u.ä. (Oser/Gmünder).	Eindimensionales Denken, das der Vordergründigkeit und Konkretheit des Wundergе-schehens verhaftet bleibt. Erwartung des konkreten Eingreifens Gottes oder Jesu in Notsi-tuationen. Mythi-sche Überhöhung der Person Jesu.
Beginn der Sekun-darstufe	Frühes formal-operationales Stadium	Synthetisch-konventioneller Glaube (Fowler). Bruch mit unreflektier-tem aritifizialistischen Schöpfungsverständnis und Entwicklung eines naturwissenschaftlich geprägten Weltbildes (Fetz/Reich/Valentin).	Mehrdimensional-symbolisches Den-ken, aber konven-tionelles, an der jeweils dominanten Tradition orien-tiertes Wunderver-ständnis. Erste In-fragestellung der Wunder im Hori-zont der Naturwis-senschaften.
Jugend-alter	Fortgeschrit-tenes formal-operationales Stadium	Individuierend-reflektierender Glaube (Fowler). An der Selbstbestim-mung des Menschen orientiertes religiöses Urteil (Oser/Gmünder).	Tendenz zur Ent-mythologisierung von Wunderaussa-gen. Von kritischer Vernunft geleitetes Denken, das die Wunder wegen ihres Widerspruchs zur Naturgesetz-lichkeit vielfach negiert und sie Gott angesichts des Leids in der Welt nicht zutraut.

lungsstufe, die von dem restlichen Drittel der acht- bis neunjährigen Kinder bereits erreicht wird, glaubt der Mensch zwar, im Sinne eines Tauschverhältnisses durch Gebet, Opfer oder Gelübde auf die Entscheidungen Gottes oder des »Letztgültigen« einwirken zu können, geht aber nach wie vor von dessen Allmacht aus.

Für das religiöse Bewusstsein des Grundschulkindes ergibt sich aus diesen Erkenntnissen die Dominanz eines artifizialistischen Weltbilds und eines supranaturalistischen Wunderverständnisses. Kinder gehen davon aus, dass alles von Gott als einem anthropomorph gedachten Wesen gemacht wurde, und sie rechnen fest und in einem ganz konkreten Sinne mit Gottes oder Jesu helfendem Eingreifen in Notsituationen (G. Büttner). Auf der zweiten Entwicklungsstufe gemäß Oser/Gmünder wird dabei das Wunder in Kategorien eines Tauschprinzipdenkens vielfach als Gegenleistung für den Glauben gesehen. Für ein metaphorisches Wunderverständnis sind die Verstehensmöglichkeiten in der Regel noch nicht gegeben. Das Kind befindet sich auf der Suche nach Helden und überhöht die Person Jesu mythisch, indem er als märchenhafter Zauberer und eine Art »Superman« gilt. Die im Wunder zur Sprache kommende, die Naturgesetzlichkeit durchbrechende Wirklichkeit wird in einer weitgehend ungebrochenen, naiven Weise hingenommen.

Interviews veranschaulichen dies. Die sechsjährige Kathy äußert sich zum Hintergrund des Schilfmeerwunders mit Sätzen wie »Gott hat es gemacht ... Er hat es gezaubert ... Es war ein Wunder, das ist alles ... Gott hat es mit seinem Zauber gemacht«[64], der neunjährige Christoph erwidert auf die Nachfrage, warum er den Seewandel für ein tatsächliches Geschehen hält: »Weil es halt auch Wunder geben muß. Und weil ich mir das gut vorstellen kann, daß Jesus das gemacht hat. Aber daß es auch ein Auftrag im Sinn von Gott war ... Ich stell mir das halt so vor, daß Gott ihm das ermöglicht, daß er nicht untergeht, auch wenn er auf dem Wasser geht. Ich stelle mir das so vor, als wenn da ein Mensch einfach übers Wasser geht ... Also, ich stell mir das so vor, halt wie ich auch schon mal gesagt hatte, daß Gott ihm die Kraft dazu gibt und ihm das ermöglicht, daß er nicht untergehen kann. Und daß das Wasser zum Beispiel wie ein fester Sandboden ist.«[65]

Zu Beginn der Sekundarstufe, im Alter von ungefähr 11-12 Jahren, erwacht das kritische und abstrakte Denken des Kindes. Piaget beobachtet für dieses Alter den Übergang zu einem formal-operatorischen Wirklichkeitsverständnis, das auch abstrakte Probleme zu verarbeiten mag. Fetz, Reich und Valentin beobachten für den Übergang vom Kindes- zum Jugendalter den radikalen Bruch mit einem unreflektierten artifizialistischen Schöpfungsverständnis und die Entwicklung eines durch naturwissenschaftliche Theorien geprägten Weltbildes. Fowler macht auf der dritten, normalerweise im frühen Jugendalter erreichten Stufe seines Entwicklungsmodells einen synthetisch-konventionellen Glauben aus, der ohne eigenständige Durchdringung unterschiedlichste Überzeugungen und Wertvorstellungen in sich vereint. Auf die biblischen Traditionen bezogen bedeutet dies, dass sie ohne tiefergehende Reflexion entweder abgelehnt oder geglaubt werden – je nachdem, aus welchen Quellen sich das nicht persönlich angeeignete religiöse Denken speist. Symbole werden in ihrer Mehrdimensionalität erkannt, doch herrscht ein eher konventionelles, an der Tradition orientiertes Symbolverständnis vor.

Die vierte Stufe bei Fowler, die kaum vor dem späten Jugendalter erreicht wird, ist dann durch einen individuierend-reflektierenden Glauben gekennzeichnet. Mit ihr verbindet sich eine Tendenz zur Entmythologisierung von Wunderaussagen. Das eigene kritische Urteil tritt in den Vordergrund, das mythologische Vorstellungen von der Vernunft her entweder verwirft oder bildhaft als Träger für etwas anderes mit sinnstiftender Kraft versteht. Für Oser/Gmünder ist das religiöse Urteil im Jugendalter entscheidend durch die in ihrem Entwicklungsmodell dritte, an der Selbstbestimmung des Menschen orientierte Stufe geprägt. Unter dem Eindruck von Leid und Ungerechtigkeit in der Welt wird ein unmittelbares Eingreifen Gottes in Abrede gestellt. Der Mensch sieht sich als autonomes Wesen, das die Welt eigenverantwortlich gestaltet. Dies verbindet sich in hohem Maße mit einer Ablehnung religiöser und kirchlicher Autorität. Letztgültiges wird aus der Welt herausgedrängt, indem Gott entweder einer in sich abgeschlossenen jenseitigen Sphäre zugewiesen oder seine Existenz in Abrede gestellt wird. Fragen nach dem Verhältnis von Glaube und Naturwissenschaft tauchen auf, die Historizität biblischer Inhalte wird massiv in Zweifel gezogen. Dieser Entwicklungsstufe korrespondiert ein von kritischer Vernunft geleitetes Wunderverständnis, das in der Regel die Wunder wegen ihres Widerspruchs zur Naturgesetzlichkeit negiert und sie Gott angesichts des Leids in der Welt ohnehin nicht zutraut.

Das Beispiel der fünfzehnjährigen Britta bestätigt dies eindrücklich. Zur Heilung des blinden Bartimäus befragt, antwortet sie: »Weiß nicht, der sagt ja einfach nur zu diesem Blinden ‚Geh, dein Glaube hat dir geholfen', und einfach, daß der das sagt irgendwie, und dann kann der auf einmal wieder sehen, ich weiß nicht. Kann schon sein, daß das wirklich passiert ist, aber ich kann mir das nicht vorstellen. Ich halte das irgendwie für unglaublich, daß der einfach sagt ‚Geh' und dann sieht der auf einmal wieder.« Noch ablehnender fällt ihre Stellungnahme zur Sturmstillung aus: »Das ist eigentlich praktisch wieder das gleiche halt, also die fahren auf diesem Boot und haben halt Angst, daß sie untergehen, und der Meister, das ist nehme ich mal an Jesus, oder? soll wahrscheinlich, und dann der hat überhaupt keine Angst, der glaubt einfach dran, der weiß, daß er das kann, und dann befiehlt er halt dem Wind, still zu sein, und dann hört es auch auf. Und dann fragen sich die anderen noch, was das für ein Mensch wohl ist, der den Wind und die See, also dem der Wind und die See gehorchen also. Ich kann das auch nicht glauben, daß jemand das so kann. Ist eigentlich das gleiche, wie mit dem Blinden. Ich meine, das geht ja eigentlich nicht, nur weil jemand sagt ‚Wind sei still', daß der aufhört«. Diese Wunderkritik der Schülerin ist auf das Engste mit der Theodizeefrage verbunden: »Es ist schon soviel passiert irgendwie und wenn Gott wirklich da wäre, hätte er auch etwas dagegen gemacht, gegen manche Sachen. Ich meine, das kann ja nicht sein, daß der dann halt irgendwo ist und das alles so zuläßt, also wenn er da wäre. Aber ich glaube halt nicht, daß er da ist. Wenn er wirklich da wäre, um irgendwelche Wunder zu vollbringen, dann könnte er auch, hätte er vielleicht auch da dann was gemacht, darum glaube ich nicht, daß er bei den Wundern etwas gemacht hat.«[66]

Einschränkend ist bei diesen Entwicklungstheorien zu berücksichtigen, dass es sich um idealtypische Stufen handelt, die nicht von allen Kindern oder Jugendlichen der betreffenden Altersgruppe tatsächlich erreicht werden und bei denen zudem die religiöse Sozialisation eine bedeutsame Rolle spielt. Ein supranaturalistisches Wunderverständnis, das unbefangen mit Gottes Eingreifen in das Naturgeschehen rechnet, ist auch im Erwachsenenalter häufig anzutreffen und wird von vielen Menschen, die in evangelikalen Kreisen ihre Prägung erfahren haben, in ausgesprochen reflektierter Form vertreten. Auch

Helmut Hanisch kommt in seiner empirischen Studie zu dem Ergebnis, dass Jugendliche mit ausgeprägter kirchlicher oder religiöser Bindung keineswegs nur das gelten lassen, was naturwissenschaftlich erklärbar ist, und daher nicht zwangsläufig in Konflikt mit einem Wunderglauben geraten, der sich rationalem Denken entzieht. Zudem zeigt die Begeisterung für Figuren wie Batman, Eragon oder Harry Potter, dass auf den ersten Blick irrational wirkende Grenzüberwindungsgeschichten aller Art auch auf Heranwachsende ihre Anziehungskraft nicht verfehlen. Letztlich wird man im Unterricht immer auf ein breites Spektrum von Schülerhaltungen stoßen, das im Blick auf die biblischen Wundergeschichten von gläubiger Annahme über kritische Hinterfragung bis hin zu entschiedener Ablehnung oder völliger Gleichgültigkeit reicht.

Bewährte Entwicklungstheorien zeigen, dass Kinder bis zum ausgehenden Grundschulalter zu einem supranaturalistischen Wunderverständnis neigen, das in naiv ungebrochener Weise mit einem Eingreifen Gottes in die Welt rechnet. Im frühen Jugendalter beginnt sich ein kritisches Urteilsvermögen zu entwickeln. Die biblischen Wunder werden nun meist als ungeschichtliche Phantasiegebilde verworfen, wie es bei atheistisch sozialisierten Kindern auch bereits vorher der Fall ist. Die Einübung bildhafter Betrachtungsweisen, die allerdings dem Entwicklungsstand und den Verstehensmöglichkeiten der Kinder Rechnung zu tragen hat, kann diesem Bedeutungsverlust der Wundergeschichten entgegenwirken.

Aufgabe:
- In der Religionspädagogik ist umstritten, ob die frühkindliche Naivität im Umgang mit Wundergeschichten als wichtige Entwicklungsphase respektiert oder durch Einübung metaphorischer Betrachtungsweisen so bald als möglich in Richtung eines tieferen Verstehens durchbrochen werden soll. Bilden Sie sich unter Berücksichtigung der folgenden Texte ein eigenes Urteil.

Darf von dem Thema »Wunder« in der Primarstufe auch nicht abgesehen werden, ist ihm dennoch mit Zurückhaltung zu begegnen. Die zu behandelnden Wundergeschichten sollen sorgfältig ausgesucht und nur dosiert, d.h. in geringer Zahl angeboten werden. Die Wundergeschichten sind so zu behandeln, daß sie in ihrer Intenti-

> on als Glaubensgeschichten, d.h. als Erfahrungsberichte not- und leidgeprüfter Jesusgläubiger, nicht aber als historische Berichte verstanden werden. Zu diesem Zweck ist darauf zu achten, ... daß Wundergeschichten im Rahmen einer Unterrichtseinheit bzw. eines fächerübergreifenden Unterrichts (Deutschunterricht) über bildhaft-hintergründiges Sprechen im Alltag, besonders aber in der Bibel behandelt werden. Nach einer intensiven Beschäftigung mit bildlicher Ausdrucksweise erst gelingt es, den Schülern die hinter der Wortoberfläche verborgene Tiefenaussage mancher Wundererzählungen aufzuschließen.[67]

> Ich habe oftmals, vor allem bei jungen Menschen in der späten Reifezeit, erlebt, daß Jahre des Glaubens an das Zauberhafte erforderlich waren, um einen Ausgleich dafür zu schaffen, daß der Mensch diesem Bereich in seiner Kindheit vorzeitig entrissen und gewaltsam mit der harten Realität konfrontiert wurde. Es ist, als empfänden diese jungen Leute, daß sie jetzt die letzte Gelegenheit haben, einen spürbaren Mangel in ihrer Lebenserfahrung nachzuholen, oder daß sie ohne eine Zeit des Glaubens an das Zauberhafte nicht imstande sind, den Härten des Erwachsenenlebens zu begegnen. Viele junge Menschen, die heute plötzlich in Drogenträumen der Welt zu entfliehen suchen, irgendeinem Guru nachfolgen, an Astrologie glauben, sich der schwarzen Magie verschreiben oder auf andere Weise aus der Realität in Wachträume von magischen, ihr Leben zum Bessern verändernden Erlebnisse flüchten, wurden vorzeitig gezwungen, die Wirklichkeit in der Art der Erwachsenen zu sehen.[68]

2. Grundprobleme der Wunderdidaktik

Lit.: BÖSEN, W., »Wer nicht an Wunder glaubt, ist kein Realist«, ru 17 (1987) 50-56. – KWIRAN, M., Theologische und didaktische Anmerkungen zur Behandlung von Wundergeschichten im Religionsunterricht, ru 17 (1987) 66-69. – LACHMANN, R. u.a., Theologische Schlüsselbegriffe, TLL 1, Göttingen 1999, 381-391. – NEIDHART, W./EGGENSBERGER, H. (Hg.), Erzählbuch zur Bibel, Lahr u.a. [6]1990, 85-103. – OTTO, G., Handbuch des Religionsunterrichts, Hamburg 1964, 279-283. – RITTER, W.H., Kommen Wunder für Kinder zu früh?, KatBl 120 (1995) 832-842. – SCHOLZ, G., Didaktik neutestamentlicher Wundergeschichten, ARPäd 10, Göttingen 1994, 146-176. – WEGENAST, K., Wundergeschichten der Bibel in der Grundschule?, in: ders., Glaube – Schule – Wirklichkeit, Gütersloh 1970, 156-160.

Der Bereich der neutestamentlichen Wundergeschichten gehört angesichts der spezifischen Verständnisschwierigkeiten, die sie nicht zuletzt bei Kindern und Jugendlichen hervorrufen, zu den anspruchsvollsten Themenfeldern der religionspädagogischen Praxis.

Wundergeschichten im Religionsunterricht aller Schulstufen zum Thema zu machen, galt lange Zeit als eine selbstverständliche und weitgehend unproblematische Angelegenheit. Nur vereinzelt wurde die Gefahr einer theologischen Schieflage gesehen, ohne jedoch die Wunder als Unterrichtsgegenstand preiszugeben. Seit den 1960er Jahren allerdings ist unter dem Eindruck kerygmatischer Wunderhermeneutik eine intensive Diskussion um die Wunder Jesu im Religionsunterricht im Gang. Die grundlegende Annahme der Bultmann-Schule, dass die neutestamentlichen Wundergeschichten ungleich eher Glaubensprodukte als Tatsachenberichte sind, wegen ihrer Verwandtschaft mit antiken Wundergeschichten aus der Umwelt der Bibel wenig Unverwechselbares an sich haben und angesichts ihrer Zweideutigkeit kein Glaubensgegenstand sein können, wurde nun unter Mitberücksichtigung entwicklungspsychologischer Erkenntnisse auf ihre Konsequenzen für die Religionspädagogik hin bedacht. Dabei konzentrierte sich die Diskussion zunächst auf die Primarstufe. Klaus Wegenast warf als erster grundsätzlich die Frage nach der Behandlung von biblischen Wundergeschichten in der Grundschule auf und sprach sich entschieden dagegen aus. Eine Vielzahl von Religionspädagoginnen und Religionspädagogen pflichtete ihm bei und wollte Wunder frühestens in der Sekundarstufe, am besten nicht vor dem siebten Schuljahr im Religionsunterricht behandelt wissen. Vereinzelt glaubte man im misslungenen, weil zu frühen Thematisieren von Wundern gar eine der entscheidenden Ursachen für die Krise des Religionsunterrichts überhaupt erkennen zu können.

In der Tat sind bedeutsame theologische, aber auch entwicklungspsychologische Aspekte zu bedenken, wobei die Frage nach der Wirklichkeit des Erzählten das Hauptproblem darstellt. Die neutestamentlichen Wundererzählungen sind Glaubens- oder Hoffnungsgeschichten und keine Tatsachenberichte, werden von Grundschulkindern aber als solche behandelt, da ihnen der besagte Unterschied intellektuell noch nicht vermittelbar ist. Auch wenn sich durch eine Schulung des kindlichen Denkens bestimmte Verstehensleistungen in einem früheren Alter erreichen lassen, als dies nach den Erkenntnissen Piagets der Fall ist, scheint eine theologisch angemessene Behandlung von Wundergeschichten damit aus altersspezifischen Gründen in der Primarstufe nicht gewährleistet zu sein. Hinzu kommt, dass Wundergeschichten die Verinnerlichung eines verzerrten Bildes von Jesus als großem Zauberer begünstigen und die Tendenz fördern können, ihn als ein in der Sphäre des Übernatürlichen anzusiedelndes Gottwesen zu betrachten, das bei genauerer Betrachtung für die eigene Existenz bedeutungslos erscheint. Es besteht die Gefahr, dass Kinder von Jesu Zuwendung damals hören und beeindruckt sind, sie in ihrem eigenen Leben aber nicht erfahren, obwohl auch sie Bedrohung und Not leiden. Zudem partizipieren auch bereits Kinder an einem Problem, das Rudolf Bultmann für den modernen Menschen folgendermaßen beschrieben hatte:

»Und wieder gibt es andere, die den Widerspruch drückend empfinden, der zwischen ihren wissenschaftlichen Überzeugungen und den Anschauungen, die sie in ihrem täglichen Leben leiten, auf der einen Seite und den neutestamentlichen Wundergeschichten auf der anderen Seite besteht; die wohl am christlichen Glauben festhalten möchten, die aber meinen: als Christ sei man verpflichtet, solche Geschichten für wahr zu halten, – und da sie das nicht können, geraten sie in Zweifel, ob sie sich noch Christen nennen dürfen.«[69]

Wundergeschichten legen also das Missverständnis nahe, christlicher Glaube bestehe im unkritischen Fürwahrhalten rational nicht erklärbarer Geschehnisse. Kinder stehen dann schnell vor der falschen Alternative, entweder die biblischen Wunder wider alle Vernunft für bare Münze zu nehmen oder aber sie als märchenhaft-unglaubwürdig abzulehnen und damit am christlichen Glauben überhaupt zu zweifeln. Bei der Überwindung mirakulösen Denkens in späteren Entwicklungsphasen wird mit den Wundern oftmals die biblische Tradition in ihrer Gesamtheit dem Bereich des Unwirklichen zugewiesen und über Bord geworfen.

Trotz dieser unbestrittenen Problematik lassen sich gute Gründe geltend machen, auch bereits im Religionsunterricht der Grundschule Wundergeschichten zu thematisieren. Zunächst ist zu bedenken, dass sich die Frage nach der Wirklichkeit des Erzählten nicht umgehen lässt, indem man Wundergeschichten im Religionsunterricht verschweigt. Kinder kommen in anderen Kontexten, etwa in Elternhaus, Kindergarten oder Kindergottesdienst, mit der biblischen Wundertradition in Berührung und suchen von sich aus nach einer Antwort. Theologisch bedeutet es eine unzulässige Verkürzung, wenn die Wunder unterschlagen werden. Sie sind wesentlicher Bestandteil des Wirkens Jesu und in ihnen spiegelt sich eine Ganzheitlichkeit christlicher Religion, die den Körper mit einbezieht. Wundergeschichten machten den Menschen damals Hoffnung und können dies auch heute noch tun. Als entwicklungspsychologisches Argument kommt hinzu, dass insbesondere Kinder im Grundschulalter übermenschliche Phantasiegestalten brauchen, um durch das Ausleben von Allmachtsphantasien ihre eigenen vielfältigen Begrenzungen und Einengungen symbolisch oder traumhaft zu überwinden (W.H. Ritter). Wird ihnen Jesus als Wundertäter vorenthalten, dann drängt man sie zum uneingeschränkten Rückgriff auf säkulare Heilsmythen und Heilsgestalten, beispielsweise aus der Comicwelt, die mit ihren Inhalten die kindliche Sehnsucht nach dem Außerordentlichen und Wunderbaren besetzen.

In diesem Zusammenhang ist umstritten, ob die frühkindliche Naivität im Umgang mit Wundergeschichten als wichtige Entwicklungsphase respektiert oder durch Einübung metaphorischer Betrachtungsweisen so bald als möglich in Richtung eines tieferen Verstehens durchbrochen werden soll, wie es etwa Hubertus Halbfas mit seinem primär auf die Grundschule ausgerichteten Programm der Symbolerziehung entwickelt hat. Eine durch frühzeitige Metaphorisierung und Entmythologisierung geprägte Wunderdidaktik, die zu stark am theologischen Denkniveau der Erwachsenen orientiert ist, läuft allerdings Gefahr, Kinder ihrer Kindheit zu berauben und sie zu kleinen Erwachsenen zu machen. Entwicklungspsychologen weisen darauf hin, dass naiver Realismus, Magie und Artifizialismus wichtige Denkformen im kindlichen Wirklichkeitsverständnis sind, die zur Vermeidung späterer Fehlentwicklungen ausgelebt werden müssen.

Letztlich hat die Einbeziehung von Wundergeschichten in den Religionsunterricht aller Schulstufen gewichtige Argumente für sich, zumal sie als Erzähltexte besonders lebendig und anschaulich sind. Sie nehmen die Hörer in das Geschehen hinein, halten Identifikationsangebote bereit und bergen vielfältige didaktische Möglichkeiten in sich. Gerade Kinder im Grundschulalter vermögen Wunder noch in weitgehend ungebrochener Weise auf sich wirken zu lassen und das in ihnen verborgene Potenzial auszuschöpfen, können aber in ersten Ansätzen auch bereits für ein symbolisches Verständnis sensibilisiert werden. Dabei muss die Beschäftigung mit Wundergeschichten am Lernort Schule gefährliche Klippen umschiffen, wenn sie gelingen soll. Besonders spektakuläre Erzählungen wie der Seewandel Jesu oder die Erweckung des Lazarus können Kindern zwar helfen, ihre Allmachtsphantasien auszuleben und Begrenzungen symbolisch zu überwinden, sollten wegen ihrer Missverständlichkeit aber vielleicht doch gegenüber solchen Geschichten in das zweite Glied treten, die allzu Reißerisches vermeiden und deren Handlungsträger als Identifikationsfiguren für Kinder besonders gut geeignet erscheinen. Grundsätzlich haben Heilungswunder als Reflexe des historischen Wirkens Jesu den Vorteil, dass dort die für die Wunderdidaktik so problematische Kluft zwischen Glaubensbotschaft und Wahrheitsgehalt des Erzählten bei weitem nicht so tief wie bei Totenerweckungen oder Naturwundern ist.

Für eine Thematisierung von Wundergeschichten im Religionsunterricht aller Schulstufen lassen sich gute Gründe geltend machen. Zur Vermeidung theologischer Schieflagen sind allerdings vor allem in der Grundschule gefährliche Klippen zu umschiffen, wobei die Schülerfrage nach der Wirklichkeit des Erzählten in Verbindung mit dem noch nicht ausgeprägten mehrdimensionalen Denken das Hauptproblem darstellt.

Aufgaben:
- Vergegenwärtigen Sie sich anhand folgender Schüleraussage eines der Grundprobleme der Wunderdidaktik.

»Ich kann einfach nicht mehr glauben«, schreibt ein Schüler. »Ich würde wirklich gern glauben und beneide alle Menschen, die das

> können. Aber ich denke immer sehr real und naturwissenschaftlich. Alles, was man mir nicht logisch erklären kann, bleibt bei mir draußen. Ist es denn nicht unlogisch und gegen jedes physikalische Gesetz, daß ein Mensch auf dem Wasser geht oder aus Wasser Wein macht, daß ein Toter zum Leben erweckt wird? Warum werden uns diese Geschichten als Tatsachen vorgestellt? Die Wissenschaft beweist uns ja täglich mehr, daß alles in der Welt auf natürlichen Vorgängen beruht. Was die Wissenschaft lehrt, kann man wenigstens begreifen. Das hat Hand und Fuß. Dort wird jede neue Behauptung im Experiment nachgewiesen. Aber diese vielen Wunder in der Bibel! Ich glaube, es sind nur Märchen. Je mehr ich in der Bibel lese, desto ungläubiger werde ich. In der Klasse glaubt keiner dran.«[70]

- Während Klaus Wegenast 1999 ein nach wie vor von Ablehnung geprägtes Fazit der Kontroverse um Wunder im Grundschulunterricht zieht, kritisiert Werner H. Ritter, dass ein am Erwachsenen orientiertes Theologieverständnis Grundschulkindern in unzulässiger Weise den Zugang zu Wundergeschichten verwehre und sie in ihrem »Theologie treiben« nicht ernst nehme. Wägen Sie beide Positionen gegeneinander ab.

> Trotz aller Bemühungen der Religionspädagogik als »Frontwissenschaft« muß angesichts unseres wissenschaftsgeschichtlichen Rückblicks gefragt werden, ob es gelungen ist, die Wunder wieder als undispensierbaren Teil des Curriculums des Religionsunterrichts erscheinen zu lassen. Der Hauptgrund für diese Frage ist neben der hohen hermeneutischen Schwelle für Lehrende und Lernende die fast unausrottbare Hinterfragung der als »Berichte« daherkommenden Tradition nach dem, was denn nun eigentlich geschehen sei zwischen Galiläa und Jerusalem. Offensichtlich wird solches Hinterfragen selbst dann nicht zum Schweigen gebracht, wenn die Fiktionalität als Sprachmittel der Verkündigung des Glaubens nach Ostern durchsichtig geworden ist. Unter diesen Umständen dann von »Wunschgeschichten« zu sprechen ... führt da m. E. nicht aus der Krise. So wird das Wunder weiter als ein noch nicht ganz gelöstes Problem der Bibeldidaktik weiterbestehen. Und müssen es denn Wunder sein, die im Religionsunterricht behandelt werden?[71]

Wer davon ausgeht, daß es nur ein richtiges, und d.h. vor allem theologisch reflektiertes und geklärtes Verständnis von Wundern gibt, welches im Normalfall erst vom denkenden Heranwachsenden erreicht wird bzw. werden kann, muß sich voraussetzungsgemäß gegen eine Behandlung von Wundergeschichten im Religionsunterricht der Grundschule aussprechen, weil kindliches Denk- und Vorstellungsvermögen solche »Operationen« nicht leisten können. Aber ist denn die Prämisse, wonach der Sachverhalt von Wundern und Wundergeschichten definitiv und exklusiv eine primär denkerisch-intellektuell zu bewältigende theologische Qualitas meint, wirklich zwingend und stichhaltig? Ich meine vielmehr, es liege hier ein theologisch-intellektuell hochgradig enggeführtes Verständnis von Wunder und Wundergeschichten vor, welches aus einer Verstehens-Fülle einen sicher wichtigen Aspekt herausgreift und ihn verabsolutiert. Religionspädagogisch zu problematisieren ist damit, wie ich meine, weniger ein alters- und entwicklungsmäßig gesehen »angemessenes« kindlich-naives und »phantastisches« Wunderverständnis, sehr viel mehr dagegen der Versuch, theologisch Wunder und Wundergeschichten exklusiv und für alle verbindlich von einem Erwachsenenstatus her beurteilen zu wollen. Auch sehe ich nicht, wie ein mythisch-wörtliches Wunderverständnis und/oder ein »allmächtiges« Gottes- bzw. Jesusbild ein »angemessenes Verständnis« solcher Texte definitiv verbauen sollten. Wer entscheidet denn über Angemessenheit oder Unangemessenheit? Religionspädagogisch sollte für uns m. E. ein anderer Aspekt denk- und handlungsleitend werden, nämlich (Grundschul-)Kindern, die selbst vielfältig, auch entwicklungsbedingt, Begrenztheiten verspüren, die grenzüberschreitende Dynamik dieser Texte entdecken zu lassen.[72]

3. »Biblisches Erzählen« von Wundergeschichten

Lit.: ADAM, G./LACHMANN, R. (Hg.), Methodisches Kompendium für den Religionsunterricht, Göttingen [4]2002, 137-162. – BALDERMANN, I., Einführung in die biblische Didaktik, Darmstadt 1996, 91-118. – GRETHLEIN, C., Methodischer Grundkurs für den Religionsunterricht, Leipzig 2000, 38-50. – NEIDHART W./EGGENSBERGER, H. (Hg.), Erzählbuch zur Bibel. Bd. 1, Lahr u.a. [6]1990. – NEIDHART, W. (Hg.), Erzählbuch zur Bibel. Bd. 2, Lahr u.a. [2]1993, 130-150.188-223. – STEINWEDE, D., Biblisches Erzählen, Göttingen 1981. – TSCHIRCH, R., Biblische Geschichten erzählen, Stuttgart 1997. – URBACH, G. (Hg.), Biblische Geschichten Kindern erzählen, GTB 640, Gütersloh ²1981. – WEGENAST, K., Religionsdidaktik Grundschule, Stuttgart 1983, 96-106.

Erzählen stellt im Alltag von Menschen aller Zeiten eine elementare Form der Kommunikation dar. Das Christentum ist von seinen Ursprüngen her eine Erzählgemeinschaft und sollte sich auf seine »narrative Unschuld« (H. Weinrich) zurückbesinnen, die es durch die Dominanz des wissenschaftlichen Diskurses in der Theologie verloren hat. Erzählungen bringen abstrakte theologische Aussagen anschaulich und lebensnah auf den Punkt. Das Hören von Geschichten hat trotz zunehmender Prägung unseres Alltags durch visuelle Medien nichts an Attraktivität eingebüßt. Vor allem die Grundschule ist nach wie vor ein Ort, wo eine Erzählkultur entwickelt und gepflegt werden kann. Der Reiz der Erzählung besteht darin, dass sie in eine allzu vertraut gewordene Situation Neues einbringt, den Zwängen des alltäglichen Lebens gegenüber ein kritisches Korrektiv darstellt und verborgene Verständniskategorien erschließt. Sie holt Entferntes in die Gegenwart und nimmt die Adressaten unmittelbar in das biblische Geschehen hinein. Im Akt des Erzählens geht es um das Angebot erfahrungsnaher Identifikationsmöglichkeiten mit biblischen Gestalten. Dadurch in Gang gesetzte Prozesse der Selbsterkenntnis überbrücken die Distanz zum Text und eröffnen neue Dimensionen, indem sie die Hoffnung auf eine der biblischen Situation vergleichbare Gotteserfahrung im eigenen Leben wecken und Kraft für einen neuen Anfang spenden. Nicht zuletzt gilt dies für Wundergeschichten mit ihren Bildern einer hoffnungsvollen Gegenwelt, die Zuversicht geben und zum Handeln befreien. Zudem kann durch bibelwissenschaftlich verantwortetes Nacherzählen bereits die Erstbegegnung mit dem Text interpretativ gesteuert werden. Es entzieht die Hörerinnen und Hörer dem autoritativen Druck der biblischen Tradition und bahnt ihnen den Weg zu einer eigenständigen Deutung der Wunder Jesu. Die Aufmerksamkeit wird von der in vielerlei Hinsicht problematischen Frage nach dem tatsächlichen Geschehen weggelenkt und gezielt auf die theologische Mitte einer Wundergeschichte gerichtet. Dies setzt voraus, dass der Erzähler zunächst den ursprünglichen Sinngehalt der biblischen Überlieferung ermittelt, dann die Beziehung zur Lebenswelt der Hörer reflektiert und schließlich auf dieser Grundlage einen theologisch verantworteten Erzählentwurf entwickelt.

Die zwei großen Schulrichtungen »Biblischen Erzählens«, die sich gegenüber stehen, werden von Dietrich Steinwede einerseits, Walter Neidhart andererseits repräsentiert. Beide Theologen bieten Erzählversionen unterschiedlichster Wundergeschichten, die sie im Rahmen existenzial-kerygmatischer Wunderhermeneutik übereinstimmend als Glaubenszeugnisse, nicht aber als Tatsachenberichte betrachten. Die Konzeption von Steinwede ist durch die Maximen »Texttreue« und »Entfaltung der theologischen Mitte« gekennzeichnet. Das Gefüge der sprachlichen Bauelemente eines Textes und damit das Besondere seines Gehaltes und seiner Atmosphäre soll bei der theologischen Entfaltung in der Nacherzählung möglichst authentisch erhalten bleiben. Eine Erzählweise, die neue Szenen und Personen hinzuerfindet oder die Gefühle und Stimmungen der Handlungsträger durchleuchtet, wird entschieden abgelehnt, da alles Ausmalen, Ausschmücken, Psychologisieren, Moralisieren oder Aktualisieren den Text von der Sprache wie der Sache her verderbe. Wichtigste Erzählregel Steinwedes ist die sprachliche Elementarisierung, die durch die Verwendung von Präsens und direkter Rede, das Vermeiden von Nebensätzen, die Bevorzugung von Verben gegenüber Substantiven und die Zurückhaltung gegenüber Adjektiven charakterisiert ist. Hinzu kommen die intensivierende Wiederholung und die Umschreibung erklärungsbedürftiger biblischer Begriffe. Ein anschauliches Beispiel dafür ist die Nacherzählung der Bartimäusgeschichte Mk 10,46-52.

»Jesus kommt in die Stadt Jericho. Er geht hinein – und wieder hinaus. Und draußen vor der Stadt am Wege sitzt der Bettler, der blinde Bettler, der Sohn des Timäus. Er heißt Bar-Timäus: Sohn des Timäus. Mit Jesus kommt eine große Volksmenge. Die Menschen umringen ihn. Er ist mittendrin und geht den Weg entlang.

Und dahinten sitzt der Bettler. Und er hört, wie die Leute sagen: ‚Jesus, wir wollen mit dir gehen.' Und wie andere sagen: ‚Das ist Jesus von Nazareth, der, der von Gott gekommen ist.' Und wieder andere sagen: ‚Er kann heilen. Er hat schon so viele geheilt.' Und da erinnert der Bettler sich, daß er das schon öfter gehört hat. Und er hört die von dahinten kommen. Da schreit er los: ‚Jesus, Messias, hilf mir. Erbarme dich!' Der Blinde hat etwas gemerkt. Er ‚sieht' etwas. Darum schreit er: ‚Jesus, hilf mir, erbarme dich.'

Die vielen aber, die mit Jesus kommen, die wollen nicht, daß er schreit: ‚Schweig, du Bettler, sei still! Jesus hat keine Zeit für dich.' Sie schimpfen Bartimäus aus. Er aber schreit noch viel lauter als vorher: ‚Jesus, Messias, hilf mir! Erbarme dich!' Da hört ihn Jesus. Er bleibt stehen. Er sagt: ‚Ruft ihn her!' Da, mit einmal, die, die eben noch geschimpft haben, sie rufen ihn: ‚Bartimäus, komm, steh auf, sei mutig. Freue dich. Jesus ruft dich!' Und da springt der blinde Bettler hoch, wirft seinen Mantel von sich weg und kommt dahergetappt. Tappend kommt er gelaufen. Er kommt zu Jesus.

Jesus sieht ihn an: ‚Was willst du, daß ich an dir tun soll?' Bartimäus hebt seine Hände: ‚Lieber Herr, Rabbuni, ich möchte sehen.' Jesus sagt zu ihm: ‚Bartimäus, du kannst ja sehen. Du hast ja längst das Wichtigste gesehen. Mit deinem – Herzen. Du hast ja ›gesehen‹, wer ich bin, mit deinem Herzen. Du hast ja gesehen, daß ich von Gott komme. Du glaubst ja an mich. Dein Glaube hat dich gerettet. Du bist nicht mehr ›blind‹. Du hast mich ›gesehen‹'. Und so ist es wirklich: Bartimäus weiß: Dieser Jesus, der ist mein Herr. Er ›sieht‹ in Jesus Gott. Und er geht mit Jesus – von dem Tage an. Jesus aber geht auf dem Weg von Jericho nach Jerusalem. Und Jesus weiß, was ihn in Jerusalem erwartet, nämlich das Kreuz.«[73]

Der Duktus der biblischen Geschichte bleibt gewahrt. Die Nacherzählung bewegt sich eng am Text und bedient sich einfachster Sätze. Mehrfach greift das Mittel der intensivierenden Wiederholung. Ein erklärungsbedürftiger Begriff wie »Davidssohn« wird durch das bekannte »Messias« ersetzt, die Nachfolge als Leidensnachfolge konkretisiert. Als theologische Mitte macht Steinwede das sinnbildliche Sehen Jesu als des rettenden Messias aus und entfaltet dies dergestalt, dass er die eigentlich in der Wiederherstellung der organischen Sehkraft bestehende Heilung des Bartimäus rein symbolisch als Ende der Herzensblindheit versteht. Damit wird eine kerygmatische Betrachtung des Wunders als Träger von Glaubensaussagen absolut gesetzt und einem wörtlichen Verstehen der Raum genommen. Angesichts dessen, dass die Bartimäuserzählung nicht aus der Welt der Mythen stammt, sondern auf das geschichtliche Handeln Jesu zurückgeht, wird diese Verengung bei den Adressaten der Erzählung berechtigten Widerspruch hervorrufen.

Bei Walter Neidhart hingegen dominiert das Motto der Phantasiearbeit. Subjektivität und gefühlsmäßige Parteinahme sind bewusst beabsichtigt. Der Handlungsablauf der biblischen Vorlage wird zu epischer Breite zerdehnt und um Nebenzüge bereichert. Personen werden neu hinzuerfunden und die vermuteten Gefühle der Handlungsträger zum Ausdruck gebracht. An Neidharts Erzählentwurf zu Mk 10,46-52 kann man das im Gegenüber zu Steinwede gut beobachten. Die lange Leidensgeschichte des Bartimäus, der als Teppichknüpfer Augenlicht und Arbeit verliert, wird ebenso wie seine gefühlsmäßige Befindlichkeit in schillernden Farben ausgemalt und gleichzeitig die Bedeutung des Davidssohntitels erläutert.

»Bartimäus, der Sohn des Timäus, war bei Meister Matthias in der Lehre. Er wollte Teppichknüpfer werden. Der Meister war berühmt für seine Kunstfertigkeit. Der farbige Teppich in der Synagoge von Jericho, der den Schrein mit den Gesetzesrollen überdeckte, stammte von ihm. In weinroten und hellblauen Farben gehalten, strahlte in seiner Mitte golden ein siebenarmiger Leuchter und machte den ganzen Raum hell.

Der junge Bartimäus hatte Freude an der Arbeit und machte Fortschritte. Er lernte, welche Farben zusammenpassen und wie man die Fäden wechseln und verknüpfen muß, damit das beabsichtigte Muster vor dem Hintergrund sichtbar wird. Im dritten Lehrjahr durfte er bereits eine selbständige Arbeit übernehmen: Der Synagogenvorsteher hatte für sein neues Speisezimmer einen Wandteppich mit dem sechseckigen Davidsstern darauf bestellt. Unter dem Stern sollte in heiligen Buchstaben das Wort ›Davids-Sohn‹ stehen. Bartimäus begann das Werk mit Eifer von unten nach oben und war schon auf der Höhe, wo er die Fäden für die Buchstaben zurechtlegte. Der Meister ließ ihn die Buchstaben zuerst in der für den Teppich gewünschten Größe auf Papier zeichnen. Er freute sich, als der Lehrling die Buchstaben sauber und exakt auf das Blatt brachte.

‚Weißt du auch, was dies bedeutet: ›Davids Sohn‹?' so fragte er. ‚Ja, Meister, das hat uns der Rabbi oft erklärt, als wir bei ihm lesen lernten. Sohn Davids ist der König und Befreier, den Gott uns senden wird.' Matthias antwortete: ‚Möge er bald kommen! Das Joch der Römer liegt hart auf unserem Nacken, und unser Volk seufzt und schreit zum Herrn, wie es einst im Sklavenhaus in Ägypten geschrien hat.' – Da fragte der Junge: ‚Warum will der Synagogenvorsteher dieses Wort auf dem Teppich haben?' ‚Weil er täglich für das Kommen des Davids-Sohns betet. Er hat viel gelitten unter den Römern. Sie haben einen seiner Söhne getötet.'

In den nächsten Tagen sah man auf dem angefangenen Teppich bereits, wie die Buchstaben emporwuchsen. Doch Bartimäus mußte die

Arbeit unterbrechen. Er hatte eine Augenentzündung bekommen. Die Augen waren gerötet und schmerzten. Wenn er auf den Teppich blickte, verschwamm alles vor seinen Augen. Die Großmutter wußte Rat. Sie kannte ein Heilkraut, kochte daraus einen Absud und machte damit dem Jungen Umschläge auf die Augen. Doch es wurde nicht besser. Wenn er die Augen öffnete, tat ihm jeder Lichtstrahl weh. Er trug ständig eine Binde über den Augen. Er war unglücklich, daß er nicht mehr zur Arbeit gehen konnte. Meister Matthias mußte den Teppich mit dem Davidstern selbst vollenden...

Wenn er allein war, weinte er oft und klagte Gott an, daß er ihm dieses Unglück geschickt hatte. Er zweifelte, ob es überhaupt, einen gerechten Gott gäbe, wenn er, obwohl er doch nichts Böses getan hatte, blind geworden war. Seine Tage schlichen langsam vorüber, weil er nichts zu tun wußte. In der Nacht träumte er anfangs noch von farbigen Teppichen und leuchtenden Sternen. Mit der Zeit wurden auch seine Träume grau in grau. Nur ab und zu stieg in ihm die Frage auf, ob der Davids-Sohn, wenn er käme, ihn von seiner Blindheit befreien würde. Dann hatte er wieder einen Schimmer von Hoffnung. Doch der Davids-Sohn kam nicht, und in der Seele von Bartimäus wurde es dunkler und dunkler.«[74]

Bei der Nacherzählung des Wunders selbst erscheint die Absicht Neidharts, die Heilung als subjektives Erleben des Bartimäus zu veranschaulichen und damit in ihrer Tatsächlichkeit bewusst in der Schwebe zu halten, der Mehrdimensionalität des Textes angemessener als die von vornherein symbolische Interpretation Steinwedes. Den Hörern bleibt ein Stück weit selber die Entscheidung überlassen, inwieweit sie gewillt sind, die Erzählung wunderhaft zu deuten. Der physikalische Vorgang der Heilung wird durch eine »Wie«-Formulierung relativiert und verliert zusätzlich dadurch an Bedeutung, dass sich der Fokus gezielt auf die emotionale Befindlichkeit des Bartimäus richtet. Nicht was andere gesehen haben, wird erzählt, sondern was Bartimäus erlebt hat.

»Da ist es ihm wie einem, der nach einem langen bösen Traum die Augen öffnet und den hellen Tag vor sich sieht. Er kann es gar nicht fassen, daß der böse Traum schon vorüber ist. Er sieht Jesus vor sich stehen und die vielen Menschen um ihn herum. Ihre Gesichter blicken aufmerksam auf ihn. Alles leuchtet in bunten Farben, die Gewänder, die Straße, die Palmen, die Stadtmauer, der blaue Himmel. Bartimäus sieht so hell und klar wie damals, als er noch bei Meister Matthias

Teppiche knüpfte. In seinem Innern fühlt er einen gewaltigen Strom von heiliger Freude.«[75]

Bei Wundergeschichten mit ungleich brüchigerem historischem Fundament, namentlich Totenerweckungen und Naturwundern, bietet Neidhart dem Hörer unterschiedliche Deutungsmuster an. Dies befreit vom autoritären Druck der biblischen Tradition, das Wunder für wahr halten zu müssen, und lenkt den Blick auf das Kerygma. Es können anwesende Zeitgenossen Jesu hinzuerfunden werden, die das Geschehen entweder rational erklären oder dem Bereich der Fiktion zuweisen, auf diese Weise Zweifel im Hörer aufnehmen und die Wahrnehmung des Wunders als Glaubenszeugnis fördern. In der Nacherzählung der Jairusgeschichte (Mk 5,21-24.35-43) wird ein fiktiver Zeitgenosse namens Tatian mit derart unterschiedlichen Meinungen zum Wundergeschehen konfrontiert, dass er letztlich zu folgender Erkenntnis gelangt:

»Für die Christen war an dieser Geschichte also noch etwas anderes wichtig als die Frage, was sich damals im Hause von Jairus abgespielt hat. Sie hörten aus ihr das Versprechen Gottes, daß ihr Kind auch nach dem Tod leben werde.«[76]

Biblisches Erzählen kann sich neben der freien Nacherzählung auch der Rahmengeschichte bedienen. Es wird eine historische oder gegenwärtige Situation erfunden, in der die neutestamentliche Wundergeschichte zu Gehör kommt. Diese Erzähltechnik kommt bevorzugt bei Naturwundern zum Einsatz, da die biblischen Texte durch die Rahmenerzählung von der Ebene bloßer Tatsachenberichte gelöst, als Glaubenszeugnisse vermittelt und so in einer tieferen Dimension erschlossen werden. Dabei sollte die als Rahmen dienende Situation der vermuteten Glaubensaussage der Wundergeschichte korrespondieren. So stellt Dietrich Steinwede die Sturmstillung Jesu in den Kontext der Christenverfolgungen unter Nero. Durch dieses »Setting« erscheint das Wunder nicht als Tatsachenbericht, sondern kommt als existenzielles Glaubenszeugnis zur Sprache, das die Verlorenheit des Menschen im Meer der Angst und die Hoffnung auf Errettung widerspiegelt.

»Die Christen werden gejagt. Sie werden in die Arena geschleppt. Sie werden von Löwen zerfleischt. Andere werden ans Kreuz geschlagen. Andere werden mit Pech übergossen und angezündet. Sie werden verbrannt – als lebende Fackeln bei Nacht. Und viele liegen in den Kerkern. Auch sie werden sterben. Sie zittern. Sie haben den Tod vor Augen. Sie haben schreckliche Angst. Das Wasser steht ihnen bis zum Hals. Es ist wie ein Meer der Angst. ‚Wer hilft uns?' Es ist, als ob sie ertrinken: ‚Hilf uns, wir gehen unter!'

Das alles geschah in Rom. Unter Kaiser Nero. Es ist das Jahr 64. Nero wollte Rom brennen sehen. Er wollte das brennende Rom besingen. Er hielt sich für einen großen Dichter. Überall hatte er Feuer legen lassen – heimlich. Voller Wut war das Volk. Schuldige mußten her: Die Christen! Die Christen sind schuld! So gellte es durch die Straßen. Da begann die Jagd. Jetzt liegen sie in den Kerkern, die Christen. Viele sind schon tot. Aber die, die noch leben, die klammern sich ans Leben. Sie beten. Sie schreien: ‚Hilf uns, Herr! Hilf uns, wir gehen unter!' Sie schreien ihre Angst hinaus.

Da beginnt einer zu reden in einem der Kerker des Kaisers. Ganz still schaut er die anderen an, alle, die vor Angst schreien. Er ist ganz ruhig: ‚Ich war in Galiläa', sagt er. ‚Damals! Ich hörte, was sie von Jesus erzählten. Von einem Sturm haben sie erzählt, von einem Wirbelwind auf dem See Genezaret. Ja, so war es: Die Jünger waren draußen im Boot. Das Meer erhob seine Stimme. Die Wellen kamen wild daher. Die Wellen schlugen hoch. Sie faßten das Boot mit wilder Gewalt. Die Jünger hatten Angst. Die Wellen kamen über das Boot. Da war Finsternis über der Tiefe. Die Jünger schrien: Hilf uns, Herr! Wach auf! Wir gehen unter! Jesus, der Christus, aber schlief mit Frieden. Hinten im Boot – ganz still. Todesangst erfaßte die Jünger: Hilf uns! Wir verderben! Da stand er auf. Er reckte die Hand. Er bedrohte das Meer: Sei still! Da war es still, das Meer der Angst. Da sprach er zu ihnen: Habt Mut! Ich bin doch da. Gott ist doch da. Glaubt ihr das immer noch nicht? Da wurden sie still, die Jünger im Boot. Da hatten sie Frieden mit Gott.'

So erzählt der eine in Rom. Da werden sie still im Kerker des Kaisers. Sie zittern nicht mehr, die Christen. Sie beten: Hilf uns Herr! Bleibe bei uns, wenn wir versinken. Gib uns deinen Frieden.«[77]

Die Wirkung der Rahmenerzählung hängt davon ab, inwieweit es ihr gelingt, eine Transparenz von der historischen Ebene auf die innere Befindlichkeit der Hörerinnen und Hörer herzustellen. Nur wenn sie in authentischer Weise so von menschlichen Grunderfahrungen handelt, dass die Sturmstillung als glaubwürdige Antwort auf die Ängste unserer Zeit erscheint und als Hoffnung stiftendes Angebot zur Lebensbewältigung wahrgenommen wird, hat sie ihr Ziel einer existenzbezogenen Vergegenwärtigung der Wundererzählung erreicht. Biblisches Erzählen nimmt die Hörerinnen und Hörer unmittelbar in die Wundergeschichten hinein, löst dadurch Prozesse der Identifikation und Selbsterfahrung aus und eröffnet Lebensperspektiven, indem die Hoffnung auf eine der biblischen Situation vergleichbare Gotteserfahrung im eigenen Leben geweckt und Kraft für einen neuen Anfang gegeben wird. Zudem kann durch bibelwissenschaftlich verantwortetes Nacherzählen bereits die Erstbegegnung mit dem Text interpretativ gesteuert, die problembehaftete Frage nach dem historischen Gehalt der Wundergeschichten entschärft und deren theologische Mitte nachhaltig entfaltet werden.

Aufgaben:
- Machen Sie sich bei G. Adam/R. Lachmann (Hg.), Methodisches Kompendium für den Religionsunterricht, Göttingen [4]2002, 147-157, mit den wichtigsten Regeln biblischen Erzählens vertraut.
- Entwerfen Sie eine Nacherzählung von Joh 5,1-18, indem Sie das Wundergeschehen in der Ich-Form aus der Perspektive eines jener Menschen von Joh 5,3 erzählen, die dort am Teich Bethesda auf Rettung hoffen. Vergleichen Sie anschließend Ihre Erzählung mit der von W. Neidhart, Erzählbuch zur Bibel. Bd. 2, Lahr u.a. [2]1993, 201-205.

4. Rollenspiel – Interaktion – Bibliodrama

Lit.: BERG, H.K., Ein Wort wie Feuer, München/Stuttgart 1991, 169-195. – HEIDENREICH, H., Bibliodrama im Boom, KatBl 119 (1994) 513-527. – KOLLMANN, R., Bibliodrama in Praxis und Theorie, EvErz 48 (1996) 20-41. – LANGER, H., Vielleicht sogar Wunder, Stuttgart 1991. – LOHKEMPER-SOBIECH, G., Bibliodrama im Religionsunterricht. Bd. 1-2, Mainz 1998. – MARTIN, G.M., Sachbuch Bibliodrama, Stuttgart [2]2001. – MULTHAUPT, H., Zachäus, komm vom Baum herunter!, Mainz 1994. – PAULER, N., Bibliodrama, SBTB 22, Stuttgart 1996.

Wer unter Ausschluss des sinnlich Erfahrbaren allein auf der kognitiven Ebene verbleibt und körperfremd von Heilung, Vertrauen oder überwundener Angst spricht, wird kaum in der Lage sein, das Erfahrungs- und Sinnpotenzial der Wundergeschichten in ganzer Tiefe zu erschließen. Methoden aus dem Umfeld des Rollenspiels und Bibliodramas steuern einer rationalen Engführung gegen und eröffnen die Möglichkeit einer vom Gefühl geleiteten, nicht zuletzt auch körperbezogenen Auseinandersetzung mit Wundergeschichten. Spielerisch, spontan und intuitiv wird eine lebensnahe Begegnung mit dem biblischen Text in Gang gesetzt. Auf die religionspädagogische Praxis bezogen, beinhaltet dies eine beträchtliche Erweiterung der Verstehensmöglichkeiten, indem neben dem Intellekt auch die Sprache des Körpers ins Spiel kommt und durch Förderung kreativer Fähigkeiten einer einseitigen »Verkopfung« des Lernens entgegengewirkt wird.

Rollenübernahme im darstellenden Spiel bietet die Chance, neue Möglichkeiten an sich selbst zu erproben, ohne dauerhaft auf diese festgelegt zu bleiben. Durch Rollentausch ergeben sich im Medium des Spiels neue Perspektiven, indem versuchsweise die Identifikation mit wechselnden Charakteren erfolgt. In geschlossenen Rollenspielen zu neutestamentlichen Wundergeschichten, wie Helmut Multhaupt sie für Mk 10,46-52, Lk 7,1-10 oder Joh 5,1-18 entworfen hat, schlüpfen die Beteiligten in die Haut der unterschiedlichen Handlungsträger, beispielsweise des blinden Bartimäus oder des Hauptmanns von Kapernaum, und lernen, sich in deren Leben hineinzudenken. Dadurch werden besonders intensive Identifikationsprozesse und unmittelbare emotionale Beteiligung gefördert, als deren Folge der im biblischen Geschehen enthaltene Zuspruch oder Anspruch Gottes in der eigenen Lebensgeschichte neu erfahrbar wird.

Noch tiefer ist die Begegnung des Ich mit der biblischen Tradition im Bibliodrama, das als ein aufgewertetes, um Lebensbezug und Reflexion bereichertes Rollenspiel gesehen werden kann, das zudem durch Offenheit gekennzeichnet ist. Es handelt sich um eine Form interaktionaler, erfahrungsbezogener Bibelauslegung. Anders als historisch-kritische Exegese blickt das Bibliodrama nicht distanziert auf den Text zurück, sondern beschäftigt sich mit der biblischen Geschichte, wie sie jetzt im Menschen lebt, und macht dabei Anleihen bei tiefenpsychologischer Hermeneutik. Die Bibel soll als Quelle heilender Erneuerung wieder entdeckt werden.

Die Bandbreite bibliodramatischer Ansätze umfasst textzentriertes, spielpädagogisch inspiriertes, seelsorgerliches, mimetisches und psychodramatisches Bibliodrama. Bei allen Schwierigkeiten, diese unterschiedlichen Konzeptionen auf einen einheitlichen Nenner zu bringen, kann Bibliodrama als offener Interaktionsprozess definiert werden, der einer Person innerhalb eines Gruppengeschehens die ganzheitliche Begegnung mit einem biblischen Text ermöglicht. Bibliodrama vollzieht sich damit im Spannungsfeld der drei Pole Text, Ich und Gruppe. Im Rahmen eines Gruppengeschehens wird unter Anleitung erfahrener Bibliodramatiker auf dem Wege ganzheitlicher, die Körpersprache miteinbeziehender Bibelauslegung der Versuch unternommen, biblische Überlieferungen in einen Gewinn bringenden Zusammenhang mit der individuellen Lebens- und Glaubensgeschichte zu bringen. Die Konfrontation eigener, auch unbewusster Erfahrungen mit den in biblischen Texten verborgenen Erfahrungen anderer bringt Bewegung hervor und erschließt neue Lebensperspektiven. Dabei geht es gleichermaßen um das Bewusstmachen von Vorbehalten oder Blockaden gegenüber dem biblischen Text wie um die Entdeckung des ihm innewohnenden befreienden Potenzials. Steht demnach die Begegnung zwischen dem biblischen Text und dem Ich im Zentrum des bibliodramatischen Geschehens, so kommt der Gruppe als weiterer entscheidender Größe eine tragende und unterstützende Funktion zu. Sie ist der Ort, an dem die spielerische Konfrontation mit der biblischen Tradition geschieht, Interaktionsprozesse in Gang kommen und die dabei gewonnene Erfahrung aufgearbeitet wird. Von der Durchführung her ist für die meisten Formen von Bibliodrama ein sich wiederholender Dreischritt charakteristisch, nämlich die Öffnung für den Text (Warming up, Meditation), das szenische Spiel (kreative Phase) und die intensive Reflexion des Erlebten (Feedback, Aufarbeitung und Bewertung). Beim ersten und dritten Schritt ist eine Rückkoppelung an historisch-kritische Exegese sinnvoll, um den Text vor unangemessenen Projektionen und willkürlicher Vereinnahmung zu schützen.

Bibliodrama ist also eine ganzheitliche, sich im Leib mit Kopf, Herz und allen seinen Gliedern abspielende Methode der Bibelauslegung, die auf eine Selbsterkenntnis im Spiegel biblischer Überlieferungen und den Gewinn neuer Lebensperspektiven abzielt. Angesichts dieser therapeutischen Komponente kommt biblischen Heilungswundern als Bibliodramatexten ganz besonderes Gewicht zu.

»Wir brauchen Heilungsgeschichten. Heilend sind die alten Geschichten der Bibel, wenn wir uns auf sie einlassen. Ihre Grundbewegungen und Themen ermöglichen uns, verlorengegangenes oder noch nicht bewußtes Wissen heraufzuholen. Sie lassen uns das Wissen unseres Körpers entdecken und verbinden es heilend mit dem Geist unserer Seele. Sie lehren uns, körperlich, seelisch und geistig bewußt in unseren Lebensthemen zu stehen. Sie fügen die lang getrennten Bewußtseinswege des Fühlens und Denkens im Herzen zusammen und zeigen uns die Kraft lebendiger Rhythmen. Sie formen uns in heilende Möglichkeiten hinein und ermutigen uns, unsere eigene Begabung ins Spiel zu bringen, zu teilen, mitzuteilen, zusammen zu wirken. Und sie öffnen uns in die Wahrnehmung des Göttlich-Geistigen, das mit uns in heilendes Zusammenspiel kommen will.«[78]

Da das Bibliodrama ein offener Gruppenprozess ist, in dem sich eine ganz eigene Dynamik im Zusammenspiel zwischen Menschen und biblischen Geschichten entwickelt, nehmen Bibliodramen zu ein und derselben Wundererzählung in aller Regel einen völlig unterschiedlichen Verlauf. Die Erfahrungsberichte von Heidemarie Langer veranschaulichen dies. In einem mit einer Pfarrkonferenz abgehaltenen Bibliodrama zu Lk 5,17-26, der Heilung des Gelähmten, schließt sich an das Lesen des Textes ein erstes Gespräch über die Gestalten und Rollenverteilungen an, aus dem die spielerische Darstellung einer Lehrkonferenz zwischen Pharisäern und Schriftgelehrten erwächst. An dieser Stelle bricht im Spiel ein seit längerem schwelender Konflikt über eingeschliffene Kommunikationsmuster innerhalb der Gruppe offen aus, der im Nachgespräch reflektiert wird. Die Bibliodramaleiterin setzt einen Impuls, indem sie die Lähmung aus dem Text auch im Raum vermutet. Im biblischen Text findet sich die Gruppe mit dem wieder, was sie selber lähmt, den Konflikten, die permanent unter den Teppich gekehrt wurden und nun durch spielerisches Lüften eines imaginären Teppichs ans Tageslicht kommen. Am nächsten Tag wird Lk 5,17-26 gespielt. Das Auswertungsgespräch dreht sich dann fast ausschließlich um Lk 5,17 »und die Kraft Gottes war mit ihm, dass er heilen konnte«. Die Gruppe hatte ihre eigene Situation gespielt und für sich entdeckt, dass nicht die Verzettelung auf unzähligen Problemfeldern, sondern nur die zielgerichtete Kraft weiterbringt. Die Lähmungen hatten sich gelöst, die Gruppe bewegte sich.

In einem ganz anderen Bibliodrama zu derselben Geschichte biss sich hingegen eine Gruppe von Studierenden allein zwei Tage an dem Motiv des Tragens und Getragenseins fest. Im Spiel machen die Träger des Gelähmten die Erfahrung, tragende Kräfte zu sein, die zusammen etwas bewirken können, was einer allein nicht schafft. Diejenigen, die sich durch den Raum tragen lassen, gewinnen leiblich ein Gespür von der elementaren Kraft Gottes, aus der heraus Menschen aufstehen und sich bewegen können. Am Ende begreifen die Teilnehmer die Worte »Steh auf, nimm dein Bett und geh heim« (Lk 5,24) als Aufforderung an ihr Innenleben, eine eigene Identität zu entwickeln und ihr Leben selbstständig zu gestalten. Das Bibliodrama hat die heilenden Kräfte der Wundergeschichte aktiviert.

Ein ausgeführtes Bibliodrama ist ausgesprochen zeitintensiv und lebt davon, dass Menschen sich unter qualifizierter Leitung in einem geschützten Raum mit Offenheit und Vertrauen auf sich selber, die anderen und den biblischen Text einlassen. Es versteht sich von selbst, dass diese Form des Bibliodramas nicht ohne weiteres auf Schule und Unterricht mit ihren ganz anderen Rahmenbedingungen übertragbar ist. Die uneingeschränkte Freiwilligkeit und die damit verbundene hohe Motivation der Teilnehmer an Bibliodramaseminaren ist in der Schule ebenso wie Vertraulichkeit im Normalfall nicht gegeben. Der Eskalation von Spannungen oder dem Aufbrechen tief sitzender Konflikte sollte im Religionsunterricht schon deshalb von vornherein Einhalt geboten werden, weil emotionale Prozesse ausgelöst werden könnten, die eine Lehrkraft mit unzureichender Erfahrung in Psychologie und Gruppendynamik nicht mehr zu steuern und aufzufangen vermag. Zudem besteht die Gefahr einer didaktischen Instrumentalisierung bibliodramatischer Elemente, der gegenüber Bibliodrama als ein offener Gruppenprozess mit nicht allgemein abrufbarem oder gar benotbarem Endresultat sich wesensmäßig sperrt.

Auch wenn damit die institutionellen Bedingungen von Schule ein ausgeführtes Bibliodrama mit derartiger Tiefendimension, wie sie in mehrtägigen Seminaren erreicht wird, kaum zulassen, sollte das Bibliodrama im Religionsunterricht nicht einfach ignoriert oder aus pragmatisch-strukturellen Erwägungen heraus kategorisch abgewiesen werden. In elementarisierter Form ist das Bibliodrama auch in der Schule Gewinn bringend einsetzbar, wobei der auf maximal neunzigminütige Unterrichtssequenzen begrenzte Zeitrahmen die Chance einer Konzentration auf das Wesentliche in sich birgt. Bibliodramatische Elemente sind im Religionsunterricht sinnvoll, weil sie die Lebenswirklichkeit der Schüler in den Mittelpunkt stellen, einen ganzheitlichen Zugang zu biblischer Tradition vermitteln und mit der Integration der dabei gewonnenen Erfahrungen in die eigene Lebenswelt einen entscheidenden Beitrag zur Identitätsfindung leisten. Als ein Gruppenprozess, dessen Ergebnisse nicht objektiv erfassbar sind und sich damit der Leistungsbewertung entziehen, lässt sich Bibliodrama kaum mit solchen Formen des Religionsunterrichtes verbinden, in denen die Vermittlung und Kontrolle religiösen Wissens im Vordergrund steht. Bibliodramatisches Arbeiten ist hingegen gut in jede Art des handlungsorientierten Religionsunterrichts mit therapeutischer, identitätsbildender Ausrichtung integrierbar.

Rollenspiel und Bibliodrama ermöglichen eine ganzheitliche, auch körperbezogene Auseinandersetzung mit Wundergeschichten. Das Bibliodrama in seiner »klassischen Form« ist nicht ohne weiteres auf den schulischen Religionsunterricht mit seinen institutionellen Bedingungen übertragbar, kann aber in elementarisierter Form auch dort Gewinn bringend eingesetzt werden und vermag einen wichtigen Beitrag zur Identitätsbildung zu leisten.

Aufgabe:
- Wägen Sie unter Berücksichtigung des Praxisberichtes über ein Bibliodrama zu Mt 9,1-8 (Heilung des Gelähmten) von Margarethe Pohlmann (Religion heute 18 [1994], 118-123) die Möglichkeiten bibliodramatischen Arbeitens im Religionsunterricht der Sekundarstufe I ab.

5. Symboldidaktische Zugänge

Lit.: ADAM, G./LACHMANN, R. (Hg.), Religionspädagogisches Kompendium, Göttingen ⁵1997, 79-83. – BIEHL, P., Symbole geben zu lernen. Bd. I-II, WdL 6.9, Neukirchen-Vluyn ²1991/1993. – BÜTTNER, G., Zwischen Halbfas und Biehl, EvErz 46 (1994) 56-65. – FRÜCHTEL, U., Mit der Bibel Symbole entdecken, Göttingen ²1994. – HALBFAS, H., Das dritte Auge, Düsseldorf 1982. – MEYER-BLANCK, M., Vom Symbol zum Zeichen, Hannover 1995.

Einer der wichtigsten Neuansätze in der religionspädagogischen Diskussion der jüngeren Vergangenheit ist die Symboldidaktik, deren bedeutsamste Vertreter Hubertus Halbfas und Peter Biehl sind. Der katholische Religionspädagoge Hubertus Halbfas, der mit seinem programmatischen Werk »Das dritte Auge« (1982) und den praxisbezogenen Schulbuchreihen »Religionsunterricht in der Grundschule« und »Religionsunterricht in Sekundarschulen« einen konzeptionellen Entwurf von großer Geschlossenheit vorgelegt hat, kann als Begründer der Symboldidaktik gelten. Bei seiner Konzeption handelt es sich gewissermaßen um die religionspädagogische Variante tiefenpsychologischer Hermeneutik. Zur Überwindung eines einseitig am Intellekt orientierten Lernens wird die Entwicklung eines »dritten Auges« gefordert, das ein »metawissenschaftliches«, sinnlich-emotionales Eindringen in die Tiefe der Wirklichkeit ermöglicht.

Im Hintergrund steht der tiefenpsychologische Ansatz von Carl Gustav Jung, dem zufolge in einer Tiefenschicht der menschlichen Seele bestimmte Urbilder (Archetypen) abgelagert sind, die sich bei der Lebensbewältigung von unschätzbarem Wert erweisen. Angesichts der Verkopfung unserer Kultur und des Verlustes von Ganzheit machten die zeitlos gültigen archetypischen Symbole ein umfassendes und zugleich unerschöpfliches Angebot zur Sinnfindung, das es zu erschließen gelte. Von diesen Voraussetzungen her entwickelt Halbfas in Abgrenzung gegen einen nur erklärenden oder argumentierenden Religionsunterricht ein primär auf die Grundschule ausgerichtetes Programm der Symbolerziehung, bei dem es um ein gefühlsbezogenes Erlernen der archetypischen Symbolsprache geht. Die Schülerinnen und Schüler sollen für die Kommunikation mit den ewig gegebenen Symbolen sensibilisiert und zur unmittelbaren Wahrnehmung in Symbolen befähigt werden.

»Grundlegend dafür ist die Einübung. Sie geschieht durch beständigen Umgang mit Symbolen, betrachtend, erzählend, hörend, spielend, handelnd. Entscheidend ist nicht die rationale Auseinandersetzung, sondern ein emotionaler Bezug, die Entwicklung einer Intuition für das Symbol, oder – symbolisch gesagt – das dritte Auge.«[79]

Entscheidende Aufgabe auch der Wunderdidaktik ist demnach die Einübung symbolischen Verstehens, das dem Kind die Doppelbödigkeit der Wundergeschichten erschließen und die Spiegelung eigener Grunderfahrungen in den biblischen Texten bewusst machen will. Bereits im ersten Schuljahr geht es anhand der Heilung des Bartimäus um den Transfer vom äußeren zum inwendigen Sehen und um die Vermittlung der Erkenntnis, dass man nur mit dem Herzen gut sieht. Für das zweite Schuljahr wird dieses metaphorische Wunderverständnis im Kontext der Lichtsymbolik vertieft und für die Heilungsberichte auf breiter Ebene entfaltet. In seinem Religionsbuch für das fünfte und sechste Schuljahr stellt Halbfas dann die biblischen Wundergeschichten in Übereinstimmung mit der tiefenpsychologischen Wunderhermeneutik Drewermanns gezielt in Beziehung zu jenen Heilungsgeschichten, wie sie in allen alten Kulturen als Zeugnisse ganzheitlichen Heilwerdens beheimatet sind. Die zentrale Stellung der Bilder in seiner Symboldidaktik spiegelt sich darin wider, dass der meditativen Betrachtung von Wunderdarstellungen aus der bildenden Kunst eine Schlüsselfunktion zukommt, wenn es um einen tieferen emotionalen Zugang zu den Wundergeschichten geht.

Deutlich anders gelagert ist die nicht auf christliche Symbole beschränkte Konzeption von Peter Biehl. Auch diesem Ansatz zufolge haben Symbole Hinweischarakter auf eine tiefere, nicht unmittelbar zugängliche Wirklichkeit und lassen diese zugleich gegenwärtig sein. Symbole müssten aber, um Aussagekraft zu besitzen, von den kollektiven Erfahrungen einer sozialen Gemeinschaft abgedeckt sein und seien daher nicht zeitlos gültig, sondern dem gesellschaftlichen Wandel unterworfen. Zudem zeige sich ein ambivalenter Charakter von Symbolen. Indem sie die Tiefendimension von Wirklichkeit erschließen, könnten sie ermutigen, aber auch Angst erzeugen. Auf dieser Grundlage entwirft Biehl eine *kritische* Symbolkunde, deren Hauptaugenmerk auf der didaktischen Brückenfunktion von Symbolen liegt. Dass Symbole eine Beziehung zwischen biblischen und gegenwärtigen Erfahrungen stiften, wird zum Anschub von Lernprozessen nutzbar gemacht. Fragen wie die nach Identität, Liebe oder Wahrheit böten einen hermeneutischen Schlüssel, mit dem die Symbole aus der heutigen Lebenswelt und die Symbole aus der christlichen Überlieferung in ein spannungsvolles Verhältnis gebracht werden können. Konkret geht es darum, die christlichen Symbole als Kontrastsymbole zur Geltung zu bringen, in denen Alltagserfahrungen durchbrochen werden. Dem liegt die Überzeugung zu Grunde, dass Symbole für die bewusste Vertiefung von Lebenserfahrungen in besonderer Weise geeignet sind und ihnen eine fokussierende Wirkung innewohnt, indem sie das »unbedingt Angehende« eines Lebenszusammenhangs anschaulich verdichten. Angesichts der Affinität von Symbolsprache und Körpersprache ist ein kreativer, leibhaftiger, beispielsweise bibliodramatischer oder gestalterischer Umgang mit religiösen Symbolen aus der biblischen Überlieferung und der heutigen Lebenswelt intendiert. Sein Ziel findet er darin, mit der Frage, welchen Symbolen wir vertrauen können, einen Streit um die Interpretation der Wirklichkeit auszulösen und den Wahrnehmungshorizont für das Verständnis des Evangeliums zu öffnen. Aus den biblischen Wundergeschichten eignet sich für Biehl dazu in besonderer Weise das Symbol »Hand«. Die Hand ist das Symbol für die Entwicklung der Menschheit schlechthin, ihre Tätigkeit durchzieht die Weltgeschichte wie die individuelle Lebensgeschichte. Dabei handelt es sich um ein ambivalentes Symbol, das positiv besetzt sein, aber auch als Symbol des Zwangs und der Gewalt empfunden werden kann. In den Wundergeschichten begegnen die formelle Handauflegung, die Handergreifung oder die Berührung des kranken Körperteils mit der Hand als Heilpraktiken Jesu. Die helfende und beschützende Hand der Wunderüberlieferung kann Jugendliche für die Ausdruckskraft ihrer Hände sensibilisieren und sich bei der Suche nach dem Verständnis der eigenen Körperlichkeit als hilfreich erweisen. Zugleich ist sie ein biblisches Alternativ- und Gegensymbol zur vielfach gewalttätigen Hand heutiger Lebenswirklichkeit.

Ursula Früchtel zeigt in ihrem ganz auf die Praxis bezogenen Werk »Symbole in der Bibel entdecken«, dass sich Wundergeschichten auch über zahlreiche weitere Symbole, beispielsweise »Haus«, »Fuß« oder »Schiff«, in einem tieferen Sinn erschließen und zur Anregung von Lernprozessen fruchtbar machen lassen. Sie reklamiert allerdings für den Symbolschatz der Bibel eine unverwechselbare Sonderstellung innerhalb der Symbolwelt der Märchen, Mythen oder Religionen und versteht ihren Ansatz als bewusste Kampfansage gegen die gängigen Symbolkonzeptionen in der Tradition von Halbfas oder Biehl.

Symboldidaktik hat unterschiedliche Facetten. Einerseits geht es um die Einübung metaphorischen Verstehens, das Kindern die unter der Oberfläche verborgene Tiefenschicht des Wunders meditativ erschließen und einen emotionalen Zugang eröffnen soll. Andererseits wird das Ziel verfolgt, zentrale Symbole der Wunderüberlieferung als Kontrastsymbole zur Geltung zu bringen, in denen von der Verheißung des Evangeliums her Alltagserfahrung durchbrochen und ein wichtiger Beitrag zur Identitätsbildung geleistet wird.

Aufgaben:
- Analysieren Sie die Kapitel »Sehen lernen«, »Sprachverständnis« und »Symbolverständnis« in H. Halbfas, Religionsbuch für das erste Schuljahr, Zürich u.a. 1983, unter Mitberücksichtigung des zugehörigen Lehrerhandbuchs (H. Halbfas, Religionsunterricht in der Grundschule, Lehrerhandbuch 1, Zürich u.a. ^{2}1987, 195-332). Inwieweit erscheint Ihnen diese Wunderdidaktik im Horizont entwicklungspsychologischer Erwägungen (vgl. oben VIII.1) als altersgemäß und angemessen?
- M. Meyer-Blanck, Vom Symbol zum Zeichen, EvTh 55 (1995) 337-352, plädiert für eine Revision der Symboldidaktik von H. Halbfas und P. Biehl unter Einbeziehung von Erkenntnissen der Semiotik. Setzen Sie sich damit auseinander.

6. Glaubensgeschichten, Handlungsanweisungen, Hoffnungsbilder

Lit.: ALBRECHT, F., Blindheit und Lähmung, Münster 1999. – BALDERMANN, I., Gottes Reich – Hoffnung für Kinder, WdL 8, Neukirchen-Vluyn

²1993, 33-51. – DERS., Einführung in die biblische Didaktik, Darmstadt 1996, 76-81.121-124. – BECKER, U./WIBBING, S., Wundergeschichten, Gütersloh 1968. – BIEWALD, R., Wunder und Wundergeschichten, Leipzig 2002. – BLUM, H.-J., Biblische Wunder - heute, SBTB 23, Stuttgart 1997. – EGGERS, T., Wenn das Wunder Schule macht, Düsseldorf 1991. – ENGLERT, R., »Das kann nicht wahr sein!« Wundergeschichten, in: Baumann, U. u.a. (Hg.), Religionsdidaktik, Berlin 2005, 183-198. – HOEGEN-ROHLS, C., Im Gespräch mit Gott, in: Finsterbusch, K. (Hg.), Bibel nach Plan?, Göttingen 2007, 91-118. – KOLLMANN, B., Die Heilung des blinden Bartimäus (Mk 10,46-52) - ein Wunder für Grundschulkinder, Zeitschrift für NT 7 (2001) 58-65. – OTTO, G., Handbuch des Religionsunterrichts, Hamburg 1964, 262-293. – RITTER, W.H., Wundergeschichten, in: Lachmann, R. u.a. (Hg.), Elementare Bibeltexte, TLL 2, Göttingen 2001, 275-301. – SCHOLZ, G., Didaktik neutestamentlicher Wundergeschichten, ARPäd 10, Göttingen 1994. – WOYKE, J., »Darunter leide ich, dass die rechte Hand des Höchsten sich so ändern kann (Ps 77,11)«, in: Naumann, T./Kurschus, A., Wo ist denn nun euer Gott?, Neukirchen-Vluyn 2010, 115-132. – Wunder, ru 33 (2003), 121-146. – Wunder, entwurf 4/2006, 4-55.

Biblische Wundergeschichten werden ab einem bestimmten Lebensalter häufig auf der Folie eines von den Naturwissenschaften bestimmten Wirklichkeitsverständnisses rezipiert und dabei als Texte betrachtet, denen keine Bedeutung für das eigene Leben zukommt. Umgekehrt hat die Wundergläubigkeit in unserer rationalen und technisierten Welt, in der die unbestimmte Sehnsucht nach Transzendentem und nicht Erklärbarem wächst, Hochkonjunktur. Wunder, Magie und geheimnisvolle Mythen üben gerade auf Kinder und Jugendliche große Faszination aus und sind in ihrer Lebenswelt, beispielsweise im Kino, in der Werbung oder in der Popkultur, allgegenwärtig. Die Begegnung mit der Wunderfrage stellt vor diesem Hintergrund ein unverzichtbares Thema des schulischen Religionsunterrichts dar. Den biblischen Wundergeschichten kommt dabei als elementarem Bestandteil der christlichen Überlieferung eine bedeutsame Rolle zu. Sie bergen ein beträchtliches Potenzial zur Wirklichkeitsdeutung und Lebensbewältigung in sich, das didaktisch erschlossen werden will.

Als globales Leitziel muss das Bemühen im Vordergrund stehen, Kindern eine Beziehung zwischen den biblischen Wundern und ihrer eigenen Lebenssituation zu eröffnen und einem historisierenden Missverstehen der Texte den Riegel vorzuschieben. Vor allem in der Sekundarstufe, wenn das kritische

Denken erwacht, gilt es ein verengtes Wirklichkeitsverständnis der Schülerinnen und Schüler zu durchbrechen, das nur rational verifizierbare Dinge als wahr und bedeutsam anerkennt. Durch Einübung in die Bildhaftigkeit biblischer Sprache und Schärfung des Blicks für die Mehrdimensionalität biblischer Texte, aber auch durch ganzheitliche Zugänge ist eine Wahrnehmung der neutestamentlichen Wundergeschichten als existenzbezogener Dokumente zu fördern. Es sollte das Bewusstsein dafür geschärft werden, dass sie unabhängig von ihrem historischen Wert Wahrheit in sich bergen, indem sie Mut machen, neue Lebensmöglichkeiten erschließen und Begrenzungen überwinden helfen. In diesem Rahmen können die biblischen Wundererzählungen in der Primarstufe und Sekundarstufe I schwerpunktmäßig als Glaubensgeschichten, Handlungsanweisungen oder Hoffnungsbilder vermittelt werden. Diese drei idealtypischen Wege, die sich in der Praxis stellenweise kreuzen, bergen unterschiedliche Chancen und Risiken in sich.

Bei allen drei Wegen gilt, dass Kindern nicht vorschnell metaphorische oder historisierende Modelle der Wunderhermeneutik übergestülpt werden dürfen, sondern ein eigenständiges Wahrnehmen der Wundergeschichten in ihrer ganzen Anstößigkeit, Sperrigkeit und Fremdheit zu fördern ist, damit diese ihr lebensförderliches Potenzial entfalten können. Von Schülerinnen und Schülern vollzogene Deutungen der Wundererzählungen sind als kreative Aktualisierungen des biblischen Textes ernst zu nehmen und auch dann nicht vorschnell zu verwerfen, wenn sie sich als theologisch »unrichtig« erweisen. Ohnehin besitzen eigenständig entwickelte Deutungsmuster eine höhere Tragfähigkeit als den Kindern oder Jugendlichen aufgedrängte Lehrmeinungen. Das Ernstnehmen von Kindertheologie bedeutet allerdings nicht, den Sinn biblischer Wundergeschichten uneingeschränkt in das Belieben ihrer Rezipienten zu stellen. In den Unterricht eingebrachte Modelle theologisch verantworteter Wunderhermeneutik stellen ein wichtiges Korrektiv dar und fungieren als Anwalt des Textes gegenüber willkürlicher Interpretation oder Fehldeutung durch den Interpreten.

Der Ansatz, Kindern die biblischen Wundererzählungen gezielt als Glaubensgeschichten nahe zu bringen (U. Becker, G. Otto, S. Wibbing), betrachtet sie als symbolische Träger theologischer Aussagen und stellt die religionspädagogische Variante existenzialer Wunderhermeneutik dar, wie sie von Rudolf Bultmann und seiner Schule geprägt wurde. In der Geschichte der Religionspädagogik ist sie ursprünglich in der Konzeption eines hermeneutischen Religionsunterrichts beheimatet, der sich eine engagierte historisch-kritische Auslegung der biblischen Überlieferung und deren lebensbezogene Interpretation zur Aufgabe machte, wobei das Verstehen der Tradition als ein existenzielles Aneignen gedacht ist. Von der Altersstufe und dem Entwicklungsstand her müssen dabei die kognitiven Voraussetzungen für ein übertragenes Wunderverständnis gegeben sein. Die Schülerinnen und Schüler sollen die Mehrschichtigkeit religiöser Sprache verstehen lernen und erkennen, dass Wundergeschichten nicht als Tatsachenberichte, sondern als bildhafte Rede von Gottes Handeln zu verstehen sind.

In Rahmenrichtlinien zum 5./6. Schuljahr konnte dieses Lernziel so formuliert sein: »Die Schüler sollen Vorstellungen und Urteile zum Problem der Wunder äußern, darüber nachdenken und zu einem sachgemäßen Verstehen kommen, indem sie erfassen, daß Christen mit den Wundergeschichten Glaubensaussagen machen wollen. *Begründung*: Der scheinbare Widerspruch zwischen der kritisch-realistischen Grundeinstellung der Schüler dieser Altersstufe und mirakulösen Ereignissen sowie heutigen und biblischen Wundergeschichten weckt ein spontanes Interesse bei den Schülern. Die Behandlung der neutestamentlichen Wundergeschichten kann dazu beitragen, christlichen Glauben besser zu verstehen. Das Verständnis der Wundergeschichten als Glaubensaussagen läßt die Frage nach der Historizität zurücktreten, verhindert eine Verwerfung des NT als ›Märchenbuch‹ und eröffnet den Schülern den Zugang zu inhaltlichen Deutungen.«[80]

Dieses Anliegen, die im Wunder ausgesprochene Wirklichkeit des Glaubens zu erfassen und in einer dem Auffassungsvermögen der Kinder angemessenen Form zu vermitteln, läuft in aller Regel darauf hinaus, die theologische Mitte einer Wundergeschichte nachhaltig zu entfalten. Das Wunder selber und erzählerische Einzelzüge treten dagegen in den Hintergrund. Bei der Behandlung von Mk 2,1-12, der Heilung des Gelähmten, etwa steht das Glaubenszeugnis von Vergebung und Heilung im Mittelpunkt. Lernziel ist es, die Frage nach dem tatsächlichen Geschehen zurückzudrängen und stattdessen den Symbolcharakter des Wunders als unberechenbarer Tat Gottes, die den Menschen aus Schuld und Krankheit rettet, klar herauszustellen. Die Lähmung wird im übertragenen Sinne verstanden. Den Schülerinnen und Schülern soll die schuldhafte Situation ihrer Existenz vor Gott einsichtig gemacht und der die Wundergeschichte tragende Glaube nahe gebracht werden. Bei der Sturmstillung Mk 4,35-41 wird die Zeugniskraft von der verborgenen Macht Gottes als kerygmatische Kernaussage religionspädagogisch entfaltet. Die Angst der Jünger soll von Kindern und Jugendlichen als Zeichen des gebrochenen Verhältnisses der Menschen zu Gott, das durch einen Mangel an Gottvertrauen gekennzeichnet ist, erkannt und die Mut machende Glaubenserfahrung vom heilvollen Handeln Gottes vermittelt werden. Für Mk 10,46-52 bietet es sich an, am Geschick des Bartimäus die existenzielle Bedeutung wahren »Sehens« und uneingeschränkten Vertrauens auf Christus zu veranschaulichen. Bartimäus wird den Schülerinnen und Schülern zum Paradebeispiel dafür, wie innere Blindheit durch Glauben überwunden werden kann und dies zur Rettung führt. Vorauszugehen hat eine Sensibilisierung für symbolische Formen von Blindheit und für doppelbödiges Sehen.

Vielen Spielarten kerygmatischer Wunderdidaktik kann man einen Mangel an Schülerorientierung vorwerfen. Sie partizipiert an einem gegen den hermeneutischen Religionsunterricht erhobenen Vorwurf des »Exegetismus« und »Historismus«, der zu stark an Texten der Vergangenheit ausgerichtet ist und trotz seiner gegenwartsbezogenen Ansprüche die Lebenswirklichkeit der Adressaten unzureichend in den Blick nimmt oder mit zu großer Selbstverständlichkeit die Spiegelung eines zeitlos gültigen Existenzverständnisses in den biblischen Überlieferungen voraussetzt. Es muss folglich genau bedacht werden, wie die von den Wundergeschichten transportierte Glaubensbotschaft der frühen Christenheit mit den ganz anderen Fragen heutiger Kinder oder Jugendlicher in Beziehung gebracht werden kann, damit diese Vertrauen in die wirklichkeitsverändernde Kraft des biblischen Wunderglaubens entwickeln können. An der Notwendigkeit eines auf die eigene Existenz bezogenen Aneignens der Wundertradition ist allerdings nicht zu rütteln.

Eine Alternative stellt der Versuch dar, neutestamentliche Wundergeschichten als auch heute noch aktuelle Handlungsanweisungen zu vermitteln, die in Nachahmung Jesu auf solidarische, kommunikative Praxis mit Außenseitern zielen. Dieses didaktische Modell ist von seinen Ursprüngen her dem Umfeld des problemorientierten Religionsunterrichts zuzuordnen, der in den späten 1960er Jahren eine »empirische Wende« herbeiführte, indem er den Fokus auf die Lebenswirklichkeit der Schülerinnen und Schüler richtete. Die Inhalte des Religionsunterrichts wurden nun in gesellschaftsbezogene Themenfelder aufgefächert und biblische Texte nur insoweit herangezogen, als sie einen Bezug zu den Problemen der heutigen Alltagswelt aufweisen. Weniger die theologische Mitte eines Textes als vielmehr die von ihm ausgehenden ethischen Impulse rücken in den Blickpunkt. Eine Engführung der Kerygmatheologie, die zu sehr auf individualistische Existenzverwirklichung und zu wenig auf reale Weltgestaltung ausgerichtet sei, soll korrigiert werden. Jesu Umgang mit Außenseitern der Gesellschaft, wie er sich in Wundern zeigt, wird dabei zum Vorbild stilisiert, das Bereitschaft zum Helfen weckt. Die Wundergeschichten gelten als Zeugnisse der Solidarität mit den Notleidenden.

Deutlich zeigt sich dieses ethische Anliegen, wenn biblische Heilungswunder in Lehrplänen im Rahmen von Unterrichtseinheiten wie »Miteinander leben« oder »Gesunde und Behinderte« begegnen. Die Heilung der zehn Aussätzigen Lk 17,11-19 kann dann zum Appell werden, Migranten nicht mit Vorurteilen zu begegnen, aus einem Wunderbericht wie Joh 5,1-9 die Aufgabe abgeleitet werden, behinderte Menschen in ihrer Selbstständigkeit zu fördern, und aus Jesu Zuwendung gegenüber dem selbstzerstörerischen Gerasener Mk 5,1-20 der Anspruch erwachsen, drogenabhängige oder gewaltbereite Jugendliche in die Gesellschaft zu integrieren. Es steht unverkennbar das Bemühen im Vordergrund, aus der schulischen Beschäftigung mit dem Wunder Perspektiven eines verantworteten christlichen Handelns in der Gesellschaft zu entwickeln. Die Wundererzählungen werden als Mitgefühlsgeschichten zu Gehör gebracht, die Kindern die Sozialkompetenz vermitteln sollen, nach dem Vorbild Jesu den Wert eines jeden Menschen in seiner Eigenart anzuerkennen und ausgegrenzten Personen Zuwendung zuteil werden zu lassen. Die Lahmen, Blinden oder

Aussätzigen der biblischen Überlieferung repräsentieren Randfiguren unserer Gesellschaft, in deren Situation die Schülerinnen und Schüler sich hineindenken sollen.

Gut eignen sich dazu spielerische Methoden. Blindenspiele, wie sie in praktisch allen Unterrichtsentwürfen zu Mk 10,46-52 vorkommen, vermitteln einen Eindruck von den Gefühlen des Bartimäus und rufen Solidarität mit ihm hervor. Ein ähnlicher Effekt wird durch Spielszenen erreicht, bei denen sich einzelne Personen regungslos tragen lassen und damit Zugang zur emotionalen Befindlichkeit des Gelähmten von Mk 2,1-12 gewinnen. Es handelt sich um eine allerdings nur vorübergehende Identifikation mit dem Ziel, Sensibilität für die Lage benachteiligter oder stigmatisierter Menschen zu entwickeln und dies in soziales Handeln umzusetzen. Auch ein Naturwunder wie die Speisung der 5000 lässt sich in der religionspädagogischen Praxis als ethischer Appell vermitteln. Die Erzählung wird dann als »Teilungsgeschichte« mit moralischem Anspruch verstanden und in Unterrichtsentwürfen oder Religionsbüchern oftmals direkt in Beziehung zu Aktionen wie »Misereor« oder »Brot für die Welt« gesetzt.

Das eigentliche Wunder tritt bei einer didaktischen Umsetzung von Wundergeschichten als Handlungsanweisungen in den Hintergrund und erscheint als austauschbar. Entscheidend ist die Vorbildhaftigkeit von Jesu »wunderbarer« Zuwendung gegenüber ausgegrenzten Menschen, wie sie in vergleichbarer Qualität auch außerhalb der Wundertradition, etwa in Mahlgemeinschaften Jesu mit Zöllnern und Sündern, begegnet. Die weit verbreitete Kritik, es handele sich um eine unsachgemäße ethische Instrumentalisierung der Wundergeschichten, ist nicht wirklich berechtigt, da diese im frühen Christentum durchaus auch als Handlungsanweisungen verstanden wurden. Zudem zeigen Unterrichtserfahrungen, dass Kinder die sozialethischen Implikationen der Wundergeschichten deutlich wahrnehmen und sich tief in die Außenseiterexistenz der Hilfesuchenden hineinversetzen. Die eigentliche Gefahr einer Ethisierung neutestamentlicher Wundergeschichten besteht darin, dass die Rezipienten sich durch das übermächtige Vorbild Jesu überfordert fühlen könnten. Befragungen von Kindern und Jugendlichen zeigen, dass der im beispielhaften Verhalten Jesu sichtbare moralische Anspruch der Heilungsgeschichten sie schnell in Resignation treibt und ihnen den Blick auf die entlastende, Hoffnung stiftende Dimension des Wunders verstellt. Auch wenn mit dem Verständnis der Wundererzählungen als Vorbildgeschichten ein wichtiges Anliegen des christlichen Glaubens aufgegriffen wird, greift eine Reduktion der Texte auf ethisches Handeln zu kurz und vermag das Potenzial des biblischen Wunderglaubens nicht in ganzer Tiefe zu erschließen.

Einen dritten Weg beschreitet die Konzeption, Kindern neutestamentliche Wundererzählungen als Hoffnungs- oder Verheißungsgeschichten nahe zu bringen, welche die aus dem Gefängnis der Verzweiflung herausführende Tür einen Spalt breit öffnen. Dieser Ansatz ist auf das Engste mit dem Namen Ingo Baldermann verbunden. Er begreift die Bibel als ein Buch des Lernens, das in Mündigkeit führt und dessen großes Thema die Hoffnung ist. Die Sprachformen der Bibel selber gelten dabei als ausgesprochen didaktische Formen, die geradezu auf Erfahrungen heutiger Kinder zugeschnitten seien. Die Aufgabe des Religionsunterrichts bestehe darin, diese eigene Didaktik der biblischen Überlieferungen und die von ihnen gespiegelten »Kindheitsmuster« möglichst ungehindert zur Wirkung kommen zu lassen. Es handelt sich um einen existenzbezogenen Ansatz, der einerseits eine einseitige Instrumentalisierung der Wundergeschichten als vorbildhafter Mitleidsgeschichten entschieden ablehnt, andererseits einen ungleich direkteren Bezug zwischen biblischer Überlieferung und Lebenswirklichkeit der Kinder herstellt, als dies bei der kerygmatischen Wunderdidaktik der Fall ist. Dieser gegenüber wird der Vorwurf erhoben, eine durch unangemessene Wissensanhäufung gekennzeichnete »Museumspädagogik« zu fördern. Die theologische Botschaft der Wundergeschichten sei für Kinder wie Jugendliche gleichermaßen uninteressant.

»Nach ihrer theologischen Aussage befragt, sagen alle Wundergeschichten im Grunde das gleiche: Jesus aus Nazareth sei der erwartete Messias, der Erfüller der alttestamentlichen Verheißungen. Na und? sagen die Schülerinnen und Schüler. Wir sind schon wieder im Museum angekommen, in der Abteilung für alte theologische Begriffe. Und wenn ich die Aussage noch näher an ihrer Handlung orientiere und sage: Jesus Christus ist der Herr über den Hunger, über die Krankheit, ja auch über die Naturgewalten!, dann sind diese Aussagen um nichts einleuchtender, reine Behauptungen, fernab von der erfahrenen Wirklichkeit.«[81]

Eingehende exegetische und hermeneutische Erklärung der Wunder im Unterricht, so die These, rückt diese derart weit von der Lebenswirklichkeit der Adressaten ab, dass sich diese Kluft im Nachhinein nicht mehr überbrücken lässt. Stattdessen gehe es darum, Kinder die biblischen Wunder ganz unmittelbar als Schlüssel und Verheißung für ihr Leben in Betracht ziehen zu lassen. Sie sollen nicht nur von Jesu Zuwendung damals hören, sondern sie auch am eigenen Leib erfahren lernen und Mut daraus schöpfen. Nur als Geschichten von persönlicher Angst und Hoffnung, als Verheißungsgeschichten seien die Wundererzählungen schlüssig und notwendig. Darin liege das Geheimnis des Umgangs mit ihnen und so seien sie auch ursprünglich gemeint.

An dieser Stelle werden religionspädagogische Impulse von Gerd Theißen sichtbar, der die Bedeutung der Wundergeschichten als grenzüberschreitender symbolischer Handlungen mit Mut machender Funktion herausgearbeitet hat. Die Wundererzählungen geben demnach davon Kunde, wie der Kreislauf des Leidens unterbrochen und Verzweiflung überwunden wird. Mit ihrer Vision der Hoffnung setzen sie Kräfte frei, aufzustehen und das Leben in die Hand zu nehmen. Für die ersten Christen waren die Wundererzählungen nicht zuletzt Geschichten, die kranken, verzweifelten oder niedergeschlagenen Menschen die Zuversicht gaben, wieder aufgerichtet zu werden. Dieser »Sitz im Leben« ermöglicht einen Brückenschlag zur Situation der Schülerinnen und Schüler. Sie können hautnah miterleben und nachvollziehen, wie Menschen damals Jesus erfahren haben, und auf diese Weise das Wunder gleichsam zu ihrer eigenen Geschichte werden lassen.

Dies setzt allerdings einen Akt intensivster Identifikation voraus, bei dem die biblischen Gestalten aus der Rolle von Mitleidsfiguren oder Glaubensvorbildern herausgeholt werden. In Baldermanns Wunderdidaktik wird dies durch Klagepsalmen geleistet, die in ihrer emotionalen Tiefe Kindern eine authentische und doch gleichzeitig die Intimsphäre schützende Sprache für die eigenen existenziellen Erfahrungen bereitstellen. Dem Gelähmten von Mk 2,1-12 legen sie Aussagen wie »Meine

Seele will sich nicht trösten lassen« (Ps 77,3) oder »Ich bin wie ein zerbrochenes Gefäß« (Ps 31,13) in den Mund. Auch die innere Befindlichkeit des blinden Bartimäus wird mit Worten aus den Psalmen ausgeleuchtet. Gerade seine Person hält vielfältige Identifikationspunkte bereit. Wenn Bartimäus im biblischen Text angefahren wird, still zu sein, deckt sich dies mit der Erfahrung, die Kinder in unserer Gesellschaft tagtäglich machen. Sie lassen den verloren am Wegesrand sitzenden Bartimäus, den die Leute zum Schweigen bringen wollen, biblische Worte der Verzweiflung und der Hoffnung von sich geben, die zugleich ihre eigenen Ängste und Hoffnungen widerspiegeln. Kinder können so in biblischen Gestalten wie dem blinden Bartimäus oder dem Gelähmten von Kapernaum Anteile ihrer eigenen Person wieder erkennen. Dieser tiefe emotionale Zugang kann durch eine Vernetzung mit spielerischen, bibliodramatischen, meditativen oder gestalterischen Methoden zusätzlich gefördert werden. Im Zuge derart unmittelbarer Identifikationsprozesse fühlen sich Schulkinder von Worten wie »Kind, deine Sünden sind dir vergeben, steh auf« (Mk 2,5.11) oder »Sei getrost, steh auf« (Mk 10,49) ganz persönlich angesprochen und beziehen sie auf die eigene Existenz. Nach dem Vorbild der biblischen Gestalten begehren sie gegen Zwänge auf und gewinnen aus deren Heilung Zuversicht für das eigene Leben. Wenn dies geschieht, dann sind die biblischen Wundererzählungen erneut zu grenzüberwindenden Hoffnungsgeschichten der kleinen Leute geworden. Am Ende der Unterrichtseinheit kann ein Tanz stehen, in dem die Kinder der Freude des Geheilten und gleichzeitig ihrer eigenen Freude auch in körperbezogener Form Ausdruck verleihen.

Dies ist ein besonders anschauliches Modell einer vom Motiv der Hoffnung geleiteten Wunderdidaktik, aber keineswegs der einzig denkbare Ansatz in dieser Richtung. Der zentrale Inhalt neutestamentlicher Wundergeschichten, der sie im Religionsunterricht in besonderem Maße als unverzichtbar erscheinen lässt, ist die Überwindung von Begrenzungen und der Blick auf eine neue Dimension der Wirklichkeit. Als Hoffnungsbilder strahlen die erzählten Wunder hell in das von vielerlei Bedrängnis und Zwängen gezeichnete Dasein der Kinder und Jugendlichen hinein und setzen mit ihrer Gegenerfahrung von heilem Leben ein Zeichen des Protestes gegen die Wirklichkeit. Mit dieser Vision glaubwürdiger und tragfähiger Hoffnung überschreiten sie die Grenzen des Alltags, bewahren vor Resignation oder Verzweiflung und weisen Wege zu einem gelingenden Leben auf.

In der gymnasialen Oberstufe wird dann weniger die biblische Wundertradition an sich, sondern eher grundsätzlich der Wunderglaube in seiner Spannung zum naturwissenschaftlich geprägten Weltbild im Mittelpunkt der Betrachtung stehen. Zudem gewinnt die Frage an Bedeutung, wie sich die Allmacht Jesu in der Wunderüberlieferung mit der Tatsache vereinbaren lässt, dass Gott in unserer Welt Leiden zulässt. Diesem Problem kann schon deshalb nicht ausgewichen werden, weil die ungeklärte Theodizeefrage eine der zentralen »Einbruchstellen« (K. E. Nipkow) markiert, die den Verlust des Gottesglaubens im Jugendalter nach sich ziehen. Auch im Rahmen solch einer grundsätzlicheren Thematisierung der Wunderfrage halten biblische Wundergeschichten existenziell bedeutsame Denkanstöße und Deutungsangebote bereit. Sie öffnen den Blick auf ein neues Wirklichkeitsverständnis, regen zur kritischen Auseinandersetzung mit unterschiedlichen Formen des Wunderglaubens an und können Motivation dazu geben, dem Wunderbaren in der eigenen Lebensgeschichte auf die Spur zu kommen.

Wundergeschichten lassen sich im schulischen Religionsunterricht schwerpunktmäßig als Glaubensgeschichten, Handlungsanweisungen oder Hoffnungserzählungen vermitteln. Der letzte dieser drei Wege birgt die geringsten Risiken in sich und schafft den intensivsten existenziellen Zugang zur biblischen Tradition. Mit ihren Bildern der Hoffnung können die biblischen Wundergeschichten Kinder davor bewahren, in Resignation oder Verzweiflung zu verfallen, und setzen Kräfte frei, sich aufzurichten und das Leben in die Hand zu nehmen.

Aufgaben:
- Setzen Sie sich mit folgender Bestandsaufnahme von Stefan Alkier und Bernhard Dressler zur Wunderdidaktik auseinander und lesen Sie ergänzend von Letzterem »Finden Wunder nicht statt? Didaktische Überlegungen anläßlich eines Blicks in Religionsbücher« in ZPT 51 (1999), 46-55. Halten Sie die Kritik an der

kerygmatischen und ethisierenden Wunderdidaktik für angemessen?

> Die Behandlung neutestamentlicher Wundergeschichten ist im schulischen Religionsunterricht weitgehend auf die Grundschule beschränkt. In den weiterführenden Jahrgängen werden die Probleme, die die Wundergeschichten gegenüber dem Wirklichkeitsverständnis von Kindern und Jugendlichen – und natürlich der Unterrichtenden selbst – aufwerfen, wohl für zu schwierig gehalten. Wunder finden nicht statt, sie werden ausgeklammert. Wenn nicht gleich ganz auf biblische Texte im Religionsunterricht verzichtet wird, wird die Bibel also *selektiv* gelesen. Was sich nicht *unserem* neuzeitlichen Wahrnehmungshorizont einfügen läßt, gilt als unvermittelbar. Nicht viel anders verhält es sich, wenn dem Problem scheinbar nicht ausgewichen wird, Wundergeschichten also im Unterricht zum Thema werden: dann nämlich wird ihr gordischer Knoten regelmäßig so zerschnitten, daß sie schlicht nicht als *Wunder*-, sondern als Symbolgeschichten oder gar »Gleichnisse« ausgegeben und behandelt werden. Die Speisungsgeschichten werden zu jederzeit wiederholbaren Teilungsgeschichten, der Seewandel Jesu wird verkürzt zum Seewandel des Petrus und dieser dann als Vertrauensgeschichte gelesen, die Sturmstillung wird zu einer Angststillungsgeschichte. Die Wundergeschichten werden zum Vehikel, sie werden instrumentalisiert für ethische, (sozial- oder tiefen)psychologische und häufig auch schlicht dogmatische Botschaften, deren gemeinsamer Nenner darin besteht, den Schülerinnen und Schülern zu vermitteln, daß die Lehrenden mit dem *Wunder*, das die jeweilige Geschichte erzählt, nichts anzufangen wissen. Dem entspricht ja das gute theologische Gewissen, sich mit der Unterscheidung zwischen dem »Mirakel« – als der unakzeptablen Durchbrechung von Naturgesetzen – und dem »eigentlichen Wunder« – der Entstehung des Christusglaubens – in bestem Einklang mit den Altmeistern der historisch-kritischen Exegese zu befinden. Es stellt sich die berechtigte Schülerfrage: Warum müssen wir dann diese Wundergeschichten behandeln und reden nicht gleich darüber, wie *wir* so die Welt sehen.[82]

- Machen Sie sich anhand der Unterrichtsentwürfe zu Mk 10,46-52 von H.-J. Blum, Biblische Wunder – heute, STB 23, Stuttgart 1997, 214-223, und G. Scholz, Didaktik neutestamentlicher Wundergeschichten, ARPäd 10, Göttingen 1994, 218-225, sowie der Erwägungen von I. Baldermann, Einführung in die biblische Didaktik, Darmstadt 1996, 76-81.121-124, unterschiedliche didaktische Vermittlungsmöglichkeiten von neutestamentlichen Wundergeschichten klar: Welches sind die entscheidenden Unterrichtsziele, inwieweit fließen exegetische Erkenntnisse in die didaktischen Erwägungen ein?

7. Wunder im Jesusfilm

Lit.: ADAM, G./LACHMANN, R. (Hg.), Methodisches Kompendium für den Religionsunterricht, Göttingen ⁴2002, 284-296. – GRETHLEIN, C., Religionspädagogik, Berlin/New York 1998, 378-383. – HENNING, J.K., Lebenserfahrung – Medienerfahrung – Gotteserfahrung, in: Kress, M./Luley, W. (Hg.), Die Bibel, Bd. 1: Das Alte Testament und seine filmischen Umsetzungen, München 1995, 46-60. – TIEMANN, M., Bibel im Film, Stuttgart 1995. – DERS., Jesus comes from Hollywood, Göttingen 2002. – ZWICK, R., Evangelienrezeption im Jesusfilm, Würzburg 1997, bes. 302-344.

Unsere Gesellschaft ist in einem noch nie dagewesenen Maße von audiovisuellen Medien wie Kino, Fernsehen, Video oder Computer geprägt. Sie bilden einen wichtigen Teil der heutigen Lebenswelt. Das Thema »Wunder im Jesusfilm« ist vor diesem Hintergrund in zweierlei Hinsicht von Bedeutung. Auf der einen Seite gehören audiovisuelle Umsetzungen von Wundererzählungen in die Wirkungsgeschichte des biblischen Textes hinein. Angesichts der zunehmenden Entkirchlichung der Gesellschaft und veränderter Lesegewohnheiten ist damit zu rechnen, dass das Medium Film für zahlreiche Menschen mittlerweile den einzigen Zugang zur biblischen Tradition darstellt und damit deren Verständnis ganz entscheidend prägt. Auf der anderen Seite gewinnen audiovisuelle Medien in der Religionspädagogik immer größeres Gewicht, indem diese das Unterhaltungsbedürfnis und die Sehgewohnheiten ihrer Adressaten positiv aufgreift und sich didaktisch zu Nutze macht. Das Medium Film schafft Zugänge zum biblischen Text, dessen Fremdheit und archaische Sprache vielen Menschen Schwierigkeiten bereitet, und bietet die Chance, auch kirchenfernen Personen Grundeinsichten der biblischen Tradition nahe zu bringen. Ohnehin bedeutet die audiovisuelle Wahrnehmung biblischer Stoffe einen erheblichen Erkenntnisgewinn, indem sie neue Sehweisen, Erfahrungen und Wirklichkeitsdimensionen eröffnet. Durch die Kraft der Bilder und Töne bietet das

Medium Film einen ganzheitlichen Zugang zu biblischer Tradition, setzt das rationale wie emotionale Potenzial des Betrachters frei und ruft dadurch in besonderem Maße Identifikation und Empathie hervor. Künstlerisch anspruchsvolle Filme muten dem Zuschauer neue Perspektiven zu. Kritisch zu bedenken ist, dass der Film die kreative Tätigkeit der Phantasie einschränkt, indem er bereits fertige Bilder liefert.

Die Arbeit der Drehbuchautoren, Regisseure und Produzenten von Jesusfilmen ist in ihrer inhaltlichen Bedeutung und Wirkung keinesfalls zu unterschätzen. Durch die gezielte Auswahl, Anordnung und Interpretation der Szenen schaffen sie eine eigenständige, in aller Regel von weit reichender theologischer Reflexion durchdrungene Darstellung des Lebens Jesu. Die in Szene gesetzte Reaktion der Augenzeugen des Handelns Jesu im Film gewinnt für die Zuschauer im Fernsehen oder Kino Vorbildcharakter und suggeriert ihnen, wie sie selber reagieren sollen. Mit der visuellen Umsetzung und musikalischen Untermalung biblischer Texte verfügt der Film zudem über Gestaltungsmöglichkeiten, die das literarische Genus nicht besitzt. Man kann ohne Übertreibung von einer reflektierten »Theologie des Jesusfilms« sprechen. Die Darstellung der Wunder Jesu macht da keine Ausnahme. Im Gegenteil lässt sich an ihr, wie Reinhold Zwick gezeigt hat, die inszenatorische Absicht und theologische Kompetenz der Filmemacher gut ablesen.

Vier Klassiker des Genres Jesusfilm veranschaulichen dies. Pier Paolo Pasolini, »Das Erste Evangelium – Matthäus« (1964), und Roberto Rossellini, »Der Messias« (1975), bieten eine eher unspektakuläre Inszenierung der Wunder Jesu. Bei Pasolini, der den sozialen Aspekt der Botschaft Jesu in den Mittelpunkt rückt, begegnen die Wunder als einfach gehaltene Gesten der Zuwendung gegenüber hilfsbedürftigen Menschen und verfolgen nicht die Absicht, die Zuschauer zum Glauben zu drängen. Allein der Seewandel Jesu wird mittels Doppelbelichtung realistisch dargestellt. Ansonsten unterbleibt die filmische Schilderung der eigentlichen Wundervorgänge, indem Schnitt-Gegenschnitt-Techniken (kranker Bittsteller – Jesus – geheilter Bittsteller) oder Vorher-Nachher-Schnitte (leere Körbe – volle Körbe) zum Einsatz kommen. Die musikalische

Unterlegung ist dezent, die Reaktion vom Wunder betroffener Personen oder unbeteiligter Zuschauer wird verhalten dargestellt. In noch höherem Maße bleibt das Wunderereignis bei Rossellini im Dunkel verborgen und lässt dem Zuschauer Raum für unterschiedliche Interpretationen. Filmtricks oder andere Effekte bleiben völlig außen vor. Beide Filme sind in ihrer Wunderdarstellung frei von Pathos und erliegen nicht der Versuchung, ein magisch angehauchtes Jesusbild zu vermitteln.

Anders sieht dies bei Franco Zeffirelli aus, dessen »Jesus von Nazareth« (1977) eine filmische Umsetzung der Wunder als grandioser, Aufsehen erregender Ereignisse bietet. Die mit stetig anschwellender Musik unterlegten Wunder werden in realistischer Manier als wirkliches Geschehen dargestellt, Betroffene und Augenzeugen sehen sich in großes Erstaunen versetzt und werden zum Glauben animiert. Jesus erscheint wie ein über geheimnisvolle Kräfte verfügender Magier, dessen Wundertechniken ihn streckenweise in die Nähe eines Varietékünstlers rücken. Von George Stevens, »Die größte Geschichte aller Zeiten« (1963), wird in vergleichbarer Weise zumindest die Auferweckung des Lazarus mit emotionsgeladenen Effekten als spektakuläres Schauwunder in Szene gesetzt, das die Göttlichkeit Jesu verbürgen soll. Sofern nicht die grandiose Wirkung des Geschehens ohnehin sogleich verpufft oder die Tricktechnik von vornherein ein nur vorgetäuschtes Wunder suggeriert, wird der Zuschauer von beiden Filmemachern zu einem historisierenden Missverstehen der Wunder Jesu geführt und massiv zum Glauben gedrängt. Es besteht die Gefahr einer unsachgemäßen Verobjektivierung des biblischen Geschehens. Diese theologisch problematischen Aspekte lassen allerdings die Wunderdarstellung solcher Filme in didaktischer Hinsicht keinesfalls wertlos erscheinen, sondern eignen sich im Gegenteil gut als Anknüpfungspunkte, um für ein sachgerechtes Wunderverständnis zu sensibilisieren. Dies gilt übrigens auch für eine satirisch verfremdete Wunderheilungsdarstellung, wie sie sich in Monthy Pythons »Leben des Brian« (1979) findet. Dogmatisch unbedenkliche Bibelverfilmung hingegen ist oft gleichbedeutend mit Langeweile.

Beim praktischen Umgang mit dem Medium Film kann Filmmaterial mit Wunderthematik entweder eigenständig zum

Tragen kommen oder eine hinführende Funktion wahrnehmen, indem es dem »Warming up« für eine unmittelbare Beschäftigung mit dem biblischen Text dient. Denkbar ist auch die visuelle Vertiefung bereits erarbeiteter Inhalte. Filmarbeit und Bibelarbeit können so ein fruchtbares Miteinander eingehen. Unter den strukturellen Bedingungen schulischen Religionsunterrichts bietet sich angesichts der zeitlichen Begrenzungen die Analyse von kürzeren Filmsequenzen an, während der Lernort Gemeinde auch die Behandlung ganzer Jesusfilme zulässt. In beiden Fällen sind folgende, in der Reihenfolge teilweise variable Arbeitsschritte für eine Aufarbeitung und Vertiefung des Gesehenen geeignet:

o Spontane Äußerung der unmittelbaren Eindrücke, Gefühle und Assoziationen zum Film bzw. Filmausschnitt.
o Klärung von Verständnisschwierigkeiten.
o Beobachtungen zu Darstellung, Handlungsablauf, Kameraführung, Schnitt, Musik u.ä.
o Wahrnehmung der Ästhetik, Bildsprache und emotionalen Wirkung des Gesehenen.
o Klärung der Entstehungsbedingungen des Films (zeit- und filmgeschichtliche Einordnung; Informationen zu Regisseur, Drehbuchautor, Produzent).
o Analyse der Wunderdarstellung, insbesondere was deren theologische bzw. christologische Implikationen angeht.
o Konfrontation der filmischen Wunderinszenierung mit ihrer biblischen Grundlage und mit theologischen Wunderkonzeptionen.
o Filmvergleich (Gegenüberstellung von konträren Wundersequenzen aus unterschiedlichen Jesusfilmen).
o Einbeziehung der Rezeptionsgeschichte des Films (Pressekritik, öffentliche Resonanz, Proteste).

Für weniger zeitintensive Filmanalysen eignen sich die vier Fragen »Was habe ich wahrgenommen (gesehen, gehört)?«, »Was habe ich gefühlt?«, »Welche Einfälle/Assoziationen sind mir gekommen?« und »Welchen Schluss ziehe ich in Hinblick auf die Mitte, das zentrale Problem, die ›Message‹ des Filmes?«, um die Fülle der Impressionen zu strukturieren und das Gespräch über das Gesehene in Gang zu setzen[83].

Angesichts der zunehmenden Prägung unserer Gesellschaft durch audiovisuelle Medien gewinnt das Thema »Wunder im Jesusfilm« didaktisch stetig an Bedeutung. Das Medium Film eröffnet nicht zuletzt kirchenfernen Menschen einen wichtigen Zugang zur biblischen Tradition. Durch die methodisch reflektierte Analyse von Wunderszenen aus dem Genre Jesusfilm und deren Konfrontation mit ihren biblischen Vorlagen lassen sich elementare Aspekte neutestamentlicher Wunderhermeneutik zur Sprache bringen und vertiefen.

Aufgabe:
- Vergegenwärtigen Sie sich anhand folgender Äußerungen von Josef Blank und Reinhold Zwick die theologische Problematik der Wunderdarstellung im Jesusfilm.

Ein besonderes Kapitel bilden die Wundergeschichten. Diese entsprechen einer literarischen Gattung, die die Wirklichkeit, um die es geht, mit sprachlichen Bildern, Metaphern usw. zum Ausdruck bringt, die der Welt des Mythos entlehnt sind. Der Film dagegen arbeitet mit einem modernen, von der Technik geprägten Realitätsverständnis, das dem mythischen Denken radikal entgegengesetzt ist. Bietet er den Mythos, die Legende, das Wunder als historisch-faktische Realität dar, wie einen Report der Tagesschau, dann wird alles verfälscht, es stimmt dann hinten und vorne nicht. Auch hier wieder ein Problem. Es geht darum, den Realitätsbegriff, das Wirklichkeitsverständnis zu analysieren, den Widerspruch zwischen mythischer Realität, die in mythischer Sprache durchaus erzählt werden kann, und moderner rational-technischer Realität zu spüren, deutlich zu machen und nicht zu vertuschen. Was aber gewöhnlich passiert, ist dies, daß die mythische Realität neutestamentlicher Wunderberichte als platte historisch-faktische Realität dem Zuschauer präsentiert wird. Dadurch wird aber das, worum es den neutestamentlichen Texten geht, verfälscht. Es ist eine Verfälschung des Glaubens, obgleich es manchen Leuten als besonders fromm vorkommt.[84]

Waren in den Kindertagen des Kinos allein die bewegten Bilder – und wieviel mehr dann erst die Filmtricks – noch ein staunenerregendes »Wunder«, so wurde das Publikum mit den Jahren der Gewöhnung immer »immuner« gegen filmische Reize und mußten die »Reizmittel« immer kräftiger werden. Für die mit Beeindruckungs-Absicht inszenierten Wunder-Szenen in Bibelfilmen heißt

> dies: der weitaus größte Teil der Zuschauer wird sich auch durch noch so effektvoll eingesetzte Mittel nur momentan ergreifen lassen, um nachher um so ernüchternder festzustellen, daß das Filmwunder doch nur ein vorgetäuschtes Wunder ist! Wir haben bereits darauf hingewiesen: Diese Desillusionierung – falls überhaupt eine Illusion aufgebaut wurde und man das Filmwunder nicht von vornherein bloß belächelt hat – birgt in sich die große Gefahr, daß über sie auch das biblische Wunder seiner Bedeutung verlustig gehen kann, eben indem es – fälschlich ins Historische verschoben – nur mehr in der Dimension eines historischen Ereignisses gesehen und als solches abgelehnt wird. Dann würde mit dem Mißlingen des Filmwunders auch der Zugang zur eminenten theologischen Valenz der Wundererzählungen verschüttet, und das Wunder ginge als wichtiger Sinnträger der Botschaft der Evangelien verloren.[85]

8. »Wunder geschehen, du musst sie nur sehen«

Lit.: BÖHM, U./BUSCHMANN, G., Popmusik - Religion - Unterricht. Modelle und Materialien zur Didaktik von Popularkultur, Münster 2000. – BUBMANN, P., Pop- und Rockmusik, in: ADAM, G./LACHMANN, R. (Hg.), Methodisches Kompendium für den Religionsunterricht 2. Aufbaukurs, Göttingen 2006, 230-243. – PIRNER, M.L., »All I need is a miracle«. Wunder in der Popmusik als Impulse im Religionsunterricht, entwurf 4/2006, 45-48.

Wenn es irgendwo Anknüpfungspunkte zur Wunderfrage in der Lebenswelt der Kinder und Jugendlichen gibt, dann in der Musik. Sei es in englischsprachigen Songs wie »All I need is a miracle« von Mike and the Mechanics oder »The miracle« von Queen, sei es in deutschsprachigen Liedern wie »Wunder geschehen« von Nena oder Guildo Horns Neuauflage des Katja-Ebstein-Klassikers »Wunder gibt es immer wieder« – die Wunderthematik ist in der Popkultur allgegenwärtig. In der Literatur wird zunehmend die Bedeutung der Pop- oder Rockmusik für die Identitätsbildung Jugendlicher wahrgenommen. Als positiv besetztes Ausdrucksmedium, das in der Lebenswelt der Heranwachsenden verankert ist und wichtige Sinnfragen thematisiert, kann sie Zugang zu zentralen theologischen Themen eröffnen. Vor allem in der Sekundarstufe bietet es sich für die Lehrenden an, das Medium der Pop- und Rockmusik mit ihren implizit religiösen Inhalten zu nutzen, um mit Schülerinnen und Schülern über die Wunderthematik ins Gespräch zu kommen. In besonderer Weise eignet sich dafür Nenas Song »Wunder geschehen« mit seiner Tiefgründigkeit und Mehrdimensionalität.

Wunder geschehen

Auch das Schicksal
Und die Angst kommt über Nacht
Ich bin traurig
Gerade hab ich noch gelacht
Und an so was Schönes gedacht

Auch die Sehnsucht
Und das Glück kommt über Nacht
Ich will lieben
Auch wenn man dabei Fehler macht
Ich hab mir das nicht ausgedacht

Wunder geschehen
Ich hab's gesehen
Es gibt so vieles was wir nicht verstehen
Wunder geschehen
Ich war dabei
Wir dürfen nicht nur an das glauben
Was wir sehen

Immer weiter
Immer weiter geradeaus
Nicht verzweifeln
Denn da holt dich niemand raus
Komm steh selber wieder auf

Wunder geschehen
Ich hab's gesehen
Es gibt so vieles was wir nicht verstehen
Wunder geschehen
Ich war dabei
Wir dürfen nicht nur an das glauben
Was wir sehen

> Was auch passiert
> Ich bleibe hier
> Ich geh den ganzen langen Weg mit dir
> Was auch passiert
> Wunder geschehen
> Wunder geschehen
> Wunder geschehen

Zunächst einmal bringt der Song aus dem Jahr 1989 anschaulich zum Ausdruck, dass die Wirklichkeit mehr umfasst als nur das, was wir sehen und verstandesmäßig erfassen können. Die Liedzeile »Wir dürfen nicht nur an das glauben, was wir sehen« eignet sich gut als Impuls, um Kinder oder Jugendliche zur Spurensuche nach der Erfahrung des Wunderbaren in der eigenen Lebensgeschichte zu ermutigen. In voller existenzieller Tiefe erschließt sich der Text, wenn man ihn zu Nenas Biographie in Beziehung setzt. Das Lied ist nicht allzu lang nach dem tragischen Tod von Nenas Sohn Christopher entstanden, der mit einer schweren Behinderung zur Welt kam und im Januar 1989 im Alter von elf Monaten verstarb. Nicht zuletzt auf der Folie der ersten Liedstrophe lässt sich die Bedeutung der Wunderüberlieferungen als Hoffnungsgeschichten ergründen, die einen Ausweg aus Angst und Verzweiflung bieten. Die Aussage »Auch das Schicksal und die Angst kommt über Nacht« kann die Schülerinnen und Schüler dazu anregen, eigene Erfahrungen mit unvermittelt eingetretenen Schicksalsschlägen zu artikulieren. Der weitere Liedtext bietet Gesprächsstoff über die Frage, welche Auswege es aus Situationen der Verzweiflung gibt, ob dabei wirklich auch Wunder geschehen und wie diese gegebenenfalls aussehen könnten. Dabei propagiert der Song nicht eine rein passive Haltung des Abwartens, die auf die Überwindung der negativen Situation durch ein Wunder hofft. Vielmehr fordert er dazu auf, auch aktiv gegen die innere Verzweiflung anzukämpfen und sich dadurch wieder Boden unter den Füßen zu verschaffen.

Eine nochmals ganz andere Dimension eröffnet sich durch eine Mitberücksichtigung dessen, dass der Song im Jahr 2003 von Nena & Friends zugunsten des »Red Nose Charity Projekts« neu eingespielt wurde. Zudem rief Nenas Schwester Nana Kerner einen Verein namens »Wunder geschehen e.V.«

ins Leben, der sich die Unterstützung von Kindern und Jugendlichen in Heimen oder in sozial schwachen Familien zur Aufgabe setzte. Sinn und Zweck des Vereins, der mittlerweile seine Aktivitäten eingestellt hat, war es nach eigenem Bekunden, dort zu helfen und Hoffnung zu vermitteln, wo Wunder dringend gebraucht werden. Vor diesem Hintergrund richtet sich der Fokus auf die Frage, wie wir selbst durch soziales Handeln dafür sorgen können, dass um uns herum Wunder geschehen. Damit ergibt sich eine didaktische Anschlussfähigkeit des Songs zur Erschließung neutestamentlicher Wundergeschichten als Handlungsanweisungen.

Das Medium der Popmusik mit ihren implizit religiösen Inhalten eignet sich in besonderer Weise dazu, mit Heranwachsenden über die Wunderthematik ins Gespräch zu kommen und sie zur Spurensuche nach der Begegnung mit dem Wunderbaren in ihrer eigenen Lebensgeschichte zu ermutigen.

Aufgabe:
- Versuchen Sie, den tieferen Sinn des Songs »Wunder geschehen« vor dem Hintergrund dessen zu ergründen, was Nena in ihrer Autobiographie »Willst du mit mir gehen« über die letzten gemeinsamen Wochen mit ihrem Sohn Christopher vor dessen Tod berichtet. Nena sagt übrigens von sich selbst, dass sie gläubig sei und Jesus liebe, aber keiner bestimmten Glaubensrichtung angehöre und nirgendwo »Klubmitglied« sei.

> Die Sonne scheint jeden Tag in unser schönes großes Schlafzimmer, und ich lege entweder Tracy Chapman oder Mozart auf. Wir lauschen und wir schweigen, es ist wunderbar still. Wir lieben die Stille. Ich lege mein Kind auf meinen Bauch, und wir liegen stundenlang, tagelang, wochenlang einfach so rum. Ich muss nirgendwohin, und mir fehlt auch nichts. Wenn die Trauer kommt, lasse ich sie durch mich hindurchfließen. Manchmal fühlt sie sich an wie ein kleiner Fluss, und an anderen Tagen reißt sie mich mit in die Tiefe. Ein paar Mal habe ich auch gedacht, dass ich mehr nicht tragen kann, aber irgendwie geht es doch immer weiter.
>
> Es lohnt sich weiterzumachen, weil das Leben eben so ist. Lebenswert. Ich konnte erkennen, wie unendlich wertvoll diese Herausforderung für mich war. So unfassbar und traurig sich manche Passagen für mich immer noch anfühlen… Es war eine gesegnete Zeit, und ich danke Gott, dass ich nicht daran zerbrochen bin.[86]

IX. Anmerkungen

[1] G. Delling, Das Verständnis des Wunders im Neuen Testament, in: A. Suhl (Hg.), Der Wunderbegriff im Neuen Testament, WdF 295, Darmstadt 1980, 300-317: 305f.

[2] Katja Ebstein, »Wunder gibt es immer wieder«, getextet von Günter Loos (aus: U. Früchtel/K. Lorkowski, Religion im 7./8. Schuljahr, Göttingen [4]1994, 282).

[3] Wolfsburger Nachrichten vom 5.5.2001.

[4] W. Schmithals, Wunder und Glaube, BSt 59, Neukirchen-Vluyn 1970, 25f.

[5] S. Alkier/B. Dressler, Wundergeschichten als fremde Welten lesen lernen, in: B. Dressler/M. Meyer-Blanck (Hg.), Religion zeigen, Münster 1998, 163-187: 183.

[6] J. Wimber/K. Springer, Vollmächtige Evangelisation, Asslar 2000, 104f.

[7] H.E.G. Paulus, Das Leben Jesu als Grundlage einer reinen Geschichte des Urchristentums, Bd. I/1, Heidelberg 1828, 246.

[8] D.F. Strauß, Das Leben Jesu, kritisch bearbeitet. Zweiter Band, Tübingen 1836, 171-173.

[9] E. Schweizer, Das Evangelium nach Markus, NTD 1, Göttingen 1967, 68.

[10] E. Drewermann, Tiefenpsychologie und Exegese Bd. II, Olten [3]1992, 297.299-300.

[11] D. Hume, Eine Untersuchung über den menschlichen Verstand, Hamburg 1993, 135f.

[12] G. Mensching, Soziologie der Religion, Bonn [2]1968, 175-177.

[13] R. Bultmann, Neues Testament und Mythologie, in: H.-W. Bartsch (Hg.), Kerygma und Mythos, [4]1960, 15-48: 18.

[14] E. Drewermann, Tiefenpsychologie und Exegese Bd. II, Olten [3]1992, 128.

[15] R. Bultmann, Predigt zu Lk 5,1-11, in: ders., Marburger Predigten, Tübingen 1956, 138-147: 139.144-146.

[16] R. Herzog, Die Wunderheilungen von Epidauros, Ph.S 22,3, Leipzig 1931, 23.

[17] E. Dinkler, Christus und Asklepios, SHAW.PH 1980/2, Heidelberg 1980, Tafel XII.

[18] M. Wolter, Inschriftliche Heilungsberichte und neutestamentliche Wundererzählungen, in: K. Berger u.a. (Hg.), Studien und Texte zur Formgeschichte, TANZ 7, Heidelberg 1992, 135-175: 149f.

[19] Iambl., Vit. Pyth. 13,60-62 (M. von Albrecht, Iamblichos. Pythagoras, Zürich 1963, 65-67).

[20] Philostr., Vit. Apoll. IV, 20 (V. Mumprecht, Philostratos. Das Le-

ben des Apollonius von Tyana, München 1983, 391-393).

[21] Philostr., Vit. Apoll. IV,45 (V. Mumprecht, a.a.O. 457-459).

[22] Taan III,8, vgl. D. Correns, Taanijot. Fastentage, Gießener Mischna II,9, Tübingen 1989, 85f.

[23] bBer 34b, vgl. L. Goldschmidt, Der babylonische Talmud Bd. 1, Berlin [2]1964, 155f.

[24] Joseph., Ant. 8,45-49 (vgl. H. Clementz, Des Flavius Josephus Jüdische Altertümer. I. Bd., Wiesbaden [10]1990, 475).

[25] G. Delling, Jesu Wunder in der Predigt zumal der Alten Evangelien, Dresden/Leipzig 1940, 13f.

[26] G. Vermes, Jesus der Jude, Neukirchen-Vluyn 1993, 45.64-66.

[27] PGM IV,1239ff.; vgl. K. Preisendanz/A. Henrichs, Papyri Graecae Magicae I, Stuttgart [2]1973, 115.

[28] PGM IV,3019-3086 (vgl. K. Preisendanz/A. Henrichs, a.a.O. 171. 173.)

[29] M. Aubin, Beobachtungen zur Magie im Neuen Testament, Zeitschrift für NT 4 (2001) 16-24: 17f.

[30] G. Theißen/A. Merz Der historische Jesus, Göttingen 1996, 273.

[31] W. Schneemelcher, Neutestamentliche Apokryphen Bd. I, Tübingen [6]1990, 353.

[32] G. Theißen, Urchristliche Wundergeschichten, StNT 8, Gütersloh [5]1987, 248.

[33] Luc., Philops. 16 (K. Berger/C. Colpe, Religionsgeschichtliches Textbuch zum Neuen Testament, TNT 1, Göttingen 1987, 31).

[34] F. Fanon, Die Verdammten dieser Erde, Frankfurt a.M. 1966, 190f.

[35] D. Wilhelm, Wer heilt hier wen? Und vor allem: wovon? Über biblische Heilungsgeschichten und andere Ärgernisse, Schlangenbrut 62 (1998) 10-12: 10.

[36] L. Goppelt, Theologie des Neuen Testaments, UTB 850, Göttingen [3]1985, 144-146.

[37] D. Flusser, Jesus, rm 50632, Reinbek [22]2000, 44f.50.

[38] Celsus, De Medicina II,6.

[39] Wolfsburger Nachrichten vom 22.5.2001.

[40] Herodot, Hist. VII,191 (Herodot, Historien VI-IX, übersetzt von W. Marg, dtv 2257, München 1991, 160).

[41] jBer IX,1 (K. Berger/C. Colpe, Religionsgeschichtliches Textbuch zum Neuen Testament, TNT 1, Göttingen 1987, 45f.).

[42] J.P. Eckermann, Gespräche mit Goethe in den letzten Jahren seines Lebens, München 1986, 402f. (Gespräch vom 12.2.1831).

[43] Iren., Haer. II 32,4 (Irenäus von Lyon, Gegen die Häresien II, ed. N. Brox, FontChr 8,2, Freiburg 1993, 279.281).

[44] Rhein-Zeitung vom 26.1.1999.

[45] Acta Petri 32 (W. Schneemelcher, Neutestamentliche Apokryphen Bd. II, Tübingen ⁵1989, 284f.).

[46] U. Busse, Die Wunder des Propheten Jesus, FzB 24, Würzburg 1977, 485.

[47] G. Klein, Wunderglaube und Neues Testament, in: ders., Ärgernisse, München 1970, 13-57: 56f.

[48] M. Labahn, Jesus als Lebensspender, BZNW 98, Berlin/New York 1999, 497.

[49] A.H.J. Gunneweg, Markus 4,35-41 (4. Sonntag nach Epiphanias), in: R. Landau (Hg.), Calwer Predigtbibliothek, Bd. 1, Stuttgart 1996, 106-108.

[50] R. Glöckner, Neutestamentliche Wundergeschichten und das Lob der Wundertaten Gottes in den Psalmen, WSAMA.T 13, Mainz 1983, 161.

[51] G. Strecker, Theologie des Neuen Testaments, hgg. v. F.W. Horn, Berlin/New York 1996, 8f.

[52] F. Alt, Jesus – der erste neue Mann, München 1989, 70f.

[53] G. Theißen, Synoptische Wundergeschichten im Lichte unseres Sprachverhältnisses, WPKG 65 (1976) 289-308: 307.

[54] M. Kassel, Sei, der du werden sollst, München ²1988, 107f.

[55] E. Drewermann, Das Markusevangelium Bd. I, Olten ⁴1990, 223.

[56] J. Gnilka, Das Evangelium nach Markus, Bd. I, EKK II/1, Zürich u.a. 1978, 84.

[57] E. Drewermann, Das Markusevangelium Bd. I, Olten ⁴1990, 203-206.

[58] B. Brecht, Gesammelte Werke Bd. 15. Schriften zum Theater 1, Frankfurt a.M. 1973, 355.

[59] in: K.-J. Kuschel (Hg.), Der andere Jesus, Zürich u.a. 1983, 388.

[60] in: S. Berg/H.K. Berg, Himmel auf Erden, BTV 11, München/Stuttgart 1989, 56f.

[61] in: S. Berg/H.K. Berg, ... und alle wurden satt, BTV 7, München/Stuttgart 1987, 21.

[62] Origenes, Der Kommentar zum Evangelium nach Mattäus Teil II, übers. von H.J. Vogt, BGrL 30, Stuttgart 1990, 181-184.

[63] P.J. Spener, Schriften Bd. III.2. Die Evangelischen Lebens-Pflichten, Hildesheim 1992 (= Frankfurt a.M. 1692), 205-214.

[64] R. Goldman, Religious Thinking from Childhood to Adolescence, London 1964, 108.

[65] H. Bee-Schroedter, Neutestamentliche Wundergeschichten im Spiegel vergangener und gegenwärtiger Rezeptionen, SBB 39, Stuttgart 1998, 274f.

[66] H.-J. Blum, Biblische Wunder – heute, SBTB 23, Stuttgart 1997, 172-174.

[67] W. Bösen, »Wer nicht an Wunder glaubt, ist kein Realist«, ru 17 (1987) 50-56: 55.
[68] B. Bettelheim, Kinder brauchen Märchen, Stuttgart 1977, 52.
[69] R. Bultmann, Predigt zu Lk 5,1-11, in: ders., Marburger Predigten, Tübingen 1956, 138-147: 139.
[70] H. Halbfas, Religionsbuch für das fünfte und sechste Schuljahr, Düsseldorf ^{5}1996, 145.
[71] K. Wegenast, Wundergeschichten im Unterricht - ein religionspädagogisches Doppelproblem, ZPT 51 (1999) 32-46: 45.
[72] W.H. Ritter, Wundergeschichten für Grundschulkinder?, in: F. Harz/M. Schreiner (Hg.), Glauben im Lebenszyklus, München 1994, 139-159: 150.
[73] D. Steinwede, in: G. Urbach (Hg.), Biblische Geschichten Kindern erzählen, GTB 640, Gütersloh ^{2}1981, 50.52.
[74] W. Neidhart, Erzählbuch zur Bibel. Bd. 2, Lahr u.a. ^{2}1993, 143-145.
[75] W. Neidhart, a.a.O. 146. Vgl. die grundsätzlichen Erwägungen zum Erzählen des Wundervorgangs in: W. Neidhart/H. Eggensberger (Hg.), Erzählbuch zur Bibel, Lahr u.a. ^{6}1990, 94-103.
[76] W. Neidhart/H. Eggensberger, a.a.O. 247.
[77] D. Steinwede/K. Lüdke, Religionsbuch Oikoumene. Werkbuch 4, Düsseldorf 1997, 284f.
[78] H. Langer, Vielleicht sogar Wunder, Stuttgart 1991, 8.
[79] H. Halbfas, Das dritte Auge, Düsseldorf 1982, 128.
[80] Niedersächsisches Kultusministerium (Hg.), Rahmenrichtlinien für die Orientierungsstufe, Hannover 1979, 98.
[81] I. Baldermann, Einführung in die biblische Didaktik, Darmstadt 1996, 76.
[82] S. Alkier/B. Dressler, Wundergeschichten als fremde Welten lesen lernen, in: B. Dressler/M. Meyer-Blanck (Hg.), Religion zeigen, Münster 1998, 163-187: 163-165.
[83] H.-M. Gutmann, Beziehungsmuster, in: I. Kirsner/M. Wermke (Hg.), Religion im Kino: religionspädagogisches Arbeiten mit Filmen, Göttingen 2000, 181-198: 182f.
[84] J. Blank, Jesus-Filme aus exegetischer Sicht, Zur Debatte 8 (1978) 15.
[85] R. Zwick, Evangelienrezeption im Jesusfilm, Würzburg 1997, 331.
[86] Nena/C. Thesenfitz, Willst du mit mir gehn, Bergisch-Gladbach 2005, 203.

Martin Ebner/Stefan Schreiber (Hrsg.)
Einleitung in das Neue Testament

2008. 600 Seiten. Kart.
€ 28,-
ISBN 978-3-17-018875-4

Kohlhammer Studienbücher Theologie, Band 6

„In knapper, übersichtlicher Form stellt es die Einsichten zusammen, welche die Bibelwissenschaft […] gewonnen hat. Damit macht es viele ältere Einleitungen zum Neuen Testament überflüssig. Es dürfte sich auf absehbare Zeit als ein ebenso unersetzliches Handbuch erweisen wie die in der gleichen Reihe erschienene „Einführung in das Alte Testament" des Münsteraner Exegeten Erich Zenger, die in kurzer Zeit viele Auflagen erlebt hat. Zugleich ist das Werk ein Zeugnis für die Qualität der heutigen katholischen Exegese, die ganz selbstverständlich die Einsichten evangelischer Forschung mit einbezieht."

Christ in der Gegenwart

W. Kohlhammer GmbH · 70549 Stuttgart

Manfred Köhnlein

Wunder Jesu – Protest- und Hoffnungsgeschichten

2010. 284 Seiten mit 20 Zeichnungen. Kart.
€ 25,–
ISBN 978-3-17-020980-0

Die Wunder Jesu bereiten in Predigt und Unterricht nicht selten große Schwierigkeiten. Sie werden als antik belächelt und als vernunftwidrig abgetan. Dabei machen sie mehr als ein Drittel des Erzählbestandes der Evangelien aus, so dass ihre Ablehnung dem Leben Jesu viel von seiner Kraft und Anschaulichkeit nimmt.

Köhnlein nimmt die Wunder aus dem unfruchtbaren Streit um die Gültigkeit der Naturgesetze heraus. Er versteht die Wundergeschichten als Kommunikationsdramen, in denen der „Befreier" und „Heiler" Jesus von Nazaret in scheinbar ausweglosen Situationen gegen Verzagen und Resignation protestiert. Jesus bricht sperrige Normen des zwischenmenschlichen Umgangs auf, geht Risiken der Zuwendung ein und erweckt Hoffnung auf bessere Verhältnisse im „Reich Gottes". So mögen die Wunder Jesu zwar ungewöhnliche Erfahrungen darstellen, aber sie waren und sind keine unmöglichen „Stories".

W. Kohlhammer GmbH · 70549 Stuttgart

Britta Hübener/Gottfried Orth
Jürgen Wehnert (Hrsg.)

Gestalten des Lebens

24 Männer und Frauen des Alten und Neuen Testaments

2011. 220 Seiten mit 15 Abb. Kart.
€ 19,90
ISBN 978-3-17-021106-3

Von Adam bis Paulus, von Eva bis Priscilla: In diesem Band werden je zwölf Frauen und Männer aus der Bibel vorgestellt. Was wissen wir dank historisch-kritischer Forschung über sie? Was fangen wir mit diesem Wissen an? Und was werden wir nie über sie erfahren? Wie viel Wissen ist nötig, um sich sinnvoll mit ihnen auseinanderzusetzen? Wie haben sie spätere Generationen beeinflusst?

Oft ist es gerade die Wirkung einer Gestalt – in Theologie und Kirche, aber auch in Kunst und Literatur –, die ihr „ein Gesicht" verleiht, selbst wenn sich historisch nur wenig über sie aussagen lässt. Männer schreiben über Frauen, Frauen schreiben über Männer: Alle versuchen zu ergründen, was an den Gestalten des Lebens so besonders ist, dass es sich lohnt, ihnen heute zu begegnen.

W. Kohlhammer GmbH · 70549 Stuttgart